Knaur
MensSana

Über den Autor:

Malcolm S. Southwood arbeitet seit über 20 Jahren als professioneller Heiler. 1995 gründete er das *Southwood Institute*, um in Workshops und Seminaren sein Wissen und seine Heilmethoden an Ärzte, Therapeuten, Heilpraktiker und andere im Gesundheitsbereich tätigen Menschen weiterzugeben. Dabei legt er stets Wert auf eine enge Zusammenarbeit mit der Schulmedizin. Viele seiner Patienten werden von Ärzten an ihn überwiesen. Er ist eines der bekanntesten Mitglieder der »National Federation of Spiritual Healers«, hält Vorträge und Seminare in den USA, Deutschland und anderen europäischen Ländern.
www.southwoodhealing.com

Malcolm S. Southwood

# Wie Liebe heilen kann

Ein praktischer Wegweiser zur Erkenntnis

Aus dem Englischen von
Diane von Weltzien

Knaur
MensSana

Die amerikanische Originalausgabe erschien 1999 unter dem Titel
»Teach me how to Love« bei The Healing Institute, Machias/Maine



Deutsche Erstausgabe 2002

Redaktion: Annette Gillich
Umschlaggestaltung: ZERO Werbeagentur, München
Umschlagabbildung: Artwork by Zero/Pamela Frank
Satz: Ventura Publisher im Verlag
Druck und Bindung: Nørhaven Paperback A/S
Printed in Germany
ISBN 3-426-87166-1

2 4 5 3 1

*Für Margaret, Debbie, Rosalie und Jim,*
*ohne die dieses Buch nicht zum Leben erwacht wäre.*
*Und natürlich für alle Chrissies auf der Welt.*

*Meinen innigsten Dank.*

# Inhalt

# Vorwort

Chrissie trat einigermaßen überraschend in mein Leben. Mehrere Monate lang hatte ich versucht, etwas über den Umgang mit Gefühlen zu schreiben und über das, was wir im Leben erreichen sollen, doch irgendwie wirkte alles, was ich zu Papier brachte, schwerfällig und war alles andere als eine interessante und unterhaltsame Lektüre.

Ich war schon immer der Auffassung, dass jedes Buch möglichst nicht nur informativ und interessant, sondern auch unterhaltsam sein soll. Mein Thema an sich war nur von geringem Unterhaltungswert. Doch das Buch wurde gebraucht. Viele meiner Klienten hatten mich gebeten, die Gedanken, die ich während Heilsitzungen äußerte, in gedruckter Form zugänglich zu machen.

Eines unvergesslichen Tages, als ich gerade den fünften Anlauf zu diesem Buch machte und auf das leere Papier starrte, hörte ich eine Stimme: »Wie wäre es, wenn du ihnen meine Geschichte erzählst?«

»Welche Geschichte?«, fragte ich zurück, ohne zu wissen, wem ich da antwortete.

»Ich kann sie dir erzählen«, entgegnete die junge weibliche Stimme.

»Meinst du nicht, dass du dich erst einmal vorstellen solltest?«, bremste ich sie. »Schließlich muss ich wissen, über wen ich da schreibe.«

Ich hörte deutlich, wie sie lachte, und dann nahm sie in meinen Gedanken Gestalt an.

»Erinnerst du dich nicht? Ich bin Chrissie. Ich will alles wissen, was du mir beibringen kannst.«

Ach ja, Chrissie! Diese neugierige, fröhliche junge Frau, die mir so viele Fragen gestellt hatte. Ihre gelegentliche Streit-

sucht hatte ich durchgehen lassen, weil sie andererseits einen wunderbaren Humor besaß.
Also begann ich zu schreiben. Die nächsten sechs Wochen begleitete Chrissie mich ständig. Sie stellte mir all die Fragen, die mir in meiner langjährigen Praxis begegnet waren. Ich fürchte, die nachfolgenden Seiten werden weder Chrissies Persönlichkeit noch ihrem Forschergeist gerecht, aber ich habe dennoch versucht, einige unserer Gespräche festzuhalten. Wir hoffen, dass Sie sich durch die Lektüre gut unterhalten fühlen, auch wenn Ihnen einige der hier präsentierten Gedanken fremd vorkommen.
Außer Chrissie, meiner Sekretärin Debbie und mir selbst sind alle Personen in diesem Buch frei erfunden. Die geschilderten Beispiele stammen aus meiner persönlichen Erfahrung und aus den über fünfzehn Jahre lang gesammelten tausenden Klientengesprächen. Sollten Sie meinen, ein Beispiel oder eine hier geschilderte Persönlichkeit zu erkennen, dann ist das reiner Zufall. Chrissie und ich haben sorgsam darauf geachtet, uns ausschließlich auf ausgedachte Namen und Situationen zu beschränken.

*Halte das Wissen, dass du Liebe bist, hoch,*
*und vertreibe damit deine Ängste.*

Malcolm S. Southwood

# Chrissie

Chrissie war jung, hübsch und künstlerisch begabt. Scheinbar hatte sie alles, was das Leben lebenswert macht. Doch an ihren Augen konnte ich ablesen, dass irgendetwas aus der Vergangenheit sie verfolgte. An dem Tag, als Chrissie bei mir anrief, um einen Termin auszumachen, war ich nicht besonders beschäftigt.

»Kann ich bitte heute schon kommen?«, bat sie.

Ich hatte mir den Tag für das Schreiben frei gehalten, ich saß an dem Nachfolgeband meines ersten Buches »Mein Weg als Heiler«. Doch in Chrissies Stimme schwang eine Dringlichkeit mit, die mich veranlasste, den Termin mit ihr für wichtiger zu halten als das Schreiben eines Buches.

»Nun gut, wo liegt das Problem?«, begann ich, als sie sich mir gegenüber hinsetzte.

»Ich weiß es nicht genau«, antwortete sie. »Es ist etwas, das mir Angst macht. Es handelt sich aber nicht um einen Angstanfall oder um irgendetwas ähnlich Eindeutiges. Es ist nicht etwas, das kommt und geht. Es ist eine tief sitzende Angst, die mir überall hin zu folgen scheint.«

Ich lehnte mich zurück und ließ sie fortfahren.

»Das Leben hat mich gut behandelt. Ich habe freundliche, fürsorgliche Eltern, die immer dann für mich da waren, wenn ich sie brauchte. Ich bin auf dem Land in der Nähe einer kleinen Stadt geboren, wo wir ein wenig Land besitzen. Ich wuchs in einer idyllischen Umgebung auf. Ich liebe die Wälder, die Felder und den Fluss, der durch unseren Besitz fließt. Ich hatte viel Platz, um umherzulaufen, zu spielen und um mich frei und sicher zu fühlen.«

Mein Lächeln sollte sie ermutigen, mit ihrer Geschichte fortzufahren. »Später bin ich von zu Hause fortgegangen, um eine

Ausbildung zu machen. Auch die Highschool befand sich in einer wundervollen Umgebung, und ich hatte Glück, weil mir das Lernen relativ leicht fiel. Ich war recht gut in Sport und hatte viele Freunde. Meine Eltern unterstützten mich und wir hatten eine gute Beziehung.«

Chrissie hielt inne, so als wolle sie etwas von mir hören. Nach einer Weile fuhr sie fort.

»Nach der Highschool ging ich auf eine Universität, um Kunst zu studieren. Ich habe viel Fantasie, und es fällt mir leicht, mit allem, was ich tue, zu verschmelzen. Wenn ich künstlerisch tätig bin, dann ist es so, als würde ich eine andere Welt betreten. Jedenfalls – um darauf zurückzukommen, warum ich hier bin – bis ich dreiundzwanzig war, hat mir das Leben Spaß gemacht, mir viele Freunde beschert und mir Verantwortung erspart.«

»Wie alt sind Sie jetzt?«, unterbrach ich sie.

»Fast einunddreißig. Wie gesagt, bis ich dreiundzwanzig war, machte das Leben nur Spaß. Kurz nach meinem dreiundzwanzigsten Geburtstag lernte ich Byron kennen. Wir fühlten uns sofort zueinander hingezogen. Er hatte etwas ... ich konnte ihn einfach nicht aus dem Kopf bekommen. Es kam mir so vor, als würden sich all meine Sinne gegen mich verschwören, um mich diesem Mann auszuliefern.«

»Wo und wie haben Sie Byron kennen gelernt?«

»Es war in einem Café in Philadelphia. Er setzte sich zufällig an meinen Tisch, weil es sehr voll war und ich mich allein an meinem Tisch befand. Nur neben mir war noch ein Stuhl frei. Er sagte nichts – er setzte sich einfach hin.«

Ich beobachtete Chrissies Gesichtsausdruck, als sie Byrons Namen aussprach und mit ihren Gefühlen rang.

»Es war wirklich merkwürdig. Ich konnte förmlich spüren, wie seine Schwingungen von mir Besitz ergriffen. Ich geriet auf eine vollkommen neue Ebene. Meine gesamte Wahrnehmung machte einen Sprung. Plötzlich nahm ich jede Note der Musik, die sie in dem Café spielten, deutlich wahr. Ich erinnere mich genau. Es war »The Celts« von Enya. Der Kaffee, den ich trank, schmeckte nach Karamell und duftete einzigartig. Meine Augen erfassten jede Einzelheit an diesem Mann, der sich schweigend neben mich gesetzt hatte. Der kleine Raum, in dem wir uns befanden, kam mir plötzlich weit vor und groß genug, um das gesamte Universum aufzunehmen. Und alles darin war meilenweit entfernt, bis auf die Musik, den Kaffee und den Mann an meiner Seite.«

Ihre Augen schlossen sich einen Moment lang, und ich nahm an, dass Chrissie nach weiteren Einzelheiten forschte.

»Nichts in meinem Leben hatte mich auf eine solche Erfahrung vorbereitet. Ich fühlte mich völlig aus der Bahn geworfen. Ich fühlte mich von seiner Energie ganz und gar überwältigt, mir war jegliche Kontrolle entglitten. Ich wusste, ich hatte mich verliebt – zwar voller Angst, aber doch verliebt. Ich war zuvor bereits zwei- oder dreimal verliebt gewesen, aber diesmal war es anders. Ich empfand mehr als nur eine körperliche Anziehung. Wenn ich sage, dass ich mir vorkam, als ertränke ich in einem Ozean aus Energie oder als würde mein Körper in einen nie gekannten Zustand der Euphorie gehoben, dann gibt das am ehesten meine Gefühle wieder. Ich empfand mich nicht mehr länger als einzelnes Individuum ... ich war mit der Ewigkeit verschmolzen.«

»Das muss eine überwältigende Erfahrung gewesen sein.«

»Ja, allerdings. Ich überlegte gerade, dass er etwa in meinem Alter sein musste, als er den Blick auf mich richtete. Mein Gott, diese Augen! Dann sprach er und fragte mich nach meinem Namen.

Später erzählte er mir, dass er sich von mir angezogen gefühlt hatte, obwohl er eine feste Freundin hatte. Er wusste nicht, warum ich ihn derartig faszinierte, jedenfalls konnte er mich nicht vergessen, nachdem er das Café verlassen hatte – ich weiß genau, wie sich das anfühlt.«

»Was geschah, nachdem Sie beide das Café verlassen hatten?«

»Ich ging nach Hause, und alle Einzelheiten im Zusammenhang mit unserer Begegnung gingen mir unablässig durch den Kopf. Die Musik von Enya erfüllte mich, als sei sie die Einzige, die ich jemals gehört hätte, und überall roch ich diesen karamellisierten Kaffee. Ich konnte in dieser Nacht nicht schlafen – ich wälzte mich nur umher. Bilder von ihm, vor allem seine Augen, erfüllten mich und die Musik verfolgte mich.«

»Das war sicherlich eine äußerst emotionale Begegnung für Sie«, sagte ich, um sie zu motivieren, weiterzusprechen.

»Was meine Gefühle betrifft«, fuhr Chrissie fort, »nun, ich weiß nicht, wie ich sie beschreiben soll. Da war nichts Sexuelles. Ich war mir nicht einmal sicher, ob ich ihn überhaupt wiedersehen wollte. Ja, etwas in mir warnte mich sogar davor, und ich versuchte, ihn zu vergessen. Aber da war natürlich nichts zu machen. Am nächsten Morgen, nach einer schlaflosen Nacht, plante ich meinen Tag so, dass ich um die gleiche Zeit wieder in dem Café sitzen konnte, und hoffte verzweifelt, dass er ebenfalls dort sein würde.«

»Und was geschah?«

»Ich wusste, dass irgendetwas, irgendeine Kraft mein Leben steuerte und dass ich keine Gewalt darüber hatte. Ich lief auf Automatik – in einer Art Trance. Wie ein Zombie setzte ich mich an den Tisch und wartete darauf, dass er sich zu mir setzen würde. Und tatsächlich, er kam.

Später fand ich heraus, dass Byron ähnliche Gefühle hatte, wenn auch nicht so intensiv. Er sagte: ›Ich war mir bewusst, dass ich es nicht tun sollte, aber ich wollte unbedingt wieder in das Café gehen, halb in der Hoffnung, dich dort zu sehen, halb in der Hoffnung, du würdest nicht dort sein.‹«

Ich sagte nichts, und wieder war es Chrissie, die das kurze Schweigen brach.
»Wie Sie es vermutlich bereits erraten haben, gingen Byron und ich schon bald eine intensive Beziehung miteinander ein. Es ist merkwürdig, aber ich kann nicht sagen, dass es Liebe war. Wir konnten nicht voneinander lassen, doch irgendwie gelang es uns auch nicht, einander ganz und gar zu vertrauen. Zwölf Monate nachdem wir uns kennen gelernt hatten, war ich schwanger. Ich drehte durch. Noch immer finde ich keine Worte für die Gefühle, die ich damals durchlitt. Ich wurde von panischer Angst erfasst, doch ich hatte keine Ahnung wovor. Lag es an Byron? An mir? Oder war es das Baby? Ich konnte mir nicht vorstellen, dass es das Baby war, denn ich hatte ja die Möglichkeit, mich dafür oder dagegen zu entscheiden. Obwohl wir inzwischen zusammenlebten, konnte ich mich nicht überwinden, Byron die Neuigkeit mitzuteilen. Meine Welt, meine Gefühle, alles brach in sich zusammen.«
»Wovor hatten Sie solche Angst?«
»Ich weiß es nicht. Aus irgendeinem unerfindlichen Grund hatte ich Angst, Byron von meiner Schwangerschaft zu erzählen. Er hatte mir keinen Grund gegeben anzunehmen, dass er anders als verständnisvoll reagieren würde. Trotzdem schob ich es immer wieder auf.«
»Aber dann haben Sie es ihm gesagt?«
»Ja, schließlich kam der Moment, als es sich nicht mehr länger aufschieben ließ. Ich musste es Byron sagen. Ich konnte mir nicht erklären, was mir solche Angst machte. Schließlich war es ja sein Kind. Doch fühlte ich mich zerfressen von einer tief sitzenden, unbegründeten Angst. Ihm die Wahrheit mitzuteilen, war nicht so schlimm, wie ich es erwartet hatte. Er sagte nur: ›Ach so.‹ Aber er sah mich kaum an, als er fragte: ›Und was wirst du nun tun?‹
Ich wusste nicht, ob er erfreut, wütend, traurig oder irgendwie

sonst berührt war. Ich dachte, vielleicht hat er mich nicht richtig gehört und wiederholte: ›Byron, ich bin schwanger.‹ ›Ich habe dich verstanden‹, sagte er nur. Ich spürte, wie ich zitterte, und ohne noch einmal nachzudenken sagte ich: ›Ich werde es abtreiben lassen.‹«

In einem normalen Beratungsgespräch hätte ich Chrissie veranlasst, rascher zum Punkt zu kommen. Doch spürte ich, dass all dies irgendwie wichtig war, und außerdem hatte ich ja den ganzen Nachmittag Zeit. »Was geschah nach der Abtreibung?«, fragte ich. »Sind Byron und Sie getrennte Wege gegangen?«

»Ja. Ich war zurück in meine eigene Wohnung gezogen, und Byron und ich sahen einander seltener. Wir blieben Freunde.«

»Freunde?«

»Nur Freunde. Ich bin seither mit mehreren Männern ausgegangen, doch gerate ich jedes Mal in Panik, wenn irgendjemand versucht, mir nahe zu kommen. Vor der Abtreibung hatte ich solche Probleme nie, doch jetzt will ich immer dann, wenn die Beziehung enger wird, am liebsten weglaufen und mich verstecken.«

»Und was wurde aus Byron?«

»Byron hat sich wirklich bemüht. Er hat mir gesagt, dass er Schuldgefühle hat – wegen meiner Gefühle, nicht wegen der Abtreibung. Er kann sich das ebenso wenig erklären wie ich. Auch er hat Probleme, mit anderen Frauen. Jedes Mal, wenn die Gefühle eine gewisse Intensität erreichen, zieht er sich zurück.«

Ich spürte, dass Chrissie immer noch verletzt war, und wartete darauf, dass sie fortfahren würde.

»Wir haben es damit versucht, einander überhaupt nicht mehr zu sehen. Aber das hat auch nicht funktioniert. Mein Leben ist ein Chaos! So ist es seit sechs Jahren, und ich bin schon fast einunddreißig. Ich habe keinerlei Aussicht auf eine stabile Beziehung, von einer Ehe ganz zu schweigen!«

»Was erwarten Sie also von mir, Chrissie?«

»Können Sie mich bitte von dieser Angst befreien, die mich überallhin verfolgt? Meine Angst hindert mich daran, mit Männern normale Beziehungen einzugehen. Wenn es Ihnen gelingt, dann kann ich mir Byron vielleicht endlich aus dem Kopf schlagen. Wir treffen uns noch immer, doch können wir uns nicht wirklich aufeinander einlassen.«

»Also gut, Chrissie. Aber zunächst müssen Sie mir noch ein paar Fragen beantworten. Leiden Sie unter irgendwelchen Phobien?«

»Nicht, dass ich wüsste«, antwortete sie, nachdem sie eine Weile nachgedacht hatte.

»Irgendwelche wiederkehrenden Träume?«

»Nicht wirklich. Ich träume manchmal, dass ich falle. Ich bin sicher, dass Sie diese Art Träume kennen. Man fällt und fällt und unter einem tut sich ein endloser Abgrund auf. Doch einen solchen Traum habe ich jetzt schon lange nicht mehr gehabt.«

»Leiden Sie unter irgendwelchen Schmerzen?«, setzte ich mein Fragen fort.

»Ja, tatsächlich. Aber ich mache mir mehr Sorgen wegen meiner emotionalen Probleme.«

»Das verstehe ich«, entgegnete ich. »Doch im Geistheilen geht es um die Heilung der ganzen Person – um Körper, Geist und Seele. Und ich kann nicht nur das eine oder das andere wiederherstellen. Ich werde Ihnen später erklären, wie Heilen funktioniert, Chrissie. Nun erzählen Sie mir erst einmal von diesem körperlichen Problem.«

»Dazu gibt es nicht viel zu sagen«, antwortete sie. »Ich fühle einen stechenden Schmerz hier oben in der rechten Hüfte, der bis in mein Knie hinunterzieht. Manchmal ist der Schmerz im

Knie schlimmer, manchmal in der Hüfte. Wenn der Schmerz im Knie ist, dann fühlt es sich so an, als hätte ich es verdreht.«
»Waren Sie damit beim Arzt?«
»Ja, mehrmals. Sie haben alle nur denkbaren Tests mit mir gemacht und nichts gefunden. Sie sagen, der Schmerz existiere nur in meinem Kopf. Vielleicht haben sie Recht, aber davon geht der Schmerz nicht weg. Ich war außerdem bei mehreren Heilpraktikern, aber auch sie konnten nichts finden. Also versuche ich, mich mit dem Schmerz abzufinden. Manchmal ist er unerträglich, und manchmal spüre ich wochenlang nichts.«
»Ich glaube, Sie haben mir fürs Erste alles gesagt, was ich wissen muss, Chrissie. Ich möchte nun, dass Sie sich auf Ihrem Stuhl entspannen und die Augen schließen. Ich werde Ihr Unbewusstes veranlassen, Sie zu der Ursache Ihrer Probleme zurückzuführen. Sobald Sie die Ursache kennen, können Sie entsprechend auf das Gefühl reagieren. Ach ja – glauben Sie eigentlich an Reinkarnation?«
»An was?«
»Haben Sie schon einmal etwas vom Leben nach dem Tod gehört?«
»Ja.«
»Glauben Sie daran?«
»Ich habe noch nicht viel darüber nachgedacht – das Leben nach dem Tod ist im Augenblick noch nicht Bestandteil meiner Pläne. Sollte es das sein?«
Ich lächelte. Ihr Sinn für Humor gefiel mir. »Nein. Ich versuche nur herauszufinden, ob Sie bereit sind, die Vorstellung zu akzeptieren, dass wir alle schon einmal, vielleicht viele Male gelebt haben und dass das Leben, das gegenwärtige Leben, nur eines in einer ganzen Reihe von Lebenserfahrungen ist.«
»Im Moment bin ich bereit, alles zu glauben, was mir hilft, meine Ängste zu erklären und mein Leben auf die Reihe zu bringen«, antwortete sie.

»Also gut. Dann lassen Sie uns anfangen.«
Chrissies Augen schlossen sich, und sie fing an, sich zu entspannen. Ich hatte mich schon während sie sprach mit ihren energetischen Schwingungen verbunden. Das ist relativ einfach. Wir alle strahlen Energie aus. Die stärkste Energie ist die emotionale. Sie spürt man, wenn man sich streitet und sich unbehaglich und fehl am Platze fühlt. Wir übermitteln das Schwingungsmuster unserer Gedanken nach außen. Wenn wir boshaften oder wütenden Gedanken nachhängen, dann vertreiben wir Menschen, deren Gedanken von Liebe, Sanftmut und Zufriedenheit erfüllt sind. Das ist ein Naturgesetz. Gleiche Energien ziehen einander an, und Energien unterschiedlicher Frequenz stoßen einander ab.
Die von unseren Gedanken erzeugte Energie ist äußerst stark und durchdringt alle Zeit und allen Raum. Natürlich wird sie umso schwächer, je weiter sie sich von dem Menschen, der sie erzeugt, entfernt. Doch einmal erzeugte Schwingungen folgen ihrem Erschaffer so lange überallhin, bis dieser seine Gedankenmuster verändert.
Chrissies emotionale Energie war Angst. Ich konnte sie fühlen und sehen. Die Frequenz und Stärke der Energie eines jeden Menschen ist einzigartig. Um Chrissie helfen zu können, musste ich zunächst eins mit ihrer Emotion werden. Das bedeutet nicht, dass ich mich von ihrer Angst ergreifen lassen musste, sondern vielmehr, dass ich ihre Angst in mich aufnehmen und alle Widerstände entfernen musste.
Dieser Zustand wird erreicht, indem man bedingungslos den Menschen annimmt, dem man zu helfen versucht. Man nimmt ihn so an, wie er ist, ohne irgendetwas an ihm zu kritisieren, und ohne einen Gedanken daran, irgendetwas an ihm ändern zu wollen.
Die meisten Menschen glauben, Geistheilen oder überhaupt jede Art von Heilen habe etwas damit zu tun, dass man einen

Aspekt der Person, ihr Denken, ihre Gewohnheiten oder ihre Programmierungen, ändert, um eine Verbesserung ihres Lebens zu bewirken. Doch nichts könnte weiter von der Wahrheit entfernt sein.

Das erste Gesetz des Heilens lautet, bedingungslos und vollkommen die Person zu akzeptieren, die um Hilfe bittet. Wenn ich auch nur im Entferntesten daran denke, etwas an dem Hilfesuchenden zu verändern, selbst wenn dies noch so logisch erscheint, dann verursache ich damit nur eine Blockade in seinem Geist.

Das Unbewusste des Hilfesuchenden nimmt meinen Gedanken an Veränderung wahr und errichtet sofort eine Mauer des Widerstands. Wenn Menschen sich verändern, dann können sie es nur aus sich heraus tun. Außerdem muss ich einen Menschen zunächst als unvollkommen einstufen, um überhaupt eine Veränderung an ihm in Erwägung zu ziehen. Ich muss ihn als geringer als mich selbst eingestuft haben. Doch damit bewirke ich nichts als sofortigen unbewussten Widerstand.

Ich wiederhole: Das erste Gesetz des Heilens verlangt ein vollständiges Akzeptieren des heilbedürftigen Menschen, als der, der er in diesem Moment ist. So entsteht Harmonie. Wir alle sind verschieden, einzigartig. Keiner ist wichtiger als der andere. Jeder Mensch ist etwas Besonderes. Und die Fähigkeit, die einzigartigen Qualitäten eines anderen, seine Liebe, seine Schmerzen zu erkennen, ohne sie zu hinterfragen oder verändern zu wollen, gestattet es uns Menschen, miteinander zu harmonisieren.

Ich befand mich in Harmonie mit Chrissie. Ich hatte sie so wie sie war angenommen ohne einen Gedanken daran, sie verändern zu wollen (auch wenn dies der Grund war, der sie veranlasst hatte, mich aufzusuchen). Sollte es physische oder emotionale Veränderungen in Chrissies Leben geben, dann würde sie selbst dies verursachen. Meine Aufgabe war es lediglich, ihr zu größerer Bewusstheit zu verhelfen, damit sie die Gründe für ihre Schwierigkeiten deutlicher erkennen und besser mit ihnen umgehen konnte.

Als die Energie zwischen uns wuchs, gelang es mir, Chrissie in einen Bewusstseinszustand zu heben, der über logische Wahrnehmung hinausgeht. Vor ihr eröffnete sich eine neue Perspektive, und sie wurde eins mit Gefühlen, die aus einem früheren Leben stammten. Ich erhielt die Verbindung mit ihr aufrecht, damit sie ihre Vergangenheit erkennen konnte. Im Verlauf der nächsten vierzig Minuten durchlebte sie die Erfahrungen aus einem früheren Leben, die ihr in ihrem jetzigen so viele Probleme bereiteten.

Zunächst erinnerte Chrissie sich an eine Szene, die jener glich, in der sie aufgewachsen war. Sie sah sich in einem Feld stehen und über ein Gewässer hinwegblicken. Sie fühlte sich vollkommen entspannt und zufrieden, wunderte sich jedoch darüber, dass ihr so kalt war. Es war klar, dass ihr Frieren nichts mit der Temperatur in meinem Sprechzimmer zu tun hatte, denn es war Hochsommer und der Raum eher etwas zu warm.

»Welche Art Kleidung tragen Sie?«, wollte ich von ihr wissen.

Nachdem sie eine Weile nachgedacht hatte, antwortete sie: »... einen dicken Mantel, eine Wollmütze, Handschuhe und irgendwelche Stiefel.«

»Stiefel? Beschreiben Sie mir die Stiefel, Chrissie.«

Ihrer Antwort ging eine Pause voraus. »Ich befinde mich auf dem Eis; es ist Winter; ich habe Schlittschuhe an den Füßen.«

Plötzlich setzte sich das Bild vor ihrem inneren Auge vollständig zusammen. Sie spürte, wie sie über das Eis flog und jeden Augenblick genoss. Sie beschrieb mir die Szene und die anderen Personen, mit denen sie sich auf dem Eis befand. Aus irgendeinem Grund, den Chrissie nicht genau erkennen konnte, fühlte sie sich schwer und linkisch. Nach und nach wurde ihr

die Angst bewusst, die in ihr aufstieg. Sie hatte außerdem Schuldgefühle, die sie sich nicht zu erklären wusste.
»Was können Sie mir über Ihre Angst sagen?«
»Nicht viel«, antwortete sie. »Ich nehme lediglich ihr Vorhandensein wahr.«
Sie saß dort auf dem Stuhl und ihre Muskeln fingen an, sich zu verkrampfen, als fürchte sie, von ihrem Stuhl zu fallen. Chrissie begann hin und her zu schwanken, und ihre Haltung wechselte von Entspannung zu Angst. Ich spürte ihre wachsende Angst und hörte sie in ihrer Stimme. Plötzlich klammerte sie sich an den Stuhl und stieß einen Schrei aus.
»Ich falle! Ich falle!«, rief sie. Im gleichen Augenblick warf sich Chrissie nach rechts und ihr rechtes Bein verdrehte sich unter dem Stuhl. Sie wäre ohne Zweifel vom Stuhl gefallen, wenn ich es nicht verhindert hätte.
Sie schrie hysterisch: »Das Baby, das Baby! Ist dem Baby etwas geschehen?«
»Welches Baby?«
»Ich bin schwanger«, weinte sie. »Er wird wütend auf mich sein. Er hat mir verboten, hierher zu kommen. Mein Bein!« Sie stöhnte wie unter Schmerzen und umklammerte ihr rechtes Bein.
»Der Schmerz in meinem Bein ...«, klagte sie. »O es tut so weh! Es muss gebrochen sein. Ich kann mich nicht bewegen – ich kann nicht aufstehen. Das Baby ... das Baby.«
Chrissies Gefühle wechselten hin und her zwischen dem Schmerz in ihrem Bein und der Angst um ihr ungeborenes Baby. Ihre Gedanken waren in Aufruhr.
»Was geschieht nun?«, wollte ich wissen.
»Ich werde zu einem Wagen getragen.«
Sie beschrieb mir die Szene und die Menschen, von denen sie umgeben war, und es wurde deutlich, dass Chrissie in ein vor-

heriges Leben Ende des neunzehnten Jahrhunderts zurückgekehrt war.
Als nächstes erinnerte sie sich daran, dass sie auf einem Bett in einem spärlich möblierten Raum lag. Sie erklärte mir, dass ihr Bein auf der Höhe der Hüfte gebrochen war, ihr Knie war verdreht und schmerzte, doch am meisten Sorgen machte sie sich um ihr Kind.
Sie fing an zu weinen: »Es ist weg! Ich habe es verloren! Ich habe mein Baby verloren!«
In diesem Augenblick fing ihr Körper an, hin und her zu pendeln.
»Was geschieht jetzt?«, fragte ich.
»Er ist wütend auf mich. Er hat einen Wutanfall. Er schlägt mich. Er sagt, es sei alles meine Schuld, und dass ich es mit Absicht getan hätte, um das Kind loszuwerden. Aber das stimmt nicht! Das stimmt nicht!«, schluchzte sie.
In ihrer nächsten Erinnerung waren ein paar Wochen vergangen. Sie litt noch immer unter den Schmerzen in ihrem Bein.
»Er ist immer noch wütend auf mich und will nicht mit mir sprechen«, weinte sie. »Und die Schmerzen in meinem Bein werden immer schlimmer.«
Chrissie schwitzte, und ihr Gesicht war krebsrot. Ihr wurde heißer und heißer, und sie sagte mir, sie glaube, das Fieber werde durch eine Entzündung in ihrem Bein verursacht. Dann merkte sie, dass ein paar Tage vergangen waren und dass man ihr das Bein abgenommen hatte. Sie erzählte mir, wie ihr Mann sie von sich stieß. Sie fühlte sich einsam und verlassen.
»Alles nur wegen des verdammten Kindes!«, schrie sie. Sie war nun von Wut und Bitterkeit erfüllt und schob alle Schuld auf das verlorene Kind.
Ich forderte sie auf, sich dem nächsten Trauma in ihrem Leben zuzuwenden, das sich etwa ein oder zwei Wochen später

ereignete. Offenbar hatte die Operation eine erneute Entzündung bewirkt. Voller Schmerz und Angst starb sie bald darauf.

Chrissie beschrieb, wie sie sich aus ihrem Körper herausgehoben fühlte und eine Weile über ihm schwebte, bevor sie sich durch eine Art Tunnel auf ein Licht zu bewegte. Dann öffnete sie ihre Augen.

»Das war unglaublich«, sagte sie, nachdem sie eine Zeitlang schweigend dagesessen hatte. »So viele Fragen sind beantwortet, so viele Rätsel gelöst. Ich nehme an, Sie wissen, wer mein Mann in jenem anderen Leben war? Es ist der Byron aus diesem Leben, nicht wahr?«

»Woher wissen Sie, dass Byron Ihr Ehemann war?«

»Ach, das ist einfach. Wegen seiner Augen. Mein Ehemann aus dem vorigen Leben hatte außerdem etwas an sich, was leicht zu erkennen ist – es hat nichts mit seiner körperlichen Erscheinung zu tun. Ich habe nicht den geringsten Zweifel daran, wer er ist. Alles passt haargenau. Nun weiß ich, warum ich solche Angst davor habe, mich auf eine Beziehung mit einem Mann einzulassen und warum ich die Abtreibung vornehmen lassen musste. Doch warum musste ich all das durchmachen? War das wirklich notwendig, Malcolm? War es ein Traum? Habe ich mir das nur ausgedacht?«

Sie hielt einen Augenblick lang inne und sagte dann: »Ach ja, als Sie mich vorhin nach Phobien fragten, vergaß ich zu erwähnen, dass ich mich bei winterlich kaltem Wetter immer äußerst unsicher fühle. Ich kann eisiges Wetter nicht leiden und hasse alle Wintersportarten.«

»Sie haben jetzt sicherlich eine Menge Fragen, Chrissie. Mit den meisten von ihnen werden wir uns zu einem späteren Zeitpunkt ausführlich beschäftigen. Doch einige will ich sofort beantworten, damit Sie eine Vorstellung davon bekommen, was sich eben ereignet hat.«

»O ja bitte«, rief sie, »und ich möchte wiederkommen, um noch mehr herauszufinden.«
»Was Sie eben erlebt haben, Chrissie, war gewiss kein Traum. Wir alle haben bereits viele, viele Male gelebt. Ich werde Ihnen später einmal erklären, warum das so ist. Doch jetzt müssen Sie erst einmal erkennen, dass jedes Gefühl aus jedem Leben, das Sie gelebt haben, noch immer Bestandteil Ihrer Persönlichkeit ist. Sobald Sie bereit sind, sich spirituell weiterzuentwickeln – sich auf eine tiefere spirituelle Ebene zu begeben –, werde ich Ihnen helfen, sich von den Gefühlen zu befreien, die Sie bremsen. Dies kann jedoch erst dann geschehen, wenn Sie die spirituelle Entscheidung treffen, Ihre materiellen Bedürfnisse und Ihre Ängste lozulassen.«
Chrissie beugte sich vor und lauschte aufmerksam jedem meiner Worte.
»Mit der richtigen Unterstützung kann ich Sie mit Liebe umgeben. Damit erhalten Sie die Möglichkeit, sich Ihren Ängsten zu stellen und mit ihnen fertig zu werden. Nichts anderes ist die Erfahrung, die Sie eben gerade gemacht haben. Sie waren erfüllt von unerklärlichen Ängsten – Liebe hat dafür gesorgt, diese Ängste Ihrem Bewusstsein zugänglich zu machen, so dass Sie auf logische Weise mit ihnen zurechtkommen konnten. Hätten Sie sich geweigert, diese Tatsache zu akzeptieren, dann wäre die Angst nicht bearbeitet worden, sondern in Ihr Unbewusstes zurückgekehrt und hätte Sie weiterhin gequält.«
»Damit habe ich eine Menge Stoff, über den ich nachdenken muss«, sagte Chrissie. »Ich freue mich schon auf eine genauere Erklärung von Bewusstsein. Ich werde so bald wie möglich einen neuen Termin ausmachen.«

Chrissie meldete sich umgehend bei Debbie, meiner Sekretärin, um ihren nächsten Termin bei mir zu verabreden. Bereits eine Woche nach ihrem ersten Besuch saß sie mir wieder gegenüber.
»Um welche Art Problem handelt es sich diesmal?«, fragte ich.
»Um gar keines«, entgegnete sie lächelnd. »Ich fühle mich einfach großartig. All die unerklärlichen Ängste sind verschwunden, und ich fühle mich jetzt so wie in der Zeit, bevor ich Byron kennen lernte.«
»Haben Sie ihm von Ihrem früheren Leben erzählt?«
»Ja, aber er hat sich nur über mich lustig gemacht. Er gab zwar zu, dass ich mich offensichtlich verändert habe, dass ich viel besser aussehe, doch von Reinkarnationen wollte er nichts hören. ›Wenn du tot bist, dann bist du tot! Puff, das Leben endet wie eine durchgebrannte Glühbirne!‹, so hat er es formuliert.«
»Nun gut, Chrissie, warum sind Sie also hier?«
»Ich will mehr wissen – Sie haben mich neugierig gemacht. Wenn wir wirklich mehr als ein Leben haben, welchen Sinn hat das? Werden wir jedes Mal reicher und reicher? Werden wir immer intellektueller – das würde mir, glaube ich, nicht gefallen. Wie oft kehren wir zurück? Haben wir immer die gleiche Geschlechtszugehörigkeit? Gehören wir überhaupt jedes Mal der gleichen Spezies an? Ich brenne vor Neugier!«
Ich dachte über ihre Fragen nach, bevor ich zu einer Antwort ansetzte. Nicht jeder ist gleichermaßen fähig, solche Informationen zu verarbeiten. Vielen Menschen fällt es bereits schwer, mit ihrem einen Leben zurechtzukommen, und die Vorstellung, dass sie Dutzende oder vielleicht sogar über hun-

dert Leben geführt haben oder noch führen werden, könnte sie noch zusätzlich verwirren.

»Welche Art religiöser Vorstellungen haben Sie, Chrissie?«

»Die gleiche Frage wollte ich Ihnen auch schon stellen. Mir kommen Sie wie ein buddhistischer Jude mit einer christlichen Philosophie vor.«

Lächelnd entgegnete ich: »Das ist eine ungewöhnliche Vorstellung. Wie sind Sie auf diese Mischung gekommen?«

»Ich glaube, die Buddhisten meinen, dass wir mit allem eins werden können. Ich weiß, dass die Juden an Reinkarnation glauben, weil ich darüber in einem Buch – in der ›Kabbala‹ – gelesen habe. Außerdem sprechen Sie viel über Liebe, die ein zentrales Thema der christlichen Doktrin ist. Also, Malcolm, was sind Ihre religiösen Prinzipien?«

Diesmal richtete sich ihre keineswegs unfreundliche Frage direkt an mich. »Ich hänge keiner bestimmten Religion an«, antwortete ich. »Sehen Sie, nicht nur die Christen glauben an die Liebe. Jede Religion basiert in ihren Gedanken und Lehren auf der Liebe des Höchsten Wesens. Der Unterschied kommt erst durch die Art zustande, mittels deren die Religionen diese Liebe im Rahmen ihrer Gesetze und ihrer Gemeinde zum Ausdruck bringen.«

Chrissie hörte mir aufmerksam zu, und ich fuhr fort. »Ich glaube, im Zentrum jeder Religion steht die Liebe des ›höchsten Bewusstseinsarchitekten‹ oder wie auch immer Sie das ›Große Eine‹ nennen wollen.«

»Wir sprechen also über Liebe?«

»Ja. Wenn unser Leben dem Dienst an der Liebe gewidmet ist, dann müssen wir auch bereit sein, einander zu dienen, denn wir alle sind Geschöpfe der Liebe.«

»Hmmm ... aber wie steht es mit Ihrer Religion, Malcolm?«

»Ich ordne mich keiner bestimmten Religion zu, Chrissie. Ich diene ihnen allen. Sobald wir uns durch Gesetze und Dogmen binden lassen, schneiden wir uns von der Mehrheit der Schöpfung der Liebe ab. Für mich gibt es keine gute und keine schlechte Religion. Es gibt lediglich verschiedene Religionen, und ihre Unterschiedlichkeit ermöglicht uns ein umfassenderes Verständnis für die höchsten Ausdrucksformen der Liebe. Das höchste Wesen im Leben eines jeden ist die Liebe.«

Ich hielt einen Augenblick inne, damit Chrissie Zeit hatte, meine Worte zu verdauen, denn sie waren die Grundlage dessen, was ich noch hinzufügen wollte. Durch ihre Körpersprache zeigte sie mir, wann ich fortfahren konnte. »Bevor ich geboren wurde, als ich noch reiner Geist war, der auf seine Geburt wartete, da sprach die ›Größte Liebe‹ mit mir und sagte: ›Ich geben dir ein Übermaß an Liebe mit auf den Weg, wie ich es bei all meinen Kindern tue. Doch glaube nicht, dass diese Liebe dein ist, denn du wirst erst dann von ihr wissen, wenn du sie weitergibst. Ich gebe dir diese Liebe im Vertrauen darauf, dass du sie weise einsetzt, um die Bedürfnisse derer zu stillen, die sich nach ihr sehnen. Kehre nicht zu mir zurück, ohne alle Liebe aufgebraucht zu haben, denn sie wird sonst ein gestohlenes Gut sein, das anderen zugedacht war und dich von mir fern hält.‹

›Aber was ist, wenn ich diese oder jene Gruppe auf Grund dessen, was sie über dich lehren, nicht mag?‹, fragte ich die Größte Liebe.

›Du sollst kein Urteil fällen über meine Kinder. Solange sie ihre Liebe mit allen Menschen teilen, akzeptiere und liebe ich sie so, wie sie sind‹, antwortete die Liebe.

Das ist ja alles schön und gut, dachte ich, aber woher bekomme ich meine Liebe? Wenn die Liebe, die ich mitbekomme, mir nicht gehört, wo ist dann die meine?

›Die Liebe, die ich dir zudenke, habe ich meinen anderen Kindern in ihre Herzen und Seelen gelegt.‹

Ich hätte mir denken können, dass der Schöpfer der Liebe

auch Gedanken hören kann. ›Aber was ist, wenn ich diese Menschen nicht mag?‹, wollte ich wissen.
›Dann wirst du ohne meine Liebe auskommen müssen. Ich mache keinen Unterschied zwischen Völkern und Religionen. Wenn du dich von einem meiner Kinder abwendest, dann wendest du dich auch von der Liebe und damit von mir ab.‹«
»Unglaublich«, seufzte Chrissie, die mir aufmerksam zugehört hatte. »Mal sehen, ob ich alles richtig verstanden habe: Da wir Gottes Liebe zum Geschenk erhalten haben, sind wir alle verpflichtet zu dienen.«
»So könnte man es zusammenfassen.«
»Doch wenn unsere eigene Liebe uns selbst gar nicht gehört und wir nicht wissen, dass wir sie besitzen, wie können wir sie denn dann schätzen lernen? Ich will sagen, ja wie sollen wir sie denn anderen schenken? Wir können doch wohl schlecht umherlaufen und Liebe wie Geldscheine oder Bonbons weggeben. Wie sollen wir sie denn weitergeben?«
»So ist die Liebe nicht«, entgegnete ich lächelnd. »Liebe ist nicht etwas, was man *tut*. Liebe ist, was man *ist*. In Wahrheit sind wir für jeden Menschen offen, der Liebe empfangen will. Die Liebe, von der ich spreche, ist der Geist, der göttliche Funke in jeder Seele, die auf dieser Erde wandelt. Die Liebe ist tief in uns verankert.«
»Das verstehe ich nicht«, sagte Chrissie. »Ich sehe jeden Tag zahlreiche Menschen, die von sich behaupten, sie seien religiös ... ständig reden sie von Gott. Aber ich habe ehrlich gesagt nicht das Gefühl, dass von ihnen viel Liebe ausgeht.«
»Ja, ich fürchte, dass ein Großteil der Liebe, die wir mitbekommen haben, in Mauern aus Eifersucht, Wut, Angst, Überheblichkeit und anderen negativen Gefühlen eingeschlossen ist.«
Ich war im Begriff, das Thema zu wechseln, aber Chrissie war noch nicht bereit.
»Einen Augenblick! So können Sie das nicht stehen lassen!«,

bremste sie mich entschlossen. »Ich will noch mehr über diese Liebe wissen. Ist es die gleiche Liebe, die ich für einen Partner empfinde oder die eine Mutter zu ihrem Kind verspürt?«

»Falls die Liebe, die Sie empfinden, bedingungslos ist, wie die einer Mutter für ihr Kind, dann ja. Doch sobald Sie auch nur eine einzige Bedingung mit ihr verknüpfen, wird sie zu emotionaler Liebe und unterscheidet sich deutlich von der spirituellen, von der hier die Rede ist.«

»Ach so, ich verstehe.« Chrissie war entschlossen, meine Vorstellung von Liebe zu erfassen. »Wenn sie keine Emotion ist, dann ist sie das, was man für einen anderen tut ... etwa, dass man auf seinen Urlaub verzichtet, um stattdessen einen kranken Freund zu pflegen ... oder wenn man an einem Regentag jemanden in sein schönes, sauberes Auto lässt und ihm einen Fußmarsch im Nassen erspart?«

»Nein, Chrissie«, sagte ich langsam. »Das ist nicht die Liebe, von der ich spreche.«

»Nun, wenn sie nicht das ist, was ich für einen anderen empfinde, und auch nicht das, was ich für einen anderen tue, was könnte sie denn dann noch sein?« Sie wurde nun ein wenig ungeduldig. »Einfach nur ›Ich liebe dich‹ zu sagen oder ›Gott liebt dich‹, ohne es mit einem Gefühl oder einer Handlung zu verknüpfen, kommt mir jedenfalls äußerst oberflächlich vor.«

»Also gut, ich will versuchen, es Ihnen anders zu erklären. Stellen Sie sich vor, dass dieser Raum, in dem wir uns befinden und in den das Licht durch die Fenster hineinfällt, von innen große, schwere Vorhänge und außen Fensterläden hat. Der Raum ist voller Menschen, die fröhlich, lustig, freundlich und im Allgemeinen zufrieden sind.«

»Also gut. Aber was hat es mit diesen Menschen auf sich?«

»Angenommen, jemandem fällt ein, innen die Vorhänge zuzuziehen und außen die Fensterläden zu schließen. Innerhalb weniger Sekunden macht sich in diesem jetzt hell erleuchteten

Raum absolute Dunkelheit breit. Was glauben Sie, welche Wirkung diese absolute Dunkelheit auf die Menschen im Raum und auf ihre Party haben wird? Was meinen Sie, was würden die Menschen denken und wie würden sie reagieren?«

»Ich nehme an, sie würden sehr still«, rätselte sie. »Keiner würde es mehr wagen, sich zu bewegen, aus Angst, jemanden zu stoßen, etwas umzuwerfen oder sich selbst zu verletzen.«

»Ohne Zweifel würden sie aufhören, Spaß zu haben. Die meisten in dem Raum würden es ein wenig mit der Angst zu tun bekommen. Ich vermute, sie würden außerdem Angst voreinander entwickeln, weil nun das Licht fehlt. Sie würden sich auf sich selbst statt aufeinander konzentrieren, nicht wahr?«

»Hört sich logisch an.«

»Und was glauben Sie würden die Menschen empfinden, wenn die Vorhänge aufgezogen, die Fensterläden geöffnet würden und Licht erneut in den Raum fiele?«

»Sie würden sich wieder entspannen und wieder mit den anderen im Raum beschäftigen«, antwortete Chrissie.

»Und was hat das Licht getan?«

Sie dachte einen Augenblick lang nach. »Das Licht hat eigentlich gar nichts getan«, sagte sie langsam. »Es ist einfach nur da.«

»Genau!«, rief ich. »Licht und Liebe sind in diesem Zusammenhang ein und dasselbe, austauschbar. Die Liebe, von der ich spreche, gibt uns ein gutes Gefühl, einfach weil sie da ist. Sie tut gar nichts. Man kann sie nicht spüren, doch wenn sie Ihr Leben erfüllt, dann wirkt sie inspirierend und vertreibt Ängste.« Chrissie sagte nichts, also wiederholte ich noch einmal: »Manche Menschen wirken auf diese Weise. Nur einfach deshalb, weil sie Bestandteil unserer Welt sind, fühlen wir uns besser, sind im Frieden mit uns selbst. Solche Menschen tun oder sagen nicht unbedingt irgendetwas, doch sie inspirieren andere zu Handlungen, vertreiben ihre Ängste und öffnen sie für die Liebe.«

Ich blickte Chrissie tief in die Augen und sagte: »Liebe ist nicht etwas, was man *tut*. Wir *sind* Liebe.«

»Ist diese Liebe Gott?«, wollte Chrissie wissen.

»Ja, Gott tut gar nichts. Gott, das höchste liebende Bewusstsein, beschränkt sich darauf zu sein. Sobald Sie die Gefühle entfernen, die wie ein Vorhang wirken, der dem Licht den Zugang zu Ihrem Leben verwehrt, wird sich Ihre ganze Welt verwandeln. Was Sie sehen, fühlen oder erleben, wird sich zwar nicht verändern, doch Ihr Bewusstsein wird sich erneuern. Die Liebe, von der hier die Rede ist, wird sich auf Ihre Zufriedenheit und Ihr Glück auswirken. Auch Ihre Mitmenschen werden Sie anders wahrnehmen und gefühlsmäßig anders auf Sie reagieren. Diese Liebe verändert Sie von innen her.«

»Hmmm«, machte sie nachdenklich.

»Sehen Sie, Chrissie, Liebe zu verkörpern ist nicht etwas, wofür Sie sich zu Ihrem eigenen Besten entscheiden. Vergessen Sie nicht, Ihre eigene Liebe ist für Sie unsichtbar. Liebe zu verkörpern heißt, zu sehen, was Ihre Liebe für andere vermag. Die Liebe, die man fühlt oder die einen tätig werden lässt, ist physisch oder emotional. Die Liebe, die hier gemeint ist, verursacht andere, ihre Liebe auf Sie zu richten. Die Liebe, an der wir uns erfreuen, hat ihren Ursprung bei unseren Mitmenschen. Indem wir uns verändern und Liebe verkörpern, erkennen wir die Liebe, die uns umgibt und die für uns bestimmt ist.«

Chrissie war sehr still geworden. »Aber wie kann es uns gelingen, diese Liebe zu verkörpern?«

»Befreien Sie sich von negativen Emotionen und nehmen Sie dann wahr, wie sich die Welt um Sie herum verändert.«

»Sie hätten einen guten Politiker abgegeben«, meinte sie lächelnd.

»Warum glauben Sie das?«
»Wir haben dieses Gespräch mit meinen Fragen zur Reinkarnation begonnen, und Sie haben es schlau auf Liebe und Licht gelenkt. Auf meine Fragen zur Reinkarnation sind Sie überhaupt nicht eingegangen.«
»Über dieses Thema werden wir ein andermal sprechen, Chrissie, das verspreche ich Ihnen. Liebe kann man nur durch die zahllosen Erfahrungen kennen lernen, die das Leben bietet. Bevor wir uns auf einen Ausflug in spirituelle Sphären begeben, sollen Sie alles über die Liebe wissen, die Sie in diesem Leben *sind.*«

# Existenzberechtigung

»Malcolm?« Chrissies Stimme erklang durch das Telefon.
»Könnten Sie mir einen Gefallen tun, Malcolm?«
»Wenn ich dazu in der Lage bin.«
»Ich habe eine Freundin, die vor drei Jahren einen Autounfall hatte und äußerst depressiv ist. Sie hatte unverschuldet einen Zusammenstoß mit einem Wagen, der von einem Betrunkenen gefahren wurde. Der Unfall wäre nicht so schlimm gewesen, wenn sie angeschnallt gewesen wäre, aber sie war es nun einmal nicht. Irgendwie geriet Jane zwischen die beiden Vordersitze und verletzte sich an der Wirbelsäule. Seither sitzt sie im Rollstuhl. Ich habe ihr versprochen, dass Sie sie besuchen würden. Das werden Sie doch, nicht wahr, Malcolm?«
»Das wissen Sie doch, Chrissie. Werden Sie dabei sein?«
»Nein, ich nicht. Aber ihr Ehemann möchte gerne dabei sein. Er ist ein wunderbarer Mann. Er hat alles aufgegeben, um für sie zu sorgen. Sie ist vom Oberkörper abwärts gelähmt und kann also selbst nicht viel tun. Das ist auch die Ursache ihrer Depression.«
Chrissie gab mir Janes Adresse und kündigte ihr meinen Besuch für die kommende Woche an. Solche Besuche sind anfangs immer schwierig, weil alle Beteiligten auf eine Wunderheilung hoffen. Manchmal geschieht wirklich ein Wunder, doch in den meisten Fällen muss die Heilung von innen kommen. Deshalb versuche ich, in allen Heilsituationen vollkommen offen zu sein und keine vorgefassten Vorstellungen zu haben. Meine Zielsetzung, wenn ich denn überhaupt eine habe, ist die, dass ich denjenigen, der Heilung sucht, darüber entscheiden lasse, wie die Energien heilender Liebe am besten einzusetzen sind. Das Leben wird bestimmt von der Art, wie wir denken, und nicht davon, was wir tun oder nicht tun können.

Bei meiner Ankunft sah ich sofort, wie die Tragödie sich auf jeden Bereich des Lebens auswirkte. Es führte eine Rampe zum Haus, und der Wagen in der Einfahrt war rollstuhlgerecht umgebaut worden. Jed öffnete mir, und beim Betreten des Hauses blieben meine Augen an dem verbreiterten Eingang hängen, an dem Lift auf der Treppe und an all den anderen Umbaumaßnahmen, die für einen Rollstuhlfahrer erforderlich sind. Jane wartete schon auf mich.

»Kaffee oder Mineralwasser?«, fragte Jed.

»Vielen Dank«, schüttelte ich verneinend den Kopf. »Wenn ich eine Heilarbeit vor mir habe, nehme ich nichts zu mir.«

»Warum denn?«, fragte Jane überrascht. »Sie müssen doch mittags etwas essen.«

»Ich esse höchstens einen Apfel und trinke ein Glas Wasser. Alles andere würde mir nur bis zum Abend schwer im Magen liegen. Während ich arbeite, brauche ich den überwiegenden Teil meiner Energie, um mich mit den Schwingungen meines Patienten zu verbinden. Da bleibt nicht viel Kraft für die Verdauung übrig.«

»Sie möchten wirklich nichts trinken?«, rief Jed aus der Küche.

»Es ist leichter für mich, wenn ich nichts zu mir nehme«, erklärte ich. »Wasser ist meist zu kalt, Mineralwasser wirkt blähend und Kaffee zu stimulierend. Mein Ziel ist es ja, Gefühle zu mäßigen, und nicht, sie noch zusätzlich aufzuwühlen. Manchmal kann es sogar schwierig sein, einen Klienten in einen heilenden Bewusstseinszustand zu führen, wenn er vor der Sitzung ein oder zwei Tassen Kaffee getrunken hat.«

Jed kam nun zu uns und ließ sich mit uns im Wohnzimmer nieder. Anfangs hatte er sich mit dem Gedanken, einen »Heiler« im Haus zu haben, nur schwer anfreunden können. Doch wir unterhielten uns eine Weile ruhig und freundlich, und er merkte, dass er mir vertrauen konnte.

»Also gut, Malcolm, was werden Sie mit meiner Frau anstellen?«, scherzte er. »Wollen Sie sie hypnotisieren oder so?«
Sie lächelten einander zu, und ich konnte erkennen, dass die beiden der Situation ruhig begegneten.
»Entspannen Sie sich, Jane. Seien Sie offen für alles, was kommt ... seien Sie jedenfalls nicht zu ernst«, bestätigte ich sie.
Als Jane nun begann, die Umstände zu erklären, die dazu geführt hatten, dass sie nun an den Rollstuhl gefesselt war, erhob sich ihr Mann. Er erklärte, dass sie beide zu dem Schluss gekommen waren, es sei besser, wenn Jane alleine mit mir spräche. Er wusste, dass Jane Gedanken und Gefühle zum Ausdruck bringen wollte, die sie in seiner Gegenwart nur schwer äußern konnte.
Sobald wir alleine waren, ermutigte ich Jane mit den Worten:
»Also gut, Jane, erzählen Sie mir, wie alles gekommen ist.«
Bald schon kam ihre Hoffnungslosigkeit im Hinblick auf ihre Versehrtheit hoch. Sie brach in Tränen aus – eine unter solchen Umständen häufige Reaktion. Heilung bewirkt oft, dass Anspannung und Unglücklichsein sich auflösen. Ich wartete, bis sie sich wieder beruhigt und ihre Fassung wiedergefunden hatte.
»Ich fühle mich so nutzlos«, sagte Jane. »Mein Leben hat jeden Sinn und Zweck verloren; ich bin nur im Weg. Jed ist wunderbar, aber er könnte so viel mehr tun ... wenn ich ihn nicht daran hindern würde.«
»Warum meinen Sie, dass Ihr Leben einen Zweck haben müsse?«
»Aber jeder Mensch braucht doch eine Lebensberechtigung«, entgegnete sie, »sonst ist das Leben doch sinnlos.«
»Das hängt wohl davon ab, was Sie unter Lebensberechtigung verstehen.«
»Was wollen Sie mir damit sagen?«

»Jane, haben Sie je über die Eiche nachgedacht oder überhaupt über irgendeinen Baum? Erinnern Sie sich doch einmal daran, wie wunderbar Eichen im Herbst aussehen. Führen Sie sich die einzigartigen Farben ihrer Blätter vor Augen. Nun, Jane, wissen Sie denn nicht, dass es diesen Bäumen vollkommen gleichgültig ist, ob Sie sie wahrnehmen oder nicht?«

»Hmm«, machte sie zustimmend.

»Das Gleiche gilt im Frühling, wenn die Wärme den Baumskeletten ihr Leben zurückgibt in Form von Knospen und sich entfaltenden Blättern. Das frische Grün des Frühlings ist einfach unglaublich! Aber die Bäume interessiert es nicht, ob Sie sie zu würdigen wissen oder nicht.«

»Das ist wahr«, stimmte Jane leise zu.

»Überdies stellen Bäume ein Zuhause für millionenfaches Leben dar. Ihre Blätter sind ein Schutz vor Sonne und Regen; ihre Rinde bewahrt vor der Härte des Winters. Jeder Baum ist ein kleines Universum für sich, bezeugt jeden Tag aufs Neue Leben und Tod, wenn altes Leben für neues Platz macht. All dies geschieht in der Welt des Baumes, doch den Baum interessiert das nicht weiter. Ein Baum hat keinen Sinn. In seinem ganzen Leben geht der Baum nirgendwo hin noch tut er irgendetwas. Er bleibt immer nur am gleichen Ort und tut nichts. Er erfüllt keinen Zweck. Er zerbricht sich nicht den Kopf darüber, ob er den Vögeln oder den Insekten ein Zuhause bietet oder er irgendeinen anderen Sinn hat. Ein Baum ist – und sonst nichts! Ein Baum will sich erfreuen an der Schönheit, die ihn umgibt, fühlen, wie der Wind an einem heißen Sommertag durch seine Blätter streicht, und hören, wie seine Früchte, mit denen er seine Seele an die Erde zurückgibt, auf den Boden plumpsen.«

»Das ist wunderschön«, sagte Jane.

»Ja, Jane. Bäume verändern nicht ihre Form oder die Größe ihrer Blätter; sie versuchen nicht, noch mehr Leben zu beherbergen, indem sie sich für andere akzeptabler oder wertvoller machen. Ein Baum akzeptiert sich so, wie er ist. Wenn er dabei auch anderen dient, dann ist es ihm recht. Wenn er anderen nicht gefällt, dann stört es ihn auch nicht weiter. Ein Baum erfüllt keinen Zweck, Jane. Anderes Leben sieht in dem Baum seinen Nutzen.«

»Wie verhält es sich bei anderen Lebewesen?«

»Das Gleiche gilt für die Vögel. Sie haben keine Absicht, wollen nichts erreichen. Vögel machen sich keine Sorgen darüber, ob sie höher fliegen können als ihre Artgenossen. Sie versuchen keine Ziele in einer bald schon vergessenen Zukunft zu erreichen. Sie leben, um sich an der Schönheit der Bewusstheit zu erfreuen, um das Leben in all seinen Schattierungen zu erfahren.«

»Die Natur hat es so gut, weil sie solche Freiheit kennt«, dachte Jane laut.

»Frei sein von Absichten ... Fische denken nicht darüber nach, ob und wie sie von hier nach da kommen. Manche krabbeln, manche schwimmen und andere gleiten. Doch haben sie keine andere Absicht, als sich an der Schönheit ihrer Umgebung zu erfreuen. Wir sind genauso wie Bäume, Vögel, Fische und alle anderen Lebewesen. Wir haben keinen anderen Zweck, als uns an der Schönheit zu freuen, die unser Leben erfüllt.«

Die Falten auf Janes Stirn vertieften sich, als sie darüber nachdachte. Ich beendete die Stille, indem ich hinzufügte: »Wie alle anderen erfülle auch ich keinen wirklichen Zweck. Wenn wir aber doch einen Zweck erfüllen, dann haben andere ihn für uns gewählt, indem sie uns als der Mensch würdigen, der wir in unserem Leben sind.«

»Wie können Sie nur auf die Idee kommen, dass Sie keinen Zweck erfüllen!«, unterbrach mich Jane. »Ihre Aufgabe ist es doch, Menschen zu heilen und ihnen Zufriedenheit und Glück zu bringen.«

»Nein, Jane, da irren Sie sich. Ich heile nur, weil ich es kann und weil mich die Leute darum bitten, aber das hat keinerlei Bedeutung. Wenn die Leute mich nicht mehr dazu auffordern, dann werde ich etwas anderes tun. Der Zweck, den ich im Leben erfülle, wird auf mich durch meine Mitmenschen übertragen ... durch ihre Liebe ... durch ihr Glück ... durch ihre Schönheit. Mein Zweck, wenn ich denn überhaupt einen habe, Jane, besteht darin, das zu würdigen, was andere auf natürliche Weise mit ihrer Liebe erreichen.«

Ich machte eine Pause, Jane brauchte offensichtlich etwas Zeit, um diese Gedanken zu verarbeiten. Als sie aufblickte und meinen Blick suchte, sagte ich: »Wenn ich einen Tag damit zubringe, am Meer in der Sonne zu sitzen, und irgendein Insekt oder ein kleines Tier meinen Schatten nutzt, um sich zu schützen, dann war es nicht meine Absicht, es vor der Sonne zu schützen – es hat sich mich ausgesucht. Sie, Jane, sind nicht anders. Ihr Zweck, wenn Sie überhaupt einen haben, besteht darin, die Liebe und die Schönheit Ihrer Freunde und des Lebens um Sie herum zu würdigen. Begreifen Sie denn nicht, wie besonders Sie sind ... einfach nur deshalb, weil Sie leben? Niemand ist wichtig, doch jeder ist etwas Besonderes. Jedes Leben, jeder Art, ist etwas Besonderes, einfach nur deshalb, weil es existiert.«

»Aber ...«

»In diesem Augenblick, in dem Sie und ich zusammen sind, Jane, sind Sie von allen Menschen auf der Welt derjenige, der mir am meisten bedeutet. Jetzt, in diesem Moment, gibt es nichts anderes – nur Sie und mich. Ich bin da, um die Schönheit, die Sie verkörpern, zu würdigen. Das ist mein Sinn. Ihr wunderbarer Ehemann, der sich jetzt gerade im Garten aufhält, betrachtet gerade anderes Leben – Blumen, Bäume, Ihre Haustiere –, und sie werden zu seinem Sinn, da er sich an der Schönheit und der Liebe, die ihn umgeben, erfreut. Ebenso erfreuen sich die Vögel, Insekten und Bäume seiner Fürsorge und seiner liebevollen Hinwendung, was ihn zu ihrem Sinn macht.«

»Ich möchte Ihnen ja glauben, Malcolm.«

»Wir leben nicht, um für andere einen Zweck zu erfüllen, und wir brauchen keine Lebensberechtigung. Vielmehr erwählen uns die anderen zu ihrem Sinn, wenn sie Liebe in ihren Herzen tragen. Und wir erkennen in anderen unseren Sinn, einfach weil sie existieren. Wir können nicht wissen, was andere brauchen oder wollen. Wir können nur wir selbst sein und die Träume erfüllen, die uns die jeweilige Situation eingibt ... genauso wie der Baum.«

»Ich empfinde mich nur einfach nicht mehr als etwas Besonderes, seit ich an diesen Rollstuhl gefesselt bin.«

»Denken Sie daran, Jane, für jeden Menschen, der diesen Raum betritt, um bei Ihnen zu sein, sind Sie etwas Besonderes. Während der andere bei Ihnen ist, sind Sie in seinem Leben das Allerwichtigste. Wenn Sie nicht in dieser Welt lebten, unser aller Leben wäre geringer, denn aus Ihnen erstrahlt die Liebe Gottes. Weil Sie hier sind, weiß ich, dass er die Welt noch liebt, genauso wie ich weiß, dass er die Welt liebt, wenn ich die Vögel beobachte und die Herbstfarben der Bäume betrachte.«

»Es fällt mir schwer, daran zu glauben, dass ich jetzt noch zu irgendetwas nütze sein könnte.«

»Sie müssen verstehen, dass wir selbst der Welt ihren Sinn verleihen. Und indem wir die Welt lieben und schätzen, werden wir Bestandteil dieses Sinns. Sie erfüllen Ihren Zweck allein schon durch Ihre Existenz.«

»Aber ich könnte so viel mehr tun, wenn ich gehen und wie andere Leute sein könnte!«

»Sie wechseln gerade das Thema, Jane.«

»Wie meinen Sie das?«, fragte sie erstaunt.

»Nun kommen Sie schon, denken Sie doch nach. Sie vergleichen sich mit anderen Menschen.«
»Natürlich tue ich das«, entgegnete sie. »Andere können gehen und umherlaufen, ich nicht. Ist es denn so falsch, so wie die anderen sein zu wollen?«
»Ich verstehe«, sagte ich. »Lassen Sie uns also darüber nachdenken. Was Sie wirklich unglücklich macht ist, dass Sie so sein wollen wie alle anderen.«
»Natürlich.«
»Und weil die anderen gehen können und Sie nicht, fühlen Sie sich irgendwie unvollständig, betrogen?«
»Ja.«
»Wie würden Sie sich also fühlen, wenn niemand gehen könnte und alle auf einen Rollstuhl angewiesen wären?«
Meine Frage wurde mit einem langen Schweigen beantwortet. Als Jane mich anblickte, sagte ich: »Sehen Sie, Jane, wenn alle Menschen auf der Welt außer mir Flügel hätten und fliegen könnten, dann würde ich mich wahrscheinlich irgendwie benachteiligt, weniger vollkommen fühlen. Weil aber alle anderen gleichfalls nicht fliegen können, muss ich mir keine Sorgen machen. Diese Argumentation ist ebenso unsinnig wie Ihre. Wenn ich noch vor fünf Minuten unglücklich war, weil ich dachte, dass alle anderen fliegen können, warum bin ich dann jetzt glücklich, bloß weil ich erkenne, dass alle anderen gleichfalls nicht fliegen können? Ich sollte meine Gefühle lieber auf die Dinge gründen, die *ich* tun kann – nicht auf das, was *andere* tun können oder nicht tun können. Wenn ich mein ganzes Leben damit zubringe, meine verschiedenen Fähigkeiten mit denen anderer zu vergleichen, dann mache ich mir das Leben nur schwer. Es gibt so vieles, was andere tun können und ich nicht. Manche Menschen haben eine wunderschöne Stimme, andere züchten wunderbare Blumen. Ich habe Freunde, die großartig mit Zahlen umgehen können. All dies ist mir versagt!«

»Vielleicht habe ich mich zu sehr auf meine körperlichen Beschränkungen konzentriert«, gab Jane zu.

»Sobald wir uns darauf konzentrieren, was uns verwehrt ist, geht unser Leben entzwei. Was wir nicht tun können, wird immer mehr sein, als das, was uns offen steht. Um uns unsere Selbstachtung zu bewahren, bleibt uns dann nichts anderes übrig, als bei anderen Menschen Fehler zu finden.«

»Ich verstehe, was Sie sagen wollen, Malcolm. Ich weiß nur nicht, wie ich es umsetzen soll.«

»Worin waren Sie gut, bevor Sie Ihren Unfall hatten?«

»Sie meinen außer im Tanzen und Bergsteigen?«, fragte sie lächelnd. Sie machte sich zwar über mich lustig, aber damit tat sie auch den ersten Schritt, um sich ihren Humor zurückzuerobern. »Ich liebe meinen Garten und bin eine ganz ordentliche Malerin.«

Jed klopfte an die Tür und fragte: »Wie kommt ihr beide denn voran?«

»Malcolm hat mir gerade erklärt, dass ich zu mir selbst zurückfinden muss«, antwortete Jane lachend.

»Ach ja? Und wie stellt er sich das vor?«

»Er meint, ich muss mich auf das konzentrieren, was ich tun *kann*, und nicht auf das, was ich tun *konnte*. Also, Jed, wirst du mir die nötigen Utensilien dazu besorgen?«

»Wenn das dein Leben ändert und dich wieder fröhlicher macht, sehr gerne.«

Ich zuckte zusammen, weil ich mir vorstellen konnte, auf was Jed sich da einließ.

»Wir sind fertig«, sagte ich und verabschiedete mich. Jed begleitete mich zur Tür. Als ich zurückblickte, zwinkerte Jane mir hinter Jeds Rücken zu.

# Selbstwert

Ich wusste, es war Chrissie. Das Telefon gab wieder diesen »Ich bin es!«-Ton von sich. »Hallo, Chrissie«, sagte ich, noch bevor sie mich begrüßen konnte. Sie war so erfüllt von dem, was sie besprechen wollte, dass sie es gar nicht bemerkte.
»Ich habe gestern Abend mit Jane gesprochen«, erzählte sie mir aufgeregt.
»Wie geht es ihr?«
»Ausgezeichnet ... sie ist voller Ideen und Pläne. Aber Jed sind Sie nicht ganz geheuer.«
Das war zu erwarten, dachte ich.
Chrissie fuhr fort: »Er sagt, Sie hätten ihm eine Menge kostspieliger Investitionen aufgehalst, aber böse ist er darüber nicht.«
»Wie das?«
»Nun, erstens will Jane jetzt ein neues Gewächshaus. Sie hat bereits mehrere Kataloge angefordert und überlegt gerade, auf welche Pflanzen sie sich spezialisieren will.«
»Ich freue mich, dass sie sich so sehr engagiert. Ich bin sicher, dass Jed die Kosten gerne trägt.«
»Bestimmt, aber Malcolm, sie gibt sich nicht mit einem Gewächshaus zufrieden«, erklärte Chrissie. »Sie will außerdem, dass er ein Studio zum Malen für sie baut. Ich würde mich nicht wundern, wenn Jed Ihnen die Rechnung dafür schickt.«
»Also gut, Chrissie, wann wollen Sie vorbeikommen?«
Am nächsten Tag saß Chrissie in meinem Sprechzimmer.
»Darf ich eine Frage zu dem stellen, was Sie mit Jane besprochen haben? Sie haben ihr gesagt, dass wir nur Fehler an den anderen finden, sobald wir uns mit anderen vergleichen. Wie haben Sie das gemeint?«
»Nun, Chrissie, das ist ein schwieriges Problem, und unglück-

licherweise scheint sich die ganze Welt damit herumschlagen zu müssen.«

Chrissie machte es sich in ihrem Sessel bequem und sah mich erwartungsvoll an.

»Aus merkwürdigen Gründen messen die Leute ihren Wert an dem, was andere haben, unter anderem an deren schönen Häusern, Reichtum, künstlerischen Begabungen oder Gesundheit. Die Liste ist endlos, und alles läuft darauf hinaus, dass die Leute das, was sie nicht haben, mit dem vergleichen, was andere haben. Doch mit dieser Haltung bereitet man seinem Ego große Schwierigkeiten, man schmälert sein Selbstwertgefühl. Und die Menschen neigen dazu, die Sache dann einfach umzudrehen: Statt das zu würdigen oder anzuerkennen, was andere haben, suchen sie bei ihnen nach Fehlern, damit sie sich selbst besser fühlen können.«

»Das ist mir zu kompliziert, Malcolm. Versuchen Sie mir zu erklären, dass ich, statt neidisch oder missgünstig zu sein, lieber kritisch oder irgendwie überlegen sein soll?«

»Nein, keineswegs; aber die Menschen sind nun einmal so, wie ich es beschrieben habe.«

»Ich glaube, das müssen Sie noch einmal näher erläutern«, verlangte Chrissie.

»Neid und Missgunst verletzen. Sie sorgen dafür, dass man sich irgendwie minderwertig fühlt, im Hinblick auf die eigenen Fähigkeiten, den sozialen Status, Wohlstand und vieles andere. Man hat uns beigebracht, dass Neid und Missgunst falsch sind. Deshalb übersehen wir das Gute und die Vorteile, die andere haben, und beschäftigen uns lieber mit ihren Mängeln. Und natürlich hat jeder irgendwelche Mängel. Mit diesem Trick sorgen wir dafür, dass wir uns selbst besser fühlen.«

»Meinen Sie das wirklich ernst?«, fragte Chrissie und sah mich erstaunt an. »Dass Leute bei anderen Fehler finden, damit es ihnen selbst besser geht?«

»Ja, Chrissie, davon bin ich überzeugt. Die Völker auf der Erde haben eine überzogene Kritik entwickelt, um auf diesem Weg, über den Vergleich mit anderen, ihren Selbstwert zu bewahren oder zu steigern. Ein Volk bekrittelt das andere, eine Religion findet bei der anderen Fehler, und Freunde bemängeln Freunde. Sollten Sie daran zweifeln, dann achten Sie auf das, worüber die Leute reden. Viele Gespräche bestehen aus nichts anderem als aus negativen Bemerkungen über Mitmenschen.«

»Ich weiß nicht, Malcolm ...«

»Überlegen Sie doch. Eltern kritisieren die Kinder anderer, um ihre eigenen besser dastehen zu lassen. Die Anhänger der einen Religion bemängeln eine andere und glauben, dass Gott ihnen und ihren Praktiken den Vorzug gibt. Die Medien sind voller Kritik an Umständen, Produkten und Menschen. Die entsetzliche Wahrheit ist, dass wir es nicht gerne hören, wenn jemand gelobt wird und in ein besseres Licht gerückt wird als wir selbst.«

»Nein, das glaube ich nicht!«, empörte sich Chrissie.

Offenbar hatte ich einen wunden Punkt berührt. »Also gut«, sagte ich, »dann beweisen Sie mir das Gegenteil. Nehmen Sie sich für den Rest der Woche vor, vor Ihrem Gesprächspartner jeweils andere Menschen zu loben. Loben Sie die Arbeit, die Religion, die äußere Erscheinung oder irgendetwas anderes. Vergleichen Sie Ihren Gesprächspartner mit anderen, die ihre Sache ebenso gut machen. Sagen Sie, wie intelligent Sie die Kinder anderer Leute finden, vor allem dann, wenn Ihr Gesprächspartner gerade seine eigenen über den grünen Klee lobt. Oder konfrontieren Sie jemanden, der sich für sehr spirituell hält, mit Schilderungen von Personen, die Sie noch höher schätzen, die aber einer anderen Religion angehören. Glauben Sie mir, Chrissie, die Leute werden Ihre Kommentare nicht gerne hören, und mit Ablauf der Woche haben Sie ein paar Freunde weniger.«

»Unsinn!« Chrissie fing jetzt an, sich wirklich aufzuregen. »Ich habe zahlreiche Freunde, und sie sind wunderbare Menschen, die alles für andere tun und nie ein schlechtes Wort über andere sagen.«

»Ich stimme zu. Ein paar Heilige gibt es. Doch probieren Sie eine Woche lang das aus, was ich Ihnen eben vorgeschlagen habe.«

»Wollen Sie sagen, ich soll losziehen und die Leute absichtlich beleidigen?«, fragte sie.

»... nicht besonders taktvoll, stimmt's?« Ich spürte, dass es Chrissie langsam dämmerte, was ich hatte sagen wollen. »Und warum nicht?«, hakte ich nach.

»Nun«, sagte sie zögernd. »Sie werden sich herabgesetzt fühlen. Zum Beispiel«, ergänzte sie schwungvoll, als sei ihr gerade die Gleichung eingefallen, mit der man das Leben erklären kann, »wenn ich meinem Freund Ken, der sich für ein Computergenie hält, erzähle, wie großartig John mit Computern zurechtkommt, dann wird meine Bemerkung sein Ego verletzen.«

»Wie glauben Sie wird Ken reagieren?«

»Ich weiß genau, wie Ken reagieren wird«, preschte sie vor, ohne über die Konsequenzen ihrer Antwort nachzudenken. »Er wird sagen ...« Als ihre Gedanken ihren Mund einholten, hielt sie abrupt inne.

»Nun?«

»Es spielt keine Rolle, aber er wird vermutlich eine sarkastische Bemerkung darüber machen, was für ein Knallkopf John doch ist und dass der mit Computern ja nur spielt.«

»Verstehen Sie jetzt, was ich sagen wollte?«

»Ja, aber wie wollen Sie daran etwas ändern, Malcolm?«

»Ich kann gar nichts ändern, Chrissie. Es versuchen schon viel zu viele Menschen, die Welt zu ändern, in der Hoffnung, sie damit zu verbessern. Unglücklicherweise sind die meisten Menschen davon überzeugt, dass es die anderen sind, die sich ändern müssen. Jedenfalls habe ich nicht den Wunsch, jemanden oder irgendetwas zu verändern. Ich rate dazu, alle so zu akzeptieren, wie sie sind. Erkennen Sie die Liebe, die in jedem Einzelnen wohnt, und vielleicht werden sie sich eines Tages ändern, wenn sie es wollen. Nur der Einzelne weiß, was am besten für ihn ist.«

»Da ist es schon wieder«, unterbrach mich Chrissie. »Sie haben einfach das Thema gewechselt.«

»Das habe ich nicht.«

»Natürlich haben Sie das!«, beharrte sie. »Erst haben wir über das Kritisieren anderer gesprochen und jetzt reden Sie darüber, die Welt zu verändern.«

»Also gut, dann lassen Sie uns darüber sprechen, wie wir uns selbst und andere bewerten. Ich nenne Ihnen jetzt vier Prinzipien, Chrissie, über die Sie nachdenken können:

1. Es ist kein Fehler, eine Begabung nicht zu haben, die ein anderer vielleicht hat.
2. Wir sollten uns darüber freuen, dass andere Begabungen haben, die uns fehlen. Sonst wäre unsere Welt ein langweiliger, düsterer Ort. Können Sie sich vorstellen, was los wäre, wenn alle ausgezeichnete Künstler wären, aber niemand fähig, hochwertige Farbe herzustellen? Was wäre, wenn wir alle hervorragend im Geldverdienen wären, aber niemand Dinge herstellen kann, für die wir unser Geld ausgeben können?
3. Wir sollten aufhören, uns selbst mit anderen zu vergleichen. Wir sollten froh darüber sein, dass andere anders sind, Dinge haben, die wir nicht haben, über Begabungen verfügen, die uns fehlen. Indem wir dies tun, können wir uns ihre Begabungen zunutze machen.
4. Wir sollten andere für das loben, was sie leisten, haben oder können. Damit machen wir sie zur Freude in unserem

Leben, wir spüren die Freude darüber, was es bedeutet, anderen ein gutes Gefühl im Hinblick auf sich selbst zu vermitteln.«

»Glauben Sie wirklich, dass die Leute nach diesen Prinzipien leben können?«, fragte mich Chrissie ernst.

»Es gelingt ihnen nur, wenn sie mit dem Zustand ihrer eigenen Liebe zufrieden sind. Alles läuft schließlich auf die Frage hinaus: Können Sie sich selbst so akzeptieren, wie Sie sind? Wenn die Antwort ja lautet, großartig! Dann helfen Sie anderen, sich gleichfalls zu akzeptieren. Lautet die Antwort nein, dann ändern Sie etwas daran. Doch suchen Sie nicht bei anderen Fehler, um Ihre eigenen Schwächen dahinter zu verbergen.«

»Tue ich das?«, wollte Chrissie wissen.

»Seien Sie nicht albern, Chrissie. Sie wissen doch, dass ich nicht Sie gemeint habe. Wenn Sie das nächste Mal hören, wie jemand einen anderen kritisiert, dann fragen Sie sich, was er zu verbergen versucht. Wenn Sie sich selbst dabei erwischen, wie Sie einen Mitmenschen verurteilen, dann finden Sie heraus, welche Begabungen dieser Mensch hat, die Ihnen fehlen.«

»So wie Sie es formulieren, hört es sich so einfach an.«

»Wissen Sie, Chrissie, die Welt könnte ein großartiger, glücklicher und zufriedener Ort sein, wenn die Menschen bereit wären, die Segnungen anderer zu zählen, und dankbar wären, dass andere das haben, was ihnen selbst fehlt.«

»Warum kehren Sie immer das Unterste nach oben?«

Chrissie erwartete auf diese Frage nicht wirklich eine Antwort, aber ich lieferte sie trotzdem: »Ich habe festgestellt, dass die Wahrheit sich für gewöhnlich am Ende der Liste aller Möglichkeiten befindet. Warum also nicht gleich dort mit der Suche beginnen?«

# Andere Götter

»Guten Morgen, Debbie!«

»Guten Morgen, Chef.«

»Es ist ein großartiger Tag da draußen.«

»Hier drinnen ist er genauso großartig«, entgegnete sie lachend.

In dieser Ausgeburt der guten Laune vereinten sich Sekretärin, Reisebüro, Kaffeekocherin und eine ganze Reihe anderer Funktionen, die hier aufzuzählen zu weit führen würde.

»Sie haben einen Besucher, der in der Bibliothek auf Sie wartet.«

»So früh am Morgen? Wer könnte das sein? Nein, sagen Sie nichts. Lassen Sie mich raten. Es ist Chrissie, stimmt's?«

Debbies Lachen bestätigte meine Vermutung.

Ich ging in den Raum, der für Personen gedacht war, die sich nach einer Beratung noch einmal an einen stillen Ort zurückziehen wollten. »Guten Morgen, Chrissie. Möchten Sie sich zu mir setzen, während ich die Post durchgehe?«

Als sie mir in mein Büro folgte, bemerkte ich, dass sie ungewöhnlich still war. »Was gibt's denn?«, fragte ich sie.

»Nun, es ist nichts, wogegen man etwas unternehmen kann, Malcolm. Ich habe eine Freundin, die ihr Haus verlieren wird.«

»Was ist geschehen?«

»Meine Freundin musste sich nach einem Unfall mehreren unvorhergesehenen Behandlungen unterziehen. Das schien damals kein Problem zu sein, denn schließlich war sie versichert. Das Krankenhaus und die Ärzte veranlassten die erforderlichen Operationen und Behandlungen. Dann, als alles vorüber war, fand die Versicherung irgendwelche rechtlichen Schlupflöcher, um die Bezahlung zu verweigern. Nun verlangen die Ärzte ihr Geld.«

»Wie viel Zeit hat sie, um das Geld aufzubringen?«

»Seit fünf Jahren versucht sie, die Rechnungen per Ratenzahlung abzustottern. Doch nun haben die Gerichte sie dazu verurteilt, in wenigen Wochen den noch ausstehenden Betrag auf einmal zu bezahlen.«

»Diese Forderung muss Ihre Freundin unter enormen Druck setzen.«

»Ja, jeder, der sie kennt, weiß, dass sie das Geld unmöglich aufbringen kann. Ihr Haus wurde schon gepfändet – ihre Zeit ist fast abgelaufen.«

»Hat sie denn keine Freunde, die ihr helfen würden?«

»Doch, aber Sie wissen ja, wie so etwas ist. Sie traut sich nicht, um Unterstützung zu bitten, und ihre Freunde beschränken sich auf wortreiche Mitleidsbekundungen. Warum sind die Menschen so egoistisch? Ihnen würde das Geld doch gar nicht wirklich fehlen – sie haben alle große Autos und Häuser.«

»Augenblick, Chrissie. Sie maßen sich ein Urteil über diese Menschen an.«

Chrissie wirkte heute Morgen wirklich unglücklich und ich erkannte, dass das Schicksal ihrer Freundin ihr sehr nahe ging.

»Selbstverständlich verurteile ich diese Leute!«, explodierte sie. »Bin ich denn nicht im Recht? Wissen Sie was, Malcolm, ich glaube, ich mag Ihr Gerede über Liebe nicht. Es liefert Leuten, die nicht helfen wollen, nur Ausreden.«

»Das Problem besteht darin, dass diese Leute einem anderen Gott anhängen als wir. Wir beten zu unserem Gott der Liebe und leben nach den Gesetzen der Liebe. Die Menschen, von denen Sie reden, beten andere Götter an. Und außerdem leben sie nach anderen Regeln, die es ihnen gestatten, sich dennoch gut zu fühlen.«

»Was soll das heißen, dass sie einen anderen Gott anbeten?«, fragte sie und machte ein verwirrtes Gesicht. »Sie sind ja keine Heiden – sie beten denselben Gott an wie wir auch.«

»Das sagen sie vielleicht. Doch in ihren Herzen beten sie die Götter des Reichtums und der Macht an. Und die Götter des Reichtums und der Macht betrügen.«
Sie lächelte und sagte: »Betrügen! Also wirklich, Malcolm. Seit wann können Götter betrügen?«
»Sehr einfach. Unser Gott der Liebe gibt uns mit dem Wenigen, was wir haben, immer alles, was wir brauchen oder uns wünschen, und es kommt uns immer viel vor, weil es in Liebe eingepackt ist. Wir sind zufrieden mit dem Wenigen, was wir haben, weil unser Leben von Liebe erfüllt ist. Diejenigen, die die Götter des Reichtums und der Macht verehren, werden mit Reichtum und Macht belohnt, und sie sehen keinen Grund, warum sie ihren Lohn mit anderen teilen sollen. Schließlich ist ja materieller Reichtum und Macht ihre Belohung dafür, dass sie ihren Göttern treu sind.«
»Aber was hat das mit Betrügen zu tun?«, dachte sie laut.
»Weil die Götter ihre Anhänger darüber im Unklaren lassen, dass sie einen Preis bezahlen müssen. Für ihren Reichtum und ihre Macht müssen sie die Liebe zurückgeben, die sie für andere nur treuhänderisch verwalten. Wenn sie also in die spirituelle Welt zurückkehren, dann erkennen sie, dass sie an Liebe und Schönheit bankrott sind. Sehen Sie, Chrissie, man kann nicht zwei Herren dienen ... man kann sich nicht gleichzeitig der Liebe und der Gier verschreiben. Manche ziehen aus Angst und Unsicherheit die Gier der Liebe vor und gehen spirituell bankrott.«
»Aber ich erwarte von unserem Gott, dass er Mitleid mit ihnen hat und ihnen ein neues Konto einrichtet«, konterte sie mit einem Hauch Sarkasmus.
»Sie haben vergessen, was ich Ihnen bereits neulich gesagt habe, Chrissie.«
»Was war das noch gleich?«
»Liebe ist nicht etwas, was man *tun* oder fortgeben kann. Sie

ist das, was wir *sind.* Und wenn man diese Liebe für materiellen oder emotionalen Reichtum verliert ...«

»Was ist emotionaler Reichtum?«, unterbrach sie mich.

»Macht, Berühmtheit, körperlicher und emotionaler Missbrauch, Perversion ... solche Dinge.«

»Ach so, ich verstehe.«

»Wenn man diese Liebe verliert, um mehr anzuhäufen, als man eigentlich braucht, und von anderen nimmt, wenn ihre Bedürfnisse gerade größer sind als die eigenen, dann zerstört man etwas in sich, das kostbarer ist als alles materielle Gut. Man zerstört das Geschenk der Liebe. Und wenn die Zeit kommt, da man sie braucht, ist sie verschwunden. Auch diejenigen, die Liebe sind, können Ihnen dann ihre Liebe nicht geben – gleichgültig, wie gerne sie dies auch tun würden. Liebe ist der einzige Schutz vor Verletzung, den wir besitzen. Ich würde nicht ohne ihn leben oder diese Welt nicht ohne ihn verlassen wollen.«

»Das ist alles schön und gut. Aber es wird meiner Freundin nicht helfen, ihr Haus zu behalten, nicht wahr?«

Da hatte Chrissie Recht. Sie war äußerst praktisch veranlagt.

»Nein, das wird es wohl nicht, doch etwas anderes wird an die Stelle des Hauses treten. Liebe ersetzt Häuser nicht durch Häuser, aber sie fördert tief im Inneren Frieden und Zufriedenheit, die uns durch alle Not und Schwierigkeiten helfen, bis die Dinge wieder ins Lot kommen. Und das geschieht zuletzt immer.«

Ich ließ Chrissie Zeit, unser Gespräch über die anderen Götter zu verarbeiten. Mir war klar, dass sie die Informationen zur misslichen Lage ihrer Freundin in Beziehung setzte. Als sie nickte, sagte ich: »Ich versuche nicht, jene zu entschuldigen, die anderen Häuser wegnehmen und ihr Glück mit unersättlicher Gier zerstören. Doch solange dieses Gerede über Liebe, wie Sie es nennen, nicht größere Verbreitung findet, wird sich immer die Gier durchsetzen.«

»Das ist wahr.«
»Wenn sich Ihre Freundin ihr Vertrauen in und ihren Glauben an die Liebe bewahrt, wird schließlich alles wieder ins Lot kommen. Doch wenn sie Rachegedanken produziert oder das Vertrauen verliert, dann verlässt sie den einzigen Weg zum Glück.«
Chrissie war einen Moment lang still und stand dann auf, um zu gehen.
»Wohin gehen Sie?«
»Nun, ich kann meiner Freundin das Geld, das sie braucht, nicht geben. Aber ich kann mit Liebe und Fürsorge das Glück wieder zu Tage fördern. Sie braucht jetzt Freunde und nicht meinen Zorn.«
»Chrissie sah glücklicher aus, als sie ging«, bemerkte Debbie. »Was haben Sie zu ihr gesagt?«
»Nichts, sie hat nur ihre Wut durch Liebe ersetzt.«

# Töten und Verletzen

»Sind Sie der Meinung, dass es falsch ist zu töten, Malcolm?«
»Warum? Wer hat Sie diesmal geärgert?«
»Nein. Ich meine es ernst.«
»Chrissie, heute ist ein wunderschöner Tag. Die Sonne scheint, und ich höre die Kinder draußen spielen. Warum wollen Sie den Tag ruinieren, indem Sie von mir ein Gespräch über ein ernstes Thema wie das Töten verlangen?«
»Ich gebe zu, Sie haben Recht«, lenkte sie ein, »aber ich stelle die Frage, *weil* ich die Kinder spielen und lachen höre.«
Wir hatten eine von unseren inzwischen regelmäßig stattfindenden Gesprächsrunden. Manchmal hielten wir sie im Büro, manchmal am Strand ab. Diesmal hatte Chrissie ein paar Freunde eingeladen, sich uns anzuschließen, und ich spürte, dass das Thema starke Gefühle mobilisieren würde.
»Wir wollen an den Strand gehen«, schlug ich vor. »Wir brauchen einen frischen Wind, der dafür sorgt, dass unsere Diskussion schön leicht bleibt.«
Wir begaben uns an den Strand und ließen uns dort auf ein paar Felsen nieder, die bis ins Meer hineinreichten. »Nun gut, Chrissie, worauf wollen Sie mit Ihrer Frage hinaus?«
»Ich habe über etwas nachgedacht, was Sie vor ein paar Wochen gesagt haben«, fing sie an. »Sie sagten, dass wir niemandem unsere Liebe vorenthalten dürfen. Sie erklärten, dass wir Liebe *sind* und dass negative Gefühle wie Wut und so weiter uns vor allem selbst schaden.«
»Ja, ich erinnere mich daran.«
»Nun, es fällt mir schwer, all dies zu akzeptieren.«
»Warum?«
»Ach kommen Sie schon, Malcolm! Verlangen Sie denn von uns, dass wir die Bombenleger von Oklahoma lieben sollen,

die Kinder getötet und zu Krüppeln gemacht haben? Oder irgendwelche Terroristen, die nur wegen irgendeiner abgehobenen persönlichen Ideologie das Leben und das Glück unschuldiger Menschen aufs Spiel setzen? Also wirklich!«

Ich merkte, dass in Chrissies Fragen mehr als nur *ihre* Gefühle zum Ausdruck kamen. Ihre Freunde sahen die Sache genauso.

»Erinnern Sie sich, ich habe Ihnen erklärt, dass Liebe, spirituelle Liebe, wie Licht ist. Diese Liebe ist kein Gefühl im landläufigen Sinne oder etwas, was wir *tun*; sie ist das, was wir *sind*.«

Chrissie stimmte mir widerwillig zu.

»... und Sie waren mit mir einer Meinung, dass Licht sich überall in gleichem Maß verbreitet, dass es ohne Unterschied auf jedermann gleich fällt.«

Alle schwiegen.

»Genauso verhält es sich mit spiritueller Liebe. Wenn Sie es zulassen, dass Ihre spirituelle Liebe erstrahlt, dann können Sie es nicht selektiv tun. Spirituelle Liebe gebührt jedermann. Wir alle *sind* Liebe. Es ist unmöglich, mir selbst schön und einem anderen hässlich erscheinen zu wollen.«

»Aber ich könnte doch ...«

»Nein, Chrissie. Die Liebe, die Sie sind, gehört Ihnen nicht. Sie wissen nicht einmal von ihrer Existenz, bis Sie Ihrem Spiegelbild in den Augen Ihrer Mitmenschen begegnen. Wenn Sie versuchen, diesem oder jenem Ihre Liebe vorzuenthalten, dann versagen Sie sie allen Menschen.«

»Ich kann mich trotzdem nicht damit abfinden, dass ich auch einen Kindermörder lieben soll«, beharrte Chrissie, ohne mir dabei in die Augen zu sehen. Ein paar der Freunde auf den Felsen nickten zustimmend.

»Sie haben noch nicht vollständig verstanden, was ich damit meine, Liebe zu *sein*.«

»Solange wir Psychopathen nicht sagen müssen, dass wir sie lieben, und unsere Gefühle für uns behalten dürfen, könnte ich sie vielleicht einfach ignorieren«, sagte einer von Chrissies Freunden.

»Aber darüber denkt man gar nicht nach, wenn man Liebe *ist.* Diese Liebe ist das, was Sie *sind.* Sie ist das, was Sie fühlen ... ganz und gar ohne Wut auf irgendjemanden.«

»Umso schlimmer!«, warf Chrissie ein, zuckte mit den Schultern und seufzte. »Wollen Sie damit sagen, dass ich nicht einmal wütend sein kann, wenn ein Kind getötet wird?«

Ich beobachtete, wie sie ihre Frustration an einem armen kleinen Krebs zwischen den Felsen ausließ, den sie mit ihren Fingern anstupste. »Wütend zu sein, ist nicht falsch, Chrissie. Wut kann eine Reaktion auf Gefahr oder Verletzung sein – eine instinktive Reaktion, die Sie schützen soll. Das Problem beginnt erst, wenn Sie es der Wut gestatten, von Ihnen Besitz zu ergreifen, und Sie selbst zu Wut *werden.*«

Ich machte eine Pause, um Chrissie und den anderen die Gelegenheit zu geben, über meine letzte Bemerkung nachzudenken. »Das eine ist nur ein *vorübergehendes* Gefühl, das sich nicht auf die Liebe auswirkt, die aus Ihnen erstrahlt. Das andere aber ersetzt die Liebe und verwandelt sie in Wut.«

Ein sichtbares Gefühl von Erleichterung ergriff die Gruppe, als sie die Zusammenhänge zwischen Liebe und Wut erfasste.

»Also gut«, sagte Chrissie und ließ den Krebs ein wenig verschnaufen. »Ich glaube, jetzt habe ich verstanden, worauf Sie hinauswollen. Sie wollen sagen, dass ich vorübergehend Wut und sogar Empörung über gedankenlose Menschen empfinden darf, dies beeinträchtigt jedoch nicht die Liebe, die ich bin. Wenn der erste Schock abklingt, dann ignoriere ich solche Menschen und ihre Taten. Sie zu mögen, kann ich mir aber immer noch nicht vorstellen.«

»Sollen wir ein Ereignis wie den Bombenanschlag von Oklahoma einfach vergessen und überhaupt keine Maßnahmen gegen Gewalttäter ergreifen?«, wollte eine Frau, die hinter mir saß, wissen. Ihre Stimme klang schneidend und aggressiv.

»Keineswegs«, antwortete ich. »Ich fordere niemanden auf, jeden Menschen zu mögen oder irgendwelche Situationen zu ignorieren. Wenn Menschen solche Gewalttaten verüben, dann sollen sie verhaftet und abgeurteilt werden. Die Öffentlichkeit muss vor ihnen geschützt und der Gewalt ein Ende gemacht werden.«

»Dann sind Sie also doch auch nur ein Mensch«, sagte Chrissie lächelnd. »Ich hatte schon ernste Zweifel.«

Der arme Krebs, dachte ich. Sie quälte ihn wieder mit ihren Fingern. »Wir dürfen niemals vergessen, dass wir Liebe sind ... und wir dürfen nicht zulassen, dass irgendjemand uns dazu bringt, allem Leben anders als liebevoll zu begegnen.«

»Huch!«, machte Chrissie, als ihr plötzlich klar wurde, dass sie diesen inzwischen verzweifelten Krebs quälte. »Welche Meinung haben Sie zu Jagen, Fischen und derartigen Dingen?«, wollte sie nun wissen.

»Nun, ich befürworte sie nicht gerade«, meinte ich. »Aber warum fragen Sie mich das? Glauben Sie, dass es falsch ist, Menschen zu töten, aber bei Tieren macht es nichts?«

»Die Leute jagen und fischen zum Spaß, aber sie töten und verletzen ihre Mitmenschen aus Bosheit. Menschen sind anders ... sie besitzen Einfühlungsvermögen.«

»Irgendwie kann ich mir nicht so recht vorstellen, dass die Tierwelt diesen Unterschied wirklich zu schätzen weiß, Sie vielleicht?«, spottete ich.

Chrissie blieb mir eine Antwort schuldig.

»Wissen Sie«, sagte ich, um dem Gespräch eine neue Richtung zu geben, »ich glaube, dass wir den zentralen Punkt bei dieser Diskussion übersehen: Etwas wie den Tod gibt es gar nicht.«

»Natürlich gibt es den Tod! Ich war auf zu vielen Friedhöfen, um zu glauben, dass wir eines Tages rechtzeitig und eigens für das Jüngste Gericht aufwachen.« Chrissie war wieder hellwach.

»Nein, Chrissie, Sie irren sich – nun ja, nicht vollständig. Ich muss zugeben, dass aus dem Leben geschiedene Seelen nicht unter der Erde darauf warten, Rechenschaft abzulegen. Doch den Geist kann man nicht töten.«

»Ach?«

»Ich spreche von dem Geist, der im Körper lebt, von der essentiellen Liebe, die wir alle sind – Sie, Ihre Freunde und ich.«

»Aber, Malcolm, ich habe nicht das Gefühl, getrennt von meinem Körper zu sein. Sind wir denn nicht eins mit dem Körper?«

Ein Lachen ging durch die Gruppe.

»Seien Sie nicht oberflächlich, Chrissie«, rügte ich sie. »Seit Wochen versuche ich Ihnen klar zu machen, dass die Liebe, die Sie sind, Ihr spirituelles Bewusstsein ist, und dass alles andere Gefühle sind, die sich der Wirklichkeit, dem Frieden, Ihrem Glück und Ihrer Zufriedenheit in den Weg stellen. Schieben Sie Gefühle beiseite, insbesondere Angst und Wut, und Sie sehen das Leben aus einer vollkommen anderen Perspektive.«

»Aber Sie sagen doch immer, dass ...«

»Lassen Sie es mich so ausdrücken: Ich bin nicht mein Körper. Ich spüre nicht, dass ich in meinem Körper bin. Mein Körper ist nur etwas, über das ich mich mitteile – ein Mittel, um die Abgeschnittenheit zu spüren. Niemand auf der Welt kann mich dazu veranlassen, den Tod zu fürchten.«

»Hängt das nicht auch von der Todesart ab?«

»Dann haben Sie vor der Todesart Angst, aber nicht vor dem Tod selbst.«

»Ach so ...«

»Für diejenigen, die im Bewusstsein der Liebe leben, ist Sterben kein Problem. Und dazu rechne ich auch Vögel, Säugetiere und alles andere Leben«, erklärte ich. »Selbst der Schmerz lässt nach, wenn Angst fehlt, denn Schmerz ist ein Symptom der Angst.«

»Ist das wirklich wahr?« Chrissie klang überrascht.

»Aber ja. Sie sollten es einmal erleben, wenn ein Heiler einen Sterbenden aufsucht. Sobald spirituelle Liebe in den Raum gelangt, ist die Szene erfüllt von einem wunderbaren Frieden; und man kann förmlich zusehen, wie die Angst sich auflöst und der Schmerz, den sie bewirkt, nachlässt.«

»Hört sich wirklich großartig an«, warf einer aus der Gruppe ein.

»Es ist großartig. Das ist etwas, was man auf Grund logischer Prinzipien nicht erklären kann – eine Erfahrung der Liebe.«

Es wurde still in der Gruppe, als Chrissie und die anderen sich mit den Ängsten in ihrem eigenen Leben beschäftigten. Mit leiser Stimme sagte ich: »Es ist unmöglich, irgendetwas zu töten. Es ist lediglich möglich, den Geist seiner physischen Erfahrung zu berauben.«

»Wenn das wahr ist, Malcolm«, fragte jemand, »warum sind Sie dann gegen Jagen und Fischen?«

»Weil es nicht erforderlich ist und außerdem Angst und Verlust erzeugt. Liebe weiß nichts von Zerstörung – Liebe ist schöpferisch.«

»Schöpferisch?«, fragte Chrissie verwirrt.

»Um einen anderen Menschen zu verletzen oder ihn zu töten, müssen Sie zunächst den Teil der Liebe, die Sie sind und der Sie am Töten hindert, zerstören.«

»Das müssen Sie näher erklären!«

»Wenn ein Mann losgeht, um einen Vogel zu töten, dann muss er erst etwas in sich zerstören, um sich die Freiheit des Tötens zu erwerben. Dieses Etwas ist Liebe. Jede Art von angerichteter Verletzung wird dem Geist des Täters mehr schaden als dem Opfer.«

»Dieser Gedanke würde in vielen Menschen äußerste Besorgnis auslösen«, kommentierte einer aus der Gruppe.
»Ja, das ist mir klar, doch es handelt sich um eine spirituelle Wahrheit. Jeder Mensch, der einem anderen oder einem Tier Schaden zufügt, muss zuerst seine eigene Liebe zerstören, um sich die Freiheit zu erwerben, mit der er Schaden anrichten kann. Dieses Gesetz der Liebe kennt keine Ausnahmen.«
»Es gibt immer Ausnahmen«, behauptete Chrissie mit Nachdruck.
»Nein, in diesem Fall nicht. Sie können nicht behaupten, dass Sie es für Gott getan haben. Jeder, der einem anderen Schaden zufügt, muss zunächst die Liebe in sich zerstören, die ihn an Gott bindet. Es ist unmöglich, die Liebe eines anderen zu zerstören. Sie können vielleicht seiner körperlichen Hülle Schaden zufügen, doch die Liebe des anderen befindet sich außerhalb der Reichweite von irdischen Menschen. Die größte Gefahr für unsere eigene Liebe kommt von uns selbst.«
»Aber wie weit geht das denn?«, fragte ein Mann aus der Gruppe besorgt.
»Bis zum Ende«, sagte ich. »Selbst wenn Sie nur etwas Verletzendes sagen, einem anderen schaden wollen, ohne ihn eigentlich zu töten, dann müssen Sie dennoch zunächst die Liebe in sich zerstören, um Schaden zufügen zu können.«
Chrissie fiel noch keine Erwiderung ein, also setzte ich nach: »Liebe ist Ihr großer Beschützer. Doch werden Sie sofort verletzbar, wenn Sie diesen Schutz zerstören, um anderen schaden zu können.«
»Kann man die Liebe zurückbekommen? Ich meine, kann man den Schaden reparieren?«, fragte Chrissie mit ernster Stimme.
»Diejenigen, die unschuldig durch andere leiden oder verletzt wurden, werden durch Gottes große Liebe geheilt. Doch diejenigen, die sich dafür entschieden haben, ihre eigene Liebe

zu zerstören, müssen sich selbst helfen, und das kann lange dauern und ein schmerzhafter Prozess sein.«

»Sind Sie sich da sicher?«

»Das ist ein Naturgesetz. Wenn Sie Ihre eigene Liebe zerstören, um anderen schaden zu können, dann wird Ihnen diese Wunde, die Sie sich selbst zugefügt haben, Schmerzen jenseits Ihres Vorstellungsvermögens bereiten, sobald Sie zu spirituellem Bewusstsein zurückkehren.«

»Und es macht keinerlei Unterschied, ob ich einen Rehbock schieße, einen Fisch fange oder einen Fuchs zur Strecke bringe?«

»Nein, die Folgen sind immer die gleichen. In spiritueller Hinsicht wird allem Leben der gleiche Wert zugemessen.«

»Aber was soll ich denn tun, wenn ich eine Maus in der Küche habe«, hier zeigte sich wieder Chrissies praktische Veranlagung.

»Wenn man eine Maus in der Küche hat oder wilde Tiere aus anderen Gründen unter Kontrolle halten muss, dann kann man das tun, ohne der eigenen Liebe Schaden zuzufügen.«

»Sehr praktisch!«

»Lassen Sie mich den Gedanken zu Ende bringen.«

»Entschuldigung.«

»Entscheidend ist das Gefühl oder der Gedanke, der hinter dem Töten steht. Die Liebe kommt nicht zu Schaden, wenn man beim Töten frei ist von Empfindungen wie Freude, Wut oder Rache, wenn man nicht tötet, um ein Gefühl wie Gier oder Überheblichkeit zu befriedigen.«

»Geben Sie uns doch bitte ein Beispiel«, sagte jemand.

»Also gut, nehmen Sie etwa jemanden, der Tiere tötet, um sich zu ernähren. Er tötet sie nicht aus Vergnügen oder Freude oder um zu zeigen, wie großartig oder schlau er ist. Dieser Mensch tötet nicht, weil er hofft, damit bei Gott oder anderen Menschen Beifall zu finden. Er tut es, weil es notwendig ist.«

»Haben Sie jemals aus anderen Gründen als Notwendigkeit getötet?«, wollte Chrissie wissen. Die Gruppe spitzte gespannt die Ohren. Chrissies Frage war fair, und ich musste sie beantworten.
»Ja, das habe ich.«
»Wie haben Sie sich dabei gefühlt?« In ihrer Frage schwangen Liebe und Verständnis mit. Dafür war ich dankbar.
»Beim ersten Mal habe ich mich schrecklich gefühlt, doch hatte ich dieses Gefühl bald überwunden. Danach fiel mir das Töten leichter. Es fiel mir leichter, weil ich die Liebe in mir zerstört hatte, die mich ursprünglich davor bewahrt hatte zu töten.«
»Was haben Sie getötet?«
Chrissie ärgerte nun wieder den Krebs, diesmal mit einem Stock, den sie zwischen den Steinen gefunden hatte. Sie tat dem Krebs nichts. Vielmehr wollte sie mit ihrem Spiel ablenken, um sich wegen meiner Antwort keine Sorgen machen zu müssen. Sie spürte die Schwierigkeiten, die ich damit hatte, mich an eine unsensible Phase in meinem Leben zu erinnern.
»Vögel«, sagte ich. »Ich war auf einem Bauernhof, der unter einer Spatzenplage litt. Sie waren in die Gebäude gelangt und beschmutzten dort die Maschinen und das Getreide. Außerdem verdarben sie im Sommer die jungen Getreidepflanzen.«
»Aber das war doch in Ordnung«, verteidigte mich Chrissie. »Ziel war es doch bestimmt nur, die Plage einzudämmen.«
»Ihr Gedanke würde eine gute Ausrede abgeben, Chrissie. Aber er entspricht nicht der Wahrheit. Ich hatte ein Luftgewehr und war stolz auf die Tatsache, dass ich ein recht guter Schütze war. Für mich war es ein Sport, keine Kontrollmaßnahme. Das Töten der Spatzen stellte mich in eine Reihe mit Leuten, die große Tiere erlegen wie etwa Rehe und Hirsche. Die Größe spielt hier keine Rolle. Jedes Leben ist wertvoll.

Ich habe erfahren, was es bedeutet, meine eigene Liebe zu zerstören.
Aber ich hatte Glück. Durch ein späteres Erlebnis wurde mir klar, was ich getan hatte, und ich konnte das Ganze wieder in Ordnung bringen.«
»Was ist passiert?«
»Ich besaß einmal einen Hund, den ich sehr liebte. Er war todkrank und hatte sehr starke Schmerzen. Es hat mir sehr weh getan, ihn so leiden zu sehen. Es war kein Tierarzt erreichbar, und so musste ich das Leben des Hundes selbst beenden. Es war die schmerzhafteste Erfahrung meines Lebens, und sie brach mir fast das Herz. Doch als ich mich darauf vorbereitete, diese leidende Seele von ihren Qualen zu befreien, ergriff große Ruhe von mir Besitz, und ich hörte die Stimme der Liebe sagen: ›Nun begreifst du ein wenig von der großen Trauer, die mich jedes Mal überkommt, wenn ich Liebe von Leid befreien muss, das durch die Selbstsucht der Menschen und ihr unsinniges Bedürfnis entsteht, die von mir dem Leben gegebene Liebe zu zerstören.‹«
»Das ist traurig«, bemerkte Chrissie.
»Trauer, und nicht Wut, ist vermutlich die beste Art, um mit Gewalt und Zerstörung umzugehen. Trauer über das, was verloren ist. Trauer über die Menschen, die die Zerstörung verursacht haben. Wenn sie schließlich erkennen, was sie angerichtet haben, wird ihr Schmerz überwältigend sein. Zu guter Letzt, und wenn auch erst im nächsten Leben, werden sie selbst den Schmerz zu spüren bekommen, den sie anderen verursacht haben.«
Niemand sagte mehr etwas. Gemeinsam standen wir schweigend auf und gingen dorthin zurück, wo die Kinder lachten und spielten.

# Vergebung

»Wenn man um Vergebung bittet – wird sie einem immer gewährt?«
Chrissie befand sich in einer ihrer nachdenklichen Stimmungen. Ich genoss den ruhigen Tag, in dessen Verlauf sie hereingeschneit war und sich bei mir niedergelassen hatte. Ich war mit Schreibarbeiten beschäftigt und hatte ihre Anwesenheit nicht viel mehr als nur zur Kenntnis genommen. Chrissie kam oft einfach nur, um die spirituelle Ruhe an meinem Arbeitsplatz zu genießen.
»Hängt vermutlich davon ab, wen Sie um Vergebung bitten.« Meine Antwort war nicht allzu durchdacht – ich war mit den Gedanken meilenweit fort.
»Ich habe über das nachgedacht, was Sie uns letzte Woche erzählt haben. Darüber, wie unglücklich Sie über die kleinen Vögel waren, die Sie haben erschießen müssen«, erklärte sie, um mich für ein Gespräch zu gewinnen.
Damit war ihr meine Aufmerksamkeit gewiss. »Fragen Sie mich danach, ob ich um Vergebung gebetet habe?«
»Nein, nicht direkt«, sagte Chrissie nachdenklich. »Aber ich habe mich gefragt, ob Sie sich wohl besser gefühlt hätten, wenn Sie gebetet hätten.«
»Nur weiter«, ermutigte ich sie. Ganz offensichtlich hatte sie intensiver über die Angelegenheit nachgedacht, als sie auf den ersten Blick erkennen ließ.
»Nun«, fuhr sie zögernd fort, »ich denke noch immer an diese Menschen, die in Oklahoma die Kinder ohne ein Zeichen des Bedauerns umgebracht haben. Wenn sie um Vergebung beten würden, würde sie ihnen gewährt? Es kommt mir alles viel zu einfach vor.«
»Also gut, Chrissie«, sagte ich und verabschiedete mich von

der Idee, meine Schreibarbeit abschließen zu können. »Die Antwort zu dieser Frage hat mehrere Aspekte.«

»Das ist bei Ihren Antworten meistens so«, bemerkte sie und sah mich an. Ich erkannte das Lächeln in ihren Augen.

»Das Leben ist nun mal kompliziert. Aber zurück zum Thema. Die Frage hat also mehrere Aspekte: Sollen wir um Vergebung beten? Wird Gott sie gewähren, wenn wir es tun? Ist die Vergebung, wenn sie gewährt wird, an irgendwelche Bedingungen gebunden? Soll man von Menschen, denen Schaden zugefügt wurde, erwarten, dass sie Vergebung gewähren? Hilft es den Opfern, wenn sie vergeben, oder müssen sie leiden, wenn sie Vergebung verweigern?«

»Halt! Stopp!« Chrissie unterbrach mich: »Die letzte Frage darüber, ob Opfer leiden, wenn sie Vergebung verweigern, gefällt mir nicht. Haben sie nicht bereits unverschuldet genug gelitten? Sollen Sie denn auch noch darunter leiden, dass man von ihnen Sätze erwartet wie ›Ach was, schon in Ordnung. Du hast meine Familie auf dem Gewissen, aber ich vergebe dir‹?«

»Schon möglich, Chrissie. Wird uns nicht beigebracht, dass Vergebung gut für die Seele ist? Ich will damit nicht sagen, dass ich diese Meinung teile, aber diese Erwartung existiert.«

»Sie haben es schon wieder getan!«, schnaufte Chrissie entrüstet.

»Was denn?«

»Sie haben die ganze Angelegenheit verdreht. Es geht gar nicht über die möglichen Probleme, mit denen Opfer rechnen müssen, wenn sie nicht vergeben. Die Frage lautete vielmehr: Kann der Täter der Bestrafung entgehen, indem er um Vergebung bittet?«

»Gut, gut, Chrissie, ich verstehe, was Sie sagen wollen. Doch auf diese Frage werden wir früher oder später ohnehin kommen. Lassen Sie uns zuerst einmal über die Rolle sprechen, die Vergebung spielt, und wer ihrer möglicherweise bedarf. Bevor der Begriff überhaupt irgendeine Bedeutung haben kann, muss zuerst einmal jemand verurteilt werden.«

»Was meinen Sie damit?«

»Na ja, man kann niemandem vergeben, bevor man nicht darüber entschieden hat, ob jemand etwas falsch oder richtig gemacht hat.«

»Falsch oder richtig?«

»Denken Sie nach, Chrissie. In Fällen wie Mord ist natürlich jeder normale Mensch der Meinung, dass eine solche Tat falsch ist. Es sei denn, es handelt sich um Terroristen, die getötet haben. Ihnen liefern ihre Ideologien die Rechtfertigung für ihr Tun, und sie glauben, keiner Vergebung zu bedürfen. Menschen, denen jegliche spirituelle Werte abgehen, die unfähig sind, die Liebe Gottes in anderen Menschen zu würdigen, und die Zerstörung und Gewalt befürworten, können in dieser Diskussion nicht berücksichtigt werden.«

»Warum nicht?«

»Weil sie sich in eine Position gebracht haben, in der ihnen spirituell nicht mehr zu helfen ist. Auf diese Frage können wir ein andermal zurückkommen. Die unmittelbarste Gefahr besteht für diejenigen, denen Schaden zugefügt wurde.«

»Sie meinen in spiritueller Hinsicht?«, fragte sie.

»Ich meine in jeder Hinsicht. Sehen Sie, Chrissie, wenn Opfer es in ihrer Verzweiflung und in ihrem Leid zulassen, dass ihre Wut sich festsetzt – wenn sie gar zu ihrer Wut *werden* –, dann ergreift ihr Groll möglicherweise auf Dauer von ihnen Besitz und es dauert nicht lange, bis sie auch Hass empfinden. Doch dann haben wir ein wirkliches Problem.«

»Warum?«

»Weil Hass Befriedigung und Freisetzung fordert. Und nun, da Wut die Liebe ersetzt hat, geht dies nur durch Vergeltung oder Rache. Problematisch an Hass ist, dass man zu Wut wird, wenn man die Liebe aufgibt. Der Hass oder die Wut setzt sich endlos fort und muss ständig mit Rache befriedigt werden. Einmal ist nicht genug. Hass hat einen unersättlichen Appetit auf Rache – das hält ihn am Leben.«

»Ich erkenne, wohin das führt«, sagte Chrissie nachdenklich. »Das ist ganz offensichtlich.«

»Der Schaden, der durch den ursprünglichen Gewaltakt oder Mord angerichtet wurde, findet auf diese Weise rasche Verbreitung. Durch die Herbeiführung von Tod hat die emotionale Liebe mindestens einer zweiten Person gelitten und hat Wut in die Herzen derer getragen, die den Verlust erleiden mussten. Und wenn diese Wut wächst, sich in Hass verwandelt und Gewalt hervorbringt, dann hat der ursprüngliche Gewaltakt eine spirituelle Katastrophe hervorgebracht.«

»O je! Eine Art Schneeballeffekt«, erkannte Chrissie.

»Ein guter Vergleich. Solange jeder wieder mit Wut und Hass reagiert, wird dies immer weiter verbreitet.«

»Dann ist plötzlich von sehr vielen Menschen die Rede«, ergänzte Chrissie.

»Stimmt. Bei Kriegen, die seit Jahrhunderten im Namen von Religion oder irgendeiner anderen Ideologie geführt werden, leiden jene, die sie ausgelöst haben, noch immer und müssen die Konsequenzen der bis heute fortgesetzten Gewalt verantworten. In spiritueller Hinsicht ist das die reinste Hölle.«

»Also zurück zur Vergebung ...«

»Also gut. Welchen Sinn kann es haben, um Vergebung zu bitten, wenn man eine Kettenreaktion des Hasses, der Gewalt oder auch nur simpler Wut in Gang gebracht hat? Man kann erst um Vergebung bitten, wenn alles vorbei ist. Oder es wäre so, als würde man schon, bevor man den anderen tötet, um Vergebung bitten.«

»Können denn die Menschen, die eine Familienfehde in Gang setzen oder eine Abfolge von Ereignissen, die jahrelang andauernde Gewalt verursacht, nicht spirituell zu wachsen beginnen, auch wenn ihre ursprüngliche Tat noch Konsequenzen nach sich zieht?«

»Ganz sicher nicht, Chrissie. Doch sie können sich verändern, wieder zu Liebe werden und sich sogar nach höheren spirituellen Werten sehnen.«

»Warum ist das so?«

»Weil sie durch ein spirituelles Gesetz an die Konsequenzen ihres Tuns gebunden sind, solange diese fortdauern. Das gilt selbst dann noch, wenn sie gestorben sind und sich in der spirituellen Welt befinden. Wenn sie spirituell wachsen, dann nimmt mit ihrem zunehmenden spirituellen Bewusstsein auch ihr Schmerz zu. Als spirituelle Liebe würden ihre Qualen für sie unerträglich.«

»Was geschieht mit ihnen in der spirituellen Welt?«, wollte Chrissie wissen.

»Erinnern Sie mich zu einem anderen Zeitpunkt daran, Ihnen davon zu erzählen, sonst werden Sie mich wieder des willkürlichen Themenwechsels beschuldigen. Wir sind mit der Vergebung noch nicht zu Ende.«

»Sie haben Recht. Wie weit waren wir gekommen?«

»Lassen Sie uns noch einmal zusammenfassen. Jeder, der eine Reihe von Ereignissen in Gang setzt, die Wut oder Gewalt verursachen, bleibt an die Konsequenzen dieser Wut oder Gewalt gebunden. An irgendeinem Punkt im Verlauf seines spirituellen Erwachens muss er für Wiedergutmachung sorgen, nicht nur im Hinblick auf sein Tun, sondern auch auf alle Konsequenzen, bevor er wieder eins werden kann mit Gottes Liebe.«

»Damit sagen Sie doch«, warf Chrissie triumphierend ein, »dass es nicht möglich ist, ohne irgendeine Form von Entschädigung Vergebung zu erlangen.«

»Ja, das haben Sie richtig verstanden.«

»Warum haben Sie das denn nicht gleich zu Beginn unseres

Gesprächs gesagt? Sie hätten mir eine Menge anstrengendes Nachdenken erspart.«

»Weil wir bisher nur einen Teil der Antwort besprochen haben.«

»O nein«, seufzte sie, »es tut mir schon fast Leid, dass ich das Thema angesprochen habe.«

»Nun, wir können es jederzeit auf sich beruhen lassen, wenn Sie es wünschen.«

»Ach was, das können Sie doch gar nicht!«, lachte sie und zwinkerte mir zu. »Außerdem: Ich bin bereit für die zweite Runde.«

»Wunderbar! Also zurück zu Gott beziehungsweise der Liebe. Wie würde Gott reagieren, wenn er um Vergebung gebeten würde? – Er würde das Ersuchen nicht einmal in Betracht ziehen«, begann ich.

»Warum nicht?« Chrissie war überrascht.

»Weil Liebe nur auf Liebe einwirken kann, und weil Liebe nicht urteilt. Ich habe ja bereits erklärt, dass man jemandem erst dann vergeben kann, wenn man ihn zuvor verurteilt hat. Liebe akzeptiert bedingungslos jeden Menschen genau so, wie er ist. Sie erkennt außerdem, dass jeder Geist sich aus der selbst geschaffenen Situation aus eigenem Antrieb befreien muss – indem er den Schaden wieder gutmacht, den er angerichtet hat.«

»Ich bin wieder völlig verwirrt, Malcolm.«

»Mit anderen Worten: Vergebung ist nur dann von Wert, wenn man bereit ist, sich selbst zu vergeben. Dies ist möglich, indem man all die Schmerzen und Leiden, die man verursacht hat, zurücknimmt, um andere davon zu erlösen. Es kommt nicht darauf an, wer Vergebung gewährt. Vergebung ist für die Menschen, denen sie angetragen wird, so lange ohne Wert, bis sie akzeptieren, dass sie ihrer erst dann würdig sind, wenn sie wieder zur Liebe zurückkehren.«

»Aber was sollen diese armen Menschen denn dann tun?«, fragte eine mitfühlende Chrissie.

»Oh, Sie haben offenbar die Seiten gewechselt, nicht wahr? Noch vor wenigen Minuten wollten Sie die Täter ohne Nachsicht die Konsequenzen ihres Handelns spüren lassen, und jetzt tun sie Ihnen Leid.«

»Ja, ich weiß, aber ich möchte doch nur, dass sie eine Chance haben, die Dinge wieder ins Lot zu bringen«, rechtfertigte sich Chrissie.

»Erkennen Sie denn, warum Sie plötzlich mehr Nachsicht mit den Tätern haben, Chrissie?«

»Nein, nicht wirklich. Aber es ist wahr, da hat sich etwas verändert«, gab sie zu.

»Die Täter sehen sich so, wie Sie sie bisher gesehen haben: jeglicher Hilfe unwürdig. Aber schauen Sie: Auch die Täter können die Seite wechseln. Sie erkennen dann ihre Tat als falsch und wollen sie wieder gutmachen, und die Liebe ist immer bereit, das Wachstum der Liebe anderer zu fördern.«

»Ich kann mir nicht vorstellen ...«

»Chrissie, alles ändert sich, sobald der Täter den Schaden erkennt, den er angerichtet hat, und ihn wieder gutmachen will. Vergebung ist ihm jetzt gar nicht mehr so wichtig. Wichtiger ist es ihm, den ursprünglichen Zustand der Liebe wiederherzustellen.«

»Und wie kann ihm das gelingen?«

»Indem er spirituell all die Verletzung, den Schmerz und die Ängste durchlebt, die er als Folge seines Handelns verursacht hat. Anders ausgedrückt, er löst die selbst herbeigeführten Gefühle Angst, Hass und so weiter auf, indem er wieder zu Liebe wird. Um diese Veränderung herbeizuführen, ist gewöhnlich eine große persönliche Katastrophe erforderlich – eine, die die Persönlichkeit zerbricht und in die ichbezogene Gefühlswelt eindringt. Derjenige, der sich bisher an Hass, Neid und andere negative Gefühle verloren hat, ist voller Trauer. In einem solchen Augenblick kann die Liebe sich befreien und erkennen, welcher Schaden angerichtet wurde.«

»Und was ist, wenn der Schneeball weiterrollt?« Besorgnis schwang in Chrissies Stimme mit.

»Dann muss der Täter handeln, um ihn zum Stillstand zu bringen. Vorher hört auch der Schmerz nicht auf zu wachsen.«

»Aber Malcolm – wenn der Täter gestorben ist und sich in der Geistwelt befindet, wie kann er denn dann diese Aufgabe bewältigen?«

Chrissies ganze Sorge galt nun dem Täter, und sie suchte nach einem Weg, der ihm die Rückkehr zur Liebe ermöglichte.

»An diesem Punkt kommt Reinkarnation ins Spiel. Die Wiedergeburt gibt dem Täter die Gelegenheit zurückzukehren, den angerichteten Schaden wieder gutzumachen und den Schneeball zu stoppen.«

»Ganz allein?«, fragte Chrissie. »Wird ihm denn niemand helfen?«

Ich lächelte und sagte: »Ich bin sicher, dass er in Ihrer Person bereits eine Fürsprecherin gefunden hat.«

Sie lächelte ihrerseits und wollte wissen: »Wieso ich?«

»Sie haben ihm vergeben und akzeptieren ihn, wie er ist, ohne ihn zu verurteilen. Wenn gefallene Liebe erkennt, was sie angerichtet hat, und es in Ordnung bringen will, ohne die Schuld bei anderen oder Ausreden zu suchen, dann befindet sie sich bereits auf dem langen, schmerzhaften Weg zurück zu ihrem wahren spirituellen Selbst. Und sie wird umgeben sein von Liebe wie der Ihren, die bereit ist, sie mit Ermutigung und Hoffnung zu unterstützen.«

»Ich habe aber doch gar nichts von Vergebung gesagt ...«

»Vergebung kann nur dann erfolgen, wenn sie nicht erbeten wird. Denn der Täter erklärt sich ihrer in seinem gegenwärtigen Zustand für unwürdig. Und er kann den Zustand nur ändern, indem er die Gefühle bearbeitet, die bei ihm überhaupt erst den Verlust von Liebe bewirkt haben. Es ist sehr, sehr schwer, Chrissie, sich seine Schuld einzugestehen und die Verantwortung für Schmerz und Leid zu übernehmen, die man mit seinem Tun irgendwann einmal verursacht hat.«

»Wie haben Sie das nur geschafft?«

»Was geschafft?«

»Sie wissen schon, Malcolm. Anfangs war ich wütend und unversöhnlich, und nun habe ich mit dem Täter Mitleid und versuche ihm zu helfen.«

»Ich glaube, Sie haben Ihre Einstellung geändert, als Sie gemerkt haben, dass Gott als die Liebe gar nichts tun würde. Die Liebe wird nicht aktiv. Sie beschränkt sich darauf zu sein. Wenn Gott eingeschritten wäre, um alles in Ordnung zu bringen, dann wären Sie nicht aktiv geworden und wären vielleicht sogar noch immer wütend.«

»Ja, Sie haben Recht.«

»Gott kennt die Tiefe Ihrer Liebe, und die der Liebe anderer Menschen. Also wartet er darauf, dass Sie aufhören zu verurteilen und beginnen zu akzeptieren. Auf diese Weise wird die Liebe, die Sie sind, die Veränderung herbeiführen.«

»Also ...«

»Denken Sie daran, Chrissie, nicht was Sie tun oder sagen, ob Sie vergeben oder nicht, bewirkt Veränderung. Das, was Sie sind, verwandelt Missstand in Liebe. Die Liebe, die von Ihnen ausstrahlt, hat diese Macht.«

Chrissie schwieg, und ich wandte mich wieder meiner Schreibarbeit zu.

# Liebe und Last

»Chrissie hat angerufen und möchte Sie sehen«, teilte Debbie mir mit, als ich an diesem Tag in die Praxis kam.

»Was haben Sie ihr gesagt?«

»Dass Sie heute Nachmittag zwischen vier und fünf Zeit haben.«

»Hat sie irgendwelche Schwierigkeiten, oder will sie nur ein Schwätzchen halten?«

»Sie möchte mit Ihnen über eine Freundin sprechen, die im Sterben liegt, glaube ich«, antwortete Debbie und wandte sich wieder dem Telefon zu, das an diesem Morgen besonders fordernd schien.

Meine erste Klientin für diesen Tag kam herein. Sie war etwa siebzig Jahre alt, und sobald sie den Raum betreten hatte, spürte ich ihre Ruhe und innere Zufriedenheit. Sie strahlte die Art Selbstvertrauen aus, die die jahrelange klaglose, ruhige Beschäftigung mit dem Leben und seinen Problemen mit sich bringt. Sie war die Art Frau, die jeder zur Großmutter haben sollte: ein Hafen der Ruhe im aufgewühlten Ozean des Lebens. Ich nahm an, dass sie zahllose Stunden ihres Lebens darauf verwandt hatte, Verwandten und Freunden in Stunden der Not Trost und Liebe zu spenden.

Das Schöne an meinem Beruf als Heiler ist es, dass ich so viele wunderbare Menschen kennen lerne. Die meisten, die zu mir kommen, sind wirklich gütige Menschen. Wenn ich ihnen das erste Mal begegne, dann erfahre ich oft, dass sie es sich zur Aufgabe gemacht haben, ihren Mitmenschen zu helfen. Einige beschränken sich darauf, den Einsamen und Alten in ihrer Wohngegend Zeit und Liebe zu schenken. Wer solche Liebe gibt, der rechnet nicht auf. Ihre Liebe beschränkt sich darauf zu sein. Ich erinnere mich deutlich an eine alte Dame von über neunzig Jahren, die sich entschuldigte, weil sie sich verspätet hatte. »Ich habe die Einkäufe für ein paar alte Leutchen erledigt, die sich nicht mehr so gut zurechtfinden«, erklärte sie.

»Wie alt sind denn diese alten Leutchen?«, wollte ich wissen. Da sie selbst über neunzig war, hatte man ja vielleicht in ihrem Viertel das Elixier für ewiges Leben gefunden.

»Oh, sie sind in den Siebzigern und Achtzigern, die armen Alten. Wissen Sie, ihr Alter macht es ihnen schwer, sich zurechtzufinden.«

»Wie könnte ich Ihnen denn wohl helfen?«, fragte ich sie und lächelte. »Vermutlich sind Sie fitter und auch gesünder als ich.«

»Das glaube ich nicht«, antwortete sie. »Ich könnte jederzeit abberufen werden. Es wird angenehm sein, die kleinen Unannehmlichkeiten des Lebens hinter sich zu haben. Aber ich mache mir Sorgen, wer sich um meine alten Damen kümmert, wenn ich nicht mehr bin.«

Es kommen viele Engel in meine Praxis, und ich spürte deutlich, dass sich auch an diesem Tag wieder einer bei mir aufhielt. Als ob Gott zu diesen wunderbaren Seelen sagen würde: »Ihr tut so viel für mich, nun will ich mich revanchieren. Geht und sucht einen Geistheiler auf.«

Ich habe noch nie daran gezweifelt, dass die meisten dieser Engel durch die Liebe und Hilfe, die sie anderen im Lauf ihres Lebens zuteil haben werden lassen, zu mir geführt werden. Und das galt auch für diese Dame. Die Zeit, die ich mit ihr verbrachte, war wunderbar und bescherte mir einen herrlichen Tagesbeginn.

Chrissie brannten für gewöhnlich Fragen auf den Nägeln, deren Beantwortung keinerlei Aufschub duldeten, doch heute war sie still und in sich gekehrt. Da sie scheinbar zögerte, das Gespräch in Gang zu bringen, machte ich eine Bemerkung über den inspirierenden Morgen, den ich gehabt hatte, und über den herrlichen Tag.

»Woher wollen Sie wissen, wie der Tag ist?«, bemerkte sie, ohne eine Antwort zu erwarten. »Sie sitzen doch den ganzen Tag hier drinnen.«

»Ich dachte bei meiner Bemerkung mehr an die Menschen, denen ich heute begegnet bin, als an das Wetter draußen. Es sind diese Menschen, die mir den Tag so angenehm gemacht haben«

»Was für Probleme hatten sie denn?«, wollte Chrissie wissen.

»Die Menschen, die mich heute aufgesucht haben, waren nicht der Auffassung, irgendwelche Probleme zu haben. Sie wollten nur, dass ich es ihnen ein bisschen leichter mache. Die eine wollte wissen, wie sie ihrer Mutter helfen kann, die im Sterben liegt. Eine andere, selbst sterbenskrank, machte sich Sorgen darüber, dass sie ihrer Familie zur Last fallen könnte, und nicht um sich.«

»Empfinden Sie das nicht als große Verantwortung, solchen Menschen zu raten?« Nun kam Chrissie mehr aus sich heraus.

»Ja, das ist es.«

»Wie machen Sie denn einem sterbenden Menschen klar, dass er für die Familie keine Last ist?«

Wir näherten uns offenbar dem Anlass ihres Besuches. »An wen denken Sie dabei?«

»An meine Großmutter.« Chrissies Augen füllten sich mit Tränen und sie nahm sich ein Papiertaschentuch aus der bereitstehenden Schachtel.

»Sie werden dann eine neue brauchen, wenn ich gehe«, bemerkte sie und versuchte zu lächeln, um unbekümmert zu erscheinen.

In der Gegenwart von Liebe findet Trauer immer an die Oberfläche. Sie ist nichts als ein Spiegelbild der Liebe und nichts, wofür man sich schämen muss. Ich wartete. Chrissie würde fortfahren, sobald sie dazu bereit war.

»Ich habe die tollste Großmutter der Welt«, erklärte sie, »und es bricht mir das Herz zuzusehen, wie sie immer schwächer wird.«

Ich wusste bereits, dass Chrissies Großmutter in den letzten paar Monaten rasch abgebaut hatte und anfälliger geworden war. Sie war immer eine sehr auf ihre Unabhängigkeit bedachte Frau gewesen, dabei aber auch sehr liebevoll. Nach dem Tod ihres Ehemanns vor zwölf Jahren hatte sie es vorgezogen, weiterhin allein zu leben.

»Lebt sie immer noch allein?«

»Das ist das Problem, Malcolm. Sie sollte zu meinen Eltern ziehen oder wenigstens an einen Ort, wo ihr Liebe und Fürsorge gewiss sind.«

»Und warum tut sie es nicht?«

»Sie will nicht zu meinen Eltern ziehen, weil sie so weit weg wohnen. Außerdem will sie ihr Zuhause nicht aufgeben.«

»Und was ist mit Ihnen?«

»Natürlich würde ich sie bei mir aufnehmen. Aber ich lebe in einer winzigen Wohnung im ersten Stock, und das ist einfach unpraktisch. Andererseits ist ihre Wohnung zu weit entfernt von meinem Arbeitsplatz, als dass ich bei ihr einziehen könnte.«

»Erhält sie von irgendjemandem regelmäßig Besuch?«

»O ja, sie hat zahlreiche Freude, aber sie sind alle ein wenig wie sie: alt und wacklig auf den Beinen. Ich besuche sie mehrmals in der Woche und an den meisten Wochenenden, aber es ist Besorgnis erregend, sie in diesem Zustand zu sehen. Sie war früher einmal sehr aktiv, und nun liegt sie die meiste Zeit im Bett.«

»Hat sie Schmerzen?«

»Sie würde es mir nicht sagen, wenn sie welche hätte«, in

Chrissies Stimme schlich sich Verzweiflung ein. »Das ist eines der Probleme, Malcolm. Sie beklagt sich nie, bittet nie um Hilfe. Sie sagt mir immer nur, dass ich mir um sie keine Sorgen machen soll. Meine Großmutter möchte niemandem zur Last fallen. Also mache ich mir natürlich nur noch mehr Sorgen.«

»Was glauben Sie, was ich dabei tun kann?«

»Ich vermute, Ihre Hilfe wäre ihr nicht willkommen. Sie wäre sicherlich wütend, wenn sie wüsste, dass ich überhaupt mit Ihnen darüber spreche. – Eigentlich frage ich mich, ob Sie mir vielleicht zeigen könnten, wie ich ihr helfen kann?«

»Sie scheinen bereits alles zu tun, was in Ihrer Macht steht. Sie schenken ihr jede Menge Liebe und Beachtung.«

»Aber damit ist das Problem noch nicht gelöst«, setzte Chrissie mit einer neuen Erklärung an. »Ich habe den Eindruck, dass sie sich gegen meine Liebe sträubt. Sie regt sich auf, wenn ich ihr Kleinigkeiten kaufe, verlangt, dass ich mein Geld lieber sparen soll. Wenn ich sie anrufe, um mich nach ihrem Befinden zu erkundigen, erfindet sie Gründe, das Telefonat vorzeitig zu beenden, weil sie nicht will, dass meine Telefonrechnung zu hoch wird. Ich weiß, ich sollte mir nichts aus solchen Bemerkungen machen, aber sie verletzen mich. Ich weiß, dass sie nur deshalb so reagiert, weil sie mich liebt und mir nicht zur Last fallen will. Sie sieht einfach nicht, dass es mir Freude macht, mich um sie zu kümmern. Ich *will* etwas für sie tun.«

Ich schwieg.

»Als ich noch ein Kind war, war es wunderbar mit ihr, und sie war immer da, wenn ich ein Problem hatte. Es gelang ihr, mir zu helfen, ohne mich zu kritisieren. Sie war einfach immer für mich da – und jetzt, wo sie Hilfe braucht, will sie mich nicht helfen lassen.«

Chrissie hatte den Inhalt der Schachtel mit den Papiertaschentüchern bereits sichtbar dezimiert. »Haben Sie ihr erklärt, wie Sie das alles sehen?«

»Ich habe es versucht, aber sie lächelt nur und sagt, ›Mach dir um mich keine Sorgen, Chrissie. Du hast noch das ganze Leben vor dir.‹ Manchmal hört sie sich so an, als erwarte sie nicht, noch sehr lange bei uns zu sein.«

Chrissie nahm sich ein neues Taschentuch. »Warum sind alte Leute nur so schwierig?«, fragte sie in einem Ton, in dem Ungeduld mitschwang.

Ich konnte nicht anders als lächeln. »Ich glaube, das Problem hier ist wohl eher, dass Ihre Großmutter geduldiger ist als Sie.«

»Was soll das denn heißen?«, protestierte sie.

»Chrissie«, begann ich und suchte nach Worten, die ihnen beiden helfen würden. »Chrissie, Ihre Großmutter ist nicht viel anders als Millionen anderer Großmütter überall auf der Welt. Sie haben ihr ganzes Leben damit zugebracht, sich um Familienmitglieder zu kümmern. Wahrscheinlich haben sie anfangs irgendwann einmal für ihre eigenen Großmütter gesorgt. Als Ihre Großmutter ein kleines Mädchen war, gehörte sie vermutlich zu einem großen Haushalt und bekam vermutlich nicht allzu viel Liebe und Aufmerksamkeit. Da so viele umsorgt werden mussten, wurde Ihre Großmutter als kleines Mädchen vermutlich weitgehend ignoriert – nicht aus Unfreundlichkeit, sondern einfach, weil die Erwachsenen so viel anderes zu tun hatten. Vergessen Sie nicht, es gab keine Waschmaschinen, Kühlschränke, Staubsauber und auch nicht all die anderen Luxusgüter, die wir heute als so selbstverständlich empfinden. Also war jeder damit beschäftigt, sich um irgendein Familienmitglied zu kümmern. Ihre Großmutter hat vermutlich gelernt, wie man andere umsorgt, aber nicht, wie man selbst umsorgt wird.«

»Wollen Sie damit sagen, meine Großmutter könnte sich vielleicht schämen, weil ich mich um sie kümmern will?«, fragte Chrissie fassungslos.

»Genau das wollte ich sagen – es macht sie verlegen, wenn Sie ihr irgendwelche Kleinigkeiten kaufen. Sie hat in ihrer Kindheit nicht gelernt, solche Erwartungen haben zu dürfen.«
»Aber das stimmt doch nicht«, widersprach Chrissie. »Sie hat genauso Geschenke bekommen wie alle anderen in der Familie.«
»Ja, das ist bestimmt richtig. Aber auch so häufig wie jetzt? Fast jede Woche geben Sie ihr irgendeine Kleinigkeit als Zeichen Ihrer Liebe, und diese Art des Schenkens ist sie nicht gewöhnt. Sie weiß nicht, wie sie damit umgehen soll.«
»Aber kann sie denn nicht einfach akzeptieren, dass ich ihr Geschenke machen und Dinge für sie erledigen will? Kann sie das nicht einfach hinnehmen, um mir eine Freude zu machen?«
»Chrissie, Ihre Großmutter ist eine wunderbare alte Dame – und Sie wollen sie um Ihrer selbst willen umkrempeln.«
Sie schwieg.
»Mit achtundachtzig muss sie nicht mehr irgendetwas machen, was sie nicht will, meine ich. Sie nicht auch? Sie erwarten von Ihrer Großmutter, dass sie die Rollen mit Ihnen tauscht.«
»Bitte erklären Sie mir, was Sie damit sagen wollen«, bat Chrissie.
»Ihr ganzes Leben lang war Ihre Großmutter die Gebende, die Fürsorgliche und die Trösterin; und jetzt, wo sie am wenigsten fähig ist, sich noch einmal zu verändern, wollen Sie von ihr, dass sie in die Rolle der Empfangenden und der Getrösteten wechselt. Chrissie, sie hat keine Ahnung, wie sie die Rolle, die Sie von ihr erwarten, erfüllen soll.«
»Von dieser Seite hatte ich das noch gar nicht betrachtet.« Chrissie dachte über meine Worte nach.
»Aber was soll ich denn jetzt tun? Nichts?«, fragte sie schließlich verdrossen.

»Nun kommen Sie schon. Machen Sie sich frei von Ihren festen Vorstellungen. Ihre Großmutter wünscht sich Ihre Liebe und Ihr Verständnis mehr als jemals zuvor. Tun Sie einfach das, was Sie schon immer getan haben. Erzählen Sie Ihr, was Sie tun, erbitten Sie ihren Rat in dieser und jener Angelegenheit. Bitten Sie sie, kleine Dinge für Sie zu tun. Statt ihr Kleinigkeiten zu kaufen, machen Sie etwas, was nur für sie bestimmt ist, backen Sie ihr einen Kuchen oder malen Sie ihr ein Bild. Nun ist es an der Zeit, dass Sie sich ihre Bedürfnisse bewusst machen, indem Sie sich in ihre Ängste und Unsicherheiten einfühlen.«

»Ach, Malcolm, gerade das ist so frustrierend! Wie soll ich etwas über ihre Bedürfnisse herausfinden? Immer wenn ich sie frage, dann sagt sie, dass sie nichts braucht oder will.«

»Aber natürlich reagiert sie so. Jetzt brauchen Sie all Ihre List. Stellen Sie fest, was sie braucht, und beschaffen Sie es, ohne irgendwelches Aufheben darum zu machen. Zwischen Ihnen wird eine Art wortloses Gespräch ablaufen.«

»Ich soll also Dinge tun, ohne sie damit in Verlegenheit zu bringen?«

»Wissen Sie, Chrissie, viele Menschen machen sich, wenn sie älter werden, Sorgen darüber, dass sie ihrer Familie zur Last fallen könnten. Ein Leben lang haben sie sich um andere gekümmert und ihnen geholfen. Und weil sie die Gelegenheit hatten, für andere zu sorgen, ist ihre eigene Liebe gewachsen.«

»Großmutter ist erfüllt von Liebe.«

»Wenn niemand auf der Erde Hilfe bräuchte, wenn jeder gesund wäre und wenn jeder alles hätte, was er braucht, dann könnte die Liebe nie erfahren, wie es sich anfühlt, von sich selbst zu geben. Liebe könnte nicht wachsen. Deshalb verbringen wir einen Großteil unseres Lebens damit, für andere zu sorgen, damit unsere Liebe wachsen kann.«

»Und dann werden wir alt«, dachte Chrissie laut.

»Genau. In den letzten Jahren unseres Lebens werden wir von anderen abhängig, von Familienmitgliedern und Freunden, und müssen nun ihnen die Gelegenheit geben, ihre Liebe zu entwickeln. Das ist wie ein kleines Dankeschön für all die Gelegenheiten, bei denen wir unsere Liebe entwickeln durften.«

»Ich stimme zu«, sagte Chrissie und schob die Schachtel mit den Papiertaschentüchern fort. »Ich kümmere mich gerne um meine Großmutter, aber ich kann nun auch verstehen, was Sie damit meinen, dass ich sie in Verlegenheit bringe.«

»Warum erzählen Sie ihr nicht einfach, worüber wir hier gesprochen haben? Sie hat die Sache bisher vermutlich ebenfalls aus einer anderen Perspektive gesehen. Oder Sie bitten Ihre Großmutter um etwas – vielleicht einen Ableger von einer ihrer Lieblingspflanzen –, damit sie sich nützlich und geschätzt fühlen kann.«

»Das ist eine gute Idee, Malcolm. Glauben Sie, dass ich eines Tages auch so wie meine Großmutter sein werde?«

»Ich weiß es nicht, Chrissie. Viele der jungen Leute heute haben sich niemals um irgendjemanden als nur um sich selbst kümmern müssen – genau das Gegenteil dessen, was Ihre Großmutter in ihrer Jugend erlebt hat. Also erwarten die jungen Leute heute vermutlich, dass ihnen alles hingestellt wird.«

»Das hört sich so an, als hielten Sie mich für äußerst egoistisch.«

»So habe ich es nicht gemeint, Chrissie. Das Leben heute ist einfach anders als damals, als Ihre Großmutter aufwuchs. Die meisten jungen Leute fangen erst an zu arbeiten, wenn sie achtzehn oder zwanzig sind. Und weil es all die modernen Haushaltsgeräte gibt, müssen sie im Haus nicht so viel helfen.«

»Man könnte meinen, dass Sie etwas gegen Geräte haben, die einem die Arbeit leichter machen«, stöhnte Chrissie.

»Aber keineswegs! Ich würde nicht gerne die Arbeiten machen, die mein Großvater noch zu seinen Pflichten zählte.«

»Ohne Zweifel gehen die Leute heute anders mit ihrer Zeit um.«

»Ist Ihnen schon einmal aufgefallen, wie viele junge Leute nach Wegen suchen, sich in ihrer Gemeinde irgendwie nützlich zu machen?«, fragte ich.

»Heute wohnen ja nicht mehr alle Familienmitglieder – mehrere Generationen – in einem Haus. Da suchen die Leute eben nach neuen Ausdrucksformen für ihre Liebe. Gemeindearbeit scheint mir da besonders geeignet«, stimmte Chrissie zu.

»Die Leute suchen nach Bewusstheit. Das ist einer der Gründe, warum Sie kommen, um sich das anzuhören, was ich zu sagen habe. Sie lesen bestimmt auch viele Bücher über spirituelle Themen.«

»Da haben Sie Recht«, antwortete sie. »Ich stelle fest, dass ich immer mehr über Sachen wie Lebensenergie, Meditation und ähnliche Themen erfahren will. Hilft Meditation?«

»Aber ja. Menschen, die meditieren, kann man viel leichter helfen. Ich weiß sofort, ob jemand meditiert: Wer meditiert, erreicht höhere Energiefelder oder spirituelle Ebenen.«

»Energiefelder? Was meinen Sie damit? Das müssen Sie mir einmal genauer erklären. Dabei fällt mir ein – Sie haben mir auch noch nichts über Reinkarnation erzählt«, sagte sie und stand auf, um sich zu verabschieden.

»Aber Sie erinnern mich immer erst dann daran, wenn Sie im Begriff sind zu gehen.«

»Kann ich irgendwann nächste Woche wiederkommen?«

»Besser, Sie fragen Debbie. Aber ich nehme an, dass sie einen Platz im Terminkalender finden wird.«

# Tod und Sterben

»Ich bin's wieder.«

»Vielen Dank, Chrissie, und wo ist Ihres?« Chrissie schaute mich verblüfft an, als ich ihr das Mineralwasser abnahm.

»O tut mir Leid«, sagte sie lächelnd. »Ich wusste nicht, dass Sie auch eins wollten.«

»Was soll heute das Thema sein?«

»Ich habe darüber nachgedacht, wie es wohl ist, wenn jemand stirbt.« Sie warf mir einen merkwürdigen Blick zu.

»Ist das nicht etwas zu schaurig für so einen schönen Tag? Und so weit ich sehen kann, sind Sie vollkommen gesund. Warum würde jemand, der alles hat, was er zum Leben braucht, über den Tod reden wollen?«

»Vom Tod war überhaupt nicht die Rede«, antwortete sie spitz. »Ich habe darüber nachgedacht, wie es wohl ist zu sterben, von hier nach da zu gehen. Sie haben mir ja bereits beigebracht, dass es keinen Tod, sondern lediglich einen Übergang gibt. Also nehme ich an, dass Sie irgendetwas über die Erfahrung wissen.«

»Entschuldigung«, sagte ich, »aber die meisten Menschen sind unfähig, zwischen Tod und Sterben zu unterscheiden.«

»Wie würden Sie denn zwischen beiden unterscheiden?«

»Ich würde sagen, Tod ist das, was den anderen zustößt. Für die Zurückgebliebenen ist der Gestorbene tot. Es scheint alles sehr endgültig. Der Körper wird beerdigt oder verbrannt, und es bleibt nichts als die Erinnerungen. Spirituell bewusste Menschen haben eine andere Sichtweise. Doch für die übrigen ist es einfach vorbei, aus, endgültig. Der Tod eines Körpers.«

»Eines Körpers?«

»Ja. Für denjenigen, der den Körper verlassen hat, ist der Tod nur ein Übergang von einem Bewusstseinszustand zum nächsten ... ein Prozess der Wandlung, um die Wiedergeburt an einem anderen Ort zu ermöglichen. Für diejenigen, die zurückbleiben, hat der Tod im Grunde gar nichts mit Erinnerungen, sondern mit der Zukunft zu tun.«

»Stellt die andere Seite denn immer eine Zukunft dar, der man erwartungsvoll entgegenblicken kann?«, fragte sie besorgt.

»Was uns auf der anderen Seite erwartet, ist ein großes Thema. Bevor wir uns damit beschäftigen, lassen Sie uns darüber reden, wie wir dorthin kommen.«

»Haben Sie Menschen in ihrem Sterben begleitet?«

»Ja, viele Male.«

»Wie ist das?«

»Es hängt von den Umständen ab. Sterben kann eine wunderbare und höchst spirituelle Erfahrung sein oder einfach nur erschreckend. Ich habe beides erlebt.«

»Aber warum sollte es einmal wunderbar und einmal furchtbar sein?«

»Angst, Chrissie. Die meisten Menschen haben die falsche Einstellung zum Tod und zum Sterben. Und sie haben gelernt, dass etwas ganz und gar Unschönes sie erwartet, falls sie in ihrem Leben Schuld auf sich geladen haben. Das ist natürlich Unsinn.«

»Das müssen Sie mir näher erklären.«

»Manchmal dauert Sterben monatelang. Im Verlauf des Prozesses spaltet sich die Liebe oder spirituelle Energie von den physischen und emotionalen Energien ab, mit denen sie zusammengearbeitet hat. Denjenigen, die von Liebe erfüllt sind, wird der Prozess schnell vorkommen und sie werden das Gefühl haben, dass sich ihre spirituelle Energie von der physischen und der emotionalen leicht löst. Als Erstes wächst ihre Intuition und ihre Wahrnehmungsfähigkeit.«

»Warum ihre Wahrnehmungsfähigkeit?«

»Sobald sich der Geist aus dem Körper zu lösen beginnt, vermag er spirituelle Aktivitäten wahrzunehmen, die ihm unter normalen Bedingungen entgehen würden.«

»Was für eine Art spirituelle Aktivitäten?« Chrissie beugte sich gespannt vor.

»Etwa die Wahrnehmung einer spirituellen Wesenheit im gleichen Raum mit ihnen.«

»Wie geht das?«

»Indem sie für Schwingungen empfänglich werden, die sie normalerweise nicht bemerken.«

»Hört sich kompliziert an«, sagte Chrissie.

»Tatsächlich? Es ist aber nicht kompliziert. Viele Menschen fangen wissentlich oder unwissentlich die Emotionen anderer auf – insbesondere wenn sie sich durch Liebe aneinander gebunden fühlen. Schmerz ist hier ein gutes Beispiel.«

»Wollen Sie damit sagen, dass spirituell aufnahmefähige Menschen den Schmerz eines anderen wirklich am eigenen Leib fühlen können?«

»Nun schauen Sie doch nicht so schockiert, Chrissie. Ich kenne eine Menge Leute, die Schmerzmittel nehmen oder sich haben untersuchen lassen wegen eines Schmerzes, der nicht der ihre ist.«

»Das meinen Sie nicht ernst. Wen denn? Können Sie mir ein Beispiel geben?« Sie war fasziniert.

»Wir kommen ein bisschen vom Thema ab, aber gut. Ich erinnere mich an eine Frau, die mich um Heilung bat, aber keinen Grund angab. Ich tat ihr den Gefallen, und innerhalb weniger Minuten hatte ich extreme Schmerzen im Bereich der Leber. Ich sah die Frau an und sagte: ›Sie glauben, dass Sie Leberkrebs haben, nicht wahr?‹«

»Was hat sie gesagt?«

»Ein paar Augenblicke lang saß sie schweigend da. Dann fragte sie: ›Woher wissen Sie das?‹«

»Diese Frage wollte ich auch gerade stellen.«

Ich ignorierte Chrissies Einwurf und fuhr fort. »Ich sagte zu ihr: ›Ich verspüre einen starken Schmerz im Bereich meiner Leber. Ich weiß, dass es nicht mein Schmerz ist, denn er setzte erst ein, als Sie den Raum betraten. Also muss es sich um Ihren Schmerz handeln. In Ihren Gedanken lese ich, dass Sie glauben, Krebs zu haben.«
»Weiter«, drängte Chrissie.
»Die Frau sah mich an und sagte ›Ach wirklich?‹«
»Und ... hatte sie Krebs?«
»Nun seien Sie schon still, Chrissie, und lassen Sie mich weitererzählen.«
»Entschuldigung.«
»Nein, sie hatte keinen Krebs. Ich konnte ihr klar machen, dass der Schmerz nicht der ihre war.«
»Wie konnten Sie das denn wissen?«
»Genau diese Frage stellte sie mir auch.« Diesmal hatte Chrissie gewonnen.
»Ach so, Malcolm.«
»Ich erklärte ihr, dass ich eine emotionale Energie spüre, nicht eine physische. Dies bedeute sehr wahrscheinlich, dass der Schmerz zwar durch sie, aber nicht aus ihr komme.«
»Aber wie konnten Sie das wissen?« Chrissie saß nun auf der Vorderkante ihres Stuhls.
»Also wirklich, Chrissie, das war doch nur eine ganz normale Heilsitzung. Es gehört zu meinem Beruf, solche Dinge zu wissen.«
»Dann erzählen Sie mir, wie das geht. Oder handelt es sich um ein großes Geheimnis? Wenn ja, dann verpflichte ich mich als Zauberlehrling, und Sie können's mir trotzdem erzählen.«
»Wenn Sie das Kasperltheater für eine Weile unterbrechen, dann erkläre ich es Ihnen«, antwortete ich.
Sie lachte.
»Physische Energie strahlt eine bestimmte Wärme ab. Wenn

ich jemandem die Hand auflege und diese Wärme spüre, dann weiß ich, dass ich dessen physische Schwingungen wahrnehme. Spüre ich beim Handauflegen aber eher kühle Schwingungen, dann ist dies ein Hinweis, dass ich es mit emotionaler Energie oder Problemen zu tun habe.«

»Machen Sie das bei jedem Klienten?«

»Nein, ich muss nicht immer die Hände auflegen, um Schwingungen als warm oder kühl zu erkennen. Sobald man sein spirituelles Wahrnehmungsvermögen geschärft hat, kann man diese Dinge auch aus der Entfernung spüren.«

»Aber wenn der Schmerz nicht der Frau gehörte, wem gehörte er dann?«, fragte Chrissie in einem Tonfall, der vermuten ließ, dass wir nun gleich ein großes Rätsel lösen würden.

»Ich fragte sie, wer in ihrer Familie ein Problem mit der Leber haben könnte. Sie erzählte mir, dass ihr Mann Alkoholiker sei, und so hatten wir die Lösung für ihr Problem. Ihr Mann trank zu viel und schädigte seine Leber. Seine Frau empfing aus Liebe oder Besorgnis die Schwingungsenergie seiner zerfallenden Leber. Sie litt tatsächlich unter seinen Schmerzen.«

»Das ist faszinierend, Malcolm.«

»Sie sagte mir außerdem, dass sie einen Termin für eine medizinische Untersuchung habe. Ich versicherte ihr, dass die Tests ohne Ergebnis sein würden. Dies bestätigte sie später.«

»Musste sie denn weiterhin die Schmerzen ihres Mannes erdulden?« Chrissie stellte die gleichen Fragen, die viele Menschen bewegen, wenn sie erkennen, dass sie die Schmerzen oder Beschwerden eines anderen ausleben.

»Nein. Sobald man erkennt, dass einem der Schmerz nicht gehört, kann man ihn ignorieren.«

»Ignorieren? Wie soll das gehen?«

»Sobald wir mit dem Verstand erkennen, dass ein Schmerz nicht der unsere ist, kann das Unterbewusstsein mitziehen und die Schwingungen ignorieren. Es ist ein bisschen so, als

konzentrierte man sich in einem überfüllten Raum nur auf die Stimmen, die man wirklich hören will, und ignorierte die übrigen.«
Ich hielt inne, um meine Gedanken zu sammeln. »Wo waren wir stehen geblieben?«
»Das spirituelle Wahrnehmungsvermögen des Sterbenden erhöht sich.«
»Ach ja. Sobald wir beginnen, uns aus unserem physischen Körper zu lösen, nehmen wir die energetischen Schwingungen anderer deutlicher wahr. Dieser Prozess setzt sich so lange fort, bis wir uns schließlich auch aus unserer emotionalen Energie lösen können.«
»Aber wenn wir unsere Emotionen zurücklassen, dann haben wir doch gar keine Empfindungen mehr, oder?«, warf Chrissie ein.
»Doch, die haben wir dennoch. Sie dürfen nicht vergessen, dass wir ja Liebe sind. Emotionen sind etwas Eigenständiges. Sie haben damit zu tun, was wir tun, sagen oder denken. Liebe jedoch *sind* wir, erinnern Sie sich?«
»Aber was ist, wenn wir uns ganz unserer Wut überlassen haben, wie Sie es vor ein paar Wochen erklärt haben? Sie haben gesagt, dass wir dann unsere Wut nicht mehr nur erleben, sondern ein Teil von ihr werden, und dass deshalb das Element der Liebe reduziert wird.«
»Ja, das habe ich gesagt. Wenn wir zu Wut geworden sind, dann beginnt sich das mit dem Einsetzen des Sterbens deutlicher zu zeigen. Welchem Gefühl auch immer wir es gestattet haben, von uns auf Kosten unserer Liebe Besitz zu ergreifen, es zeigt sich deutlicher, je näher wir unserem Übergang kommen.«
»Heißt das, dass wir nicht nur Liebe oder Wut werden können?«
»Genau. Angst ist das größte Hindernis für einen friedlichen Übergang vom Leben in seiner menschlichen Form zum Leben

in spiritueller Form. Wenn sich die Menschen, sobald sie erkennen, dass sie im Begriff sind zu gehen, entspannen und den normalen Prozess zulassen würden, dann hätten sie keine Schwierigkeiten. Sterben wäre eine wunderschöne Erfahrung. Stattdessen kämpfen sie, um wach zu bleiben und die Kontrolle zu behalten. Darum durchleiden sie die Qualen eines sterbenden Körpers, der versucht, die emotionale und die spirituelle Energie freizusetzen.«

»Angst ... ein großes Hindernis«, sagte Chrissie laut, wie um sich die geschilderten Zusammenhänge besser einzuprägen.

»Die Angst, von der hier die Rede ist, unterscheidet sich natürlich von der Angst, die man in einigen anderen Situationen erlebt«, ergänzte ich. »Die Angst vor dem Sterben verlässt uns, sobald der Übergang bewältigt ist. Doch Angst, die durch Umstände unmittelbar vor dem Tod hervorgebracht wurde, sitzt in unserer emotionalen Energie fest, ist Teil unseres emotionalen Körpers. Wir nehmen sie mit in die spirituelle Dimension und sie bleibt Bestandteil der emotionalen Energie, wenn wir wiedergeboren werden.«

»Darf ich dies als Hinweis auf meine Erfahrung verstehen?«, fragte Chrissie.

»Ja. Ihr Geist wurde zum Zeitpunkt Ihres Todes Angst und Schmerz, und beides blieb in Ihrer Psyche beziehungsweise in Ihrem emotionalen Körper bestehen. Nach Ihrer Wiedergeburt war es Ihnen nur möglich, die Angst freizusetzen, indem Sie sie noch einmal durchlitten oder sich irgendwie an sie erinnerten.«

»Warum?«

»Indem Sie die Angst oder den Schmerz dem logischen Bewusstsein zugänglich machen, können sie deren Forderungen erfüllen. Sobald Sie sich dessen bewusst sind, was die innere Angst oder den Schmerz verursacht, können Sie auf Vernunftbasis an das Problem herangehen.«

»Ich verstehe.«
»Es ist jedoch viel schwieriger, wenn auch Gefühle wie Hass, Neid, Eifersucht oder ähnliche Gefühle eine Rolle spielen. Sie müssen gründlich durchgearbeitet werden, bevor die Liebe ihren Siegeszug halten kann.«
»Sie sagen also, dass man die Gefühle, mit denen man stirbt, bei der Wiedergeburt mit zurückbringt.«
»So ist es. Der Übergang von dieser in die nächste Welt sollte eine friedliche Erfahrung sein, auf die Menschen sich freuen können – nicht eine Erfahrung der Angst.«
»Es scheint mir, dass wir alle die große Verantwortung haben, die Menschen von ihrer Angst zu befreien, insbesondere in Krankenhäusern. Ich glaube, darüber wissen wir noch viel zu wenig.«
»Großartig, Chrissie. Jeder sollte wissen, dass er das Gefühl, zu dem er geworden ist, wie etwa Liebe, Wut, Eifersucht und so fort, in die spirituelle Dimension mit hinübernimmt. Das, wozu wir geworden sind, entscheidet darüber, welchen Zustand oder welche Dimension wir erreichen.«
»Ich verstehe. Man kann also jede Emotion mit hinübernehmen.«
»Richtig. Das Gefühl, das man als Übergangsgefühl erlebt, kann alles Mögliche beinhalten, vielleicht arbeitsbedingte Bedürfnisse, Süchte, Launen, Zufriedenheit, Freude, Angst vor Krankheit – jede Art von unterbewusstem Gefühl ist denkbar. Ganz gleich, was auch geschieht, dieses Gefühl wird warten, bis der Betreffende wiedergeboren wird, und sich dann an seine Fersen heften.«
»Ich begreife nicht, wie ein Gefühl ›warten‹ kann, als ob es ein eigenständiges Wesen wäre«, bemerkte Chrissie. »Die Gefühle zerstreuen sich doch sicherlich in der Atmosphäre. Wie können sie mich dann finden, wenn ich im Begriff bin, wiedergeboren zu werden?«

Ich war im Begriff, ihre Frage zu beantworten, als sie noch eine zweite nachschob.

»Ach ja, und wie groß ist überhaupt diese Sammlung von Gefühlen?«

»Chrissie, Sie müssen sich eine andere Art des Denkens angewöhnen. Wir haben es hier mit einer ganz anderen Ebene zu tun.«

»Ich muss sagen, ich fühle mich ein wenig überfordert«, gestand Chrissie und lehnte sich zurück.

Ich lächelte: »Im Grunde ist alles ganz einfach. Sobald Sie sich in die spirituelle Welt zurückgezogen haben, werden die von Ihnen zurückgelassenen Gefühle durch die gegenseitige Anziehungskraft ihrer Schwingungen zusammengehalten. Sie können sich nicht zerstreuen, da ist nichts, was ihre Zerstreuung bewirken könnte.«

»Ist dies der emotionale Körper? Davon habe ich noch immer keine recht Vorstellung.«

»Ja, so ungefähr. Am besten ist es, wenn man sich den emotionalen Körper als eine Art Nebel vorstellt, der zurückbleibt, sobald die physische Aktivität des Körpers Ihren Geist freigegeben hat. Dieser ›Nebel‹ trägt Ihre Gedankenschwingungen in sich. Sobald Sie wiedergeboren werden, fühlt sich Ihr emotionaler Körper sofort von Ihnen angezogen.«

»Geschieht dies vor der Geburt?«, wollte Chrissie wissen.

»Ja. Auf ein ungeborenes Kind wartet bereits eine ganze Palette von Gefühlen, die es von etwa drei bis vier Monaten nach der Empfängnis an beeinflussen.«

»Ist das der Grund, warum die Kinder ein und derselben Familie oft so unterschiedlich sein können?«

»Allerdings. Aber wir entfernen uns vom eigentlichen Thema. Wir können uns ein andermal mit der Geburt befassen, lassen Sie uns jetzt erst einmal beim Thema Tod bleiben.«

»Also gut, aber es ist alles so interessant!«

»Haben Sie Geduld, Chrissie. Man kann das vollständige Bild erst dann erkennen, wenn alle Teile am richtigen Platz sind. – Lassen Sie uns also zu den Gefühlen zurückkehren. Wenn der Geist den Körper verlassen hat, können die zurückgebliebenen Gefühle so stark sein, dass andere Menschen sie wahrnehmen und sogar durch sie beeinflusst werden können.«

»Wäre das so, wie wenn man ein Haus betritt und dort eine ganz bestimmte Atmosphäre spürt? Einmal habe ich eine mir angebotene Wohnung abgelehnt, weil sie eine so unglückliche Ausstrahlung hatte. Verstehen Sie, was ich sagen will? Die Wohnung fühlte sich irgendwie traurig an.«

»Sehr gut, Chrissie. Genau das habe ich gemeint. Die Gefühle eines Geistes können so stark sein, dass man sie manchmal sogar sieht. Die energetischen Kräfte, die sie zusammenhalten, nehmen dann die Form an, die sie früher einmal hatten. Unter bestimmten Umständen kann ein emotionaler Körper geradezu strahlen.«

»Irre!«, platzte Chrissie heraus. »Geister!«

»Ja, oftmals meinen wir, den Geist von Verstorbenen zu sehen, tatsächlich aber handelt es sich um ihre Gefühle. Aus diesem Grund wird häufig von einer Art ›kaltem Gefühl‹ an Orten berichtet, an denen sich Geister aufhalten sollen. Kalt oder kühl steht mit Gefühlen in Zusammenhang.«

»Wieso?«

»Lassen Sie uns beim Thema bleiben, Chrissie.«

»Ach, also gut«, meinte sie lächelnd.

»Das Thema für heute ist Tod und Sterben, und wir sind ein bisschen vom Weg abgekommen, nicht wahr? Es geht um die Kraft physischer Energie, die uns im Körper festhält, und die Energie der Gefühle, die uns in den letzten Monaten, Wochen oder Stunden, bevor wir sterben, beeinflussen. Zwar haben wir das Gefühl vermutlich selbst hervorgerufen, doch mit abnehmender Kontrolle über unseren Verstand beginnen die

Gefühle uns zu kontrollieren. Angst spielt die entscheidende Rolle im Hinblick auf einen friedlichen Übergang.«

»Behaupten Sie also«, legte Chrissie erneut los, »dass die Gefühle, die ich im Verlauf meines Lebens hervorgebracht habe, sich bei meinem Tod nicht zerstreuen? Werden sie auf mich warten, bis ich wieder zurückkomme?«

»Ja, allerdings.«

»Woher wissen Sie das?«

»Weil ich Geist bin, der unabhängig vom Körper existiert. Ich sehe nicht allein mit meinen physischen Augen.«

»Sie können Gefühle sehen?«, fragte sie.

»Natürlich, Chrissie. Es ist genauso, wie wenn man eine Aura sieht.«

»Ich habe mich schon gefragt, wann dieses Wort auftauchen würde«, bemerkte sie mit einem eher skeptischen Unterton.

»Was gefällt Ihnen nicht an dem Begriff?«, wollte ich wissen.

»Na ja, es ist eben ›in‹. Leute, die von sich meinen, spirituell zu sein, behaupten für gewöhnlich auch, dass sie Auras sehen. Manchmal habe ich das Gefühl, es ist so wie in Hans Christian Andersens Märchen von des Königs neuen Kleidern. Bestimmt kennen Sie die Geschichte. Sie handelt von zwei Schneidern, die einem König weismachen, dass sie ihm Kleider verkauft haben, die so besonders sind, dass nur intelligente Menschen sie sehen können. Der König, der nicht besonders gescheit ist, dies aber vor den Schneidern nicht zugeben will, behauptet, dass er die Kleider sieht, obwohl er natürlich in Wahrheit nackt ist. Und so präsentiert er sich seinem Volk.«

»Und was hat die Geschichte mit Auras zu tun?«

»Ich halte immerfort Ausschau nach Auras, habe aber noch keine einzige gesehen. Dann sagt irgendjemand: ›Sieh dir diese Aura an!‹, und ich fühle mich bescheuert, weil ich sie nicht sehen kann. Die Versuchung ist groß, einfach zuzustimmen und etwas wie ›Ja, ist sie nicht wunderbar?‹ zu sagen. Dann wäre ich wie der König in dem Märchen.«

»Die Aura zu sehen verlangt eigentlich nur, dass man vom üblichen Brennpunkt abrückt«, entgegnete ich. »Die meisten Menschen sehen das an, was feste Materie ist, und nicht den Raum, der diese feste Materie oder diese Person umgibt.«

»Wie geht das denn?«

Chrissie war äußerst interessiert und wollte sehr gerne eine Aura sehen, auch wenn sie ihre Existenz anzweifelte. »Die meisten Menschen richten ihren Blick auf Objekte. Wenn Sie das nächste Mal versuchen, eine Aura zu sehen, dann blicken Sie auf das Umfeld und nicht direkt auf die Person. Man kann die Aura leichter sehen, wenn die betreffende Person vor einem dunklen Hintergrund steht. Helle Flächen erschweren die Wahrnehmung. Schließlich werden Sie sehen, dass die Menschen wie von einer Art Hitzeflimmern umhüllt sind, ihrem Energiefeld. Mit etwas Übung werden Sie die Aura schon bald in Farbe sehen.«

In diesem Augenblick fiel mir auf, dass wir erneut vom Thema abgekommen waren. »Aber, hören Sie, wir haben uns damit schrecklich weit davon entfernt, wie es ist, den Körper zu verlassen.«

»Ja, das haben wir wohl.« Chrissie blickte auf die Uhr und erkannte offenbar, dass wir unser Gespräch über Tod und Sterben nicht zu Ende bringen würden, wenn wir uns immer wieder ablenken ließen. »Also gut«, sagte sie, »ich werde mir meine Fragen für ein andermal merken. Ich verspreche, nun nicht mehr zu unterbrechen.«

»Das ist sehr gut, wenn es Ihnen denn gelingt«, sagte ich lachend.

Sie erwiderte mein Lächeln, und ich kehrte zum Thema zurück.

»Wie weit waren wir gekommen? Ach ja – es ist also für

jemanden der Tag gekommen, in die andere Welt hinüberzuwechseln. Dabei handelt es sich um einen genau vorherbestimmten Prozess, mit Ausnahme von Unfällen und ähnlichen Ereignissen. In den meisten Fällen ist jedoch, wie ich bereits erwähnt habe, die Art und Weise unseres Übergangs geregelt, sofern es uns gelingt, das zuzulassen.«

»Die meisten Menschen werden also nicht Knall auf Fall mit ihrem Tod konfrontiert«, fasste Chrissie für mich zusammen.

»Richtig. Jemand, der sich auf den Übergang vorbereitet, löst sich zuerst aus seinem physischen und dann aus seinem emotionalen Körper. Je weiter der Prozess fortgeschritten ist, desto weniger ist der physische Körper dazu in der Lage, den Geist in sich zu behalten.«

An Chrissies Gesichtsausdruck konnte ich erkennen, dass sie mich am liebsten wieder unterbrechen würde. Ich beantwortete ihre unausgesprochene Frage.

»Unter normalen Umständen wird der physische Körper von Energie durchströmt«, erklärte ich, »und diese Energie erzeugt elektromagnetische Felder, die den Körper umhüllen. Diese elektromagnetischen Felder fungieren wie eine Art Käfig, der den Geist daran hindert, den Körper nach eigenem Ermessen zu verlassen. Sobald der physische Körper an Kraft verliert, werden auch seine elektromagnetischen Felder schwächer, und der Geist entgleitet dem Körper.«

»Vielen Dank, Malcolm. Ich versuche, brav zu sein und Sie nicht zu unterbrechen.«

Ich setzte meinen Vortrag fort. »Wenn der Energiepegel des Körpers unter ein bestimmtes Niveau abfällt, dann kann es zu einer außerkörperlichen Erfahrung kommen. Dies geschieht relativ häufig während chirurgischer Eingriffe. In ihrem Verlauf gleitet der Geist des Patienten aus seinem Körper und beobachtet den Ablauf der Operation aus einer gewissen Entfernung. Oder aber der Geist verlässt den Körper, wenn jemand ungewöhnlich stark unter Stress steht oder besonders schwach ist. Der Betreffende sieht dann seinen Körper möglicherweise aus einer anderen Ecke des Zimmers.«

»Das ist wirklich sonderbar.«

»Viele Menschen machen außerkörperliche Erfahrungen, Chrissie. Das ist eigentlich gar nicht so sonderbar. Die wenigsten wollen jedoch darüber sprechen, weil sie fürchten, ausgelacht zu werden.«

»Was geschieht, wenn jemand irgendwo außerhalb seines Körpers stecken bleibt?«

»Sofern wir nicht im Sterben liegen, kann das Energieniveau des Körpers problemlos angehoben werden, um uns wieder zurück in unseren Körper zu saugen.«

»Ja. Zurück zum Sterben«, ermahnte Chrissie sich selbst.

»Sobald wir den Körper auf der physischen Ebene verlassen, beginnen wir mit dem letzten Teil des Übergangs, indem wir uns nun auch aus dem emotionalen Körper pellen. Personen mit Nahtod-Erfahrungen beschreiben dies als ein Fließen oder Gleiten durch einen Tunnel auf ein Licht zu. Der Tunnel ist der eigene emotionale Körper, aus dem sie sich lösen.«

»Aber warum verlassen wir diese Welt wie durch einen Tunnel?«, wollte Chrissie wissen und vergaß dabei ihr Versprechen, nicht mehr zu unterbrechen.

»Wir entfernen uns von der emotionalen Energie nun einmal nicht auf die gleiche Weise wie von der physischen. Der Prozess ähnelt mehr einem unmittelbaren und konzentrierten Meditationsverfahren.«

»Meditation? Das leuchtet mir nicht ein«, murmelte Chrissie.

»Versuchen wir es einmal so: Beim Meditieren konzentrieren Sie sich auf einen einzelnen Gedanken. Sie üben sich darin, den Geist so lange zur Ruhe zu bringen, bis alle Gedankenprozesse zum Stillstand kommen. In diesem Augenblick begeben Sie sich in das Zentrum emotionalen Bewusstseins. Sie befinden sich im Zentrum Ihrer Emotionalität und im Frieden, weil die zugehörigen Gefühle nicht mehr ein Teil von Ihnen sind – sie umgeben Sie nur.«

»So weit kann ich folgen.«

»Im Augenblick des Sterbens fehlt Ihrem Körper die physische Kraft, um Sie zurückzuhalten. Daher werden Sie von den magnetischen Kräften des Spirituellen durch Ihr emotionales Feld hindurch und durch das Licht in die spirituelle Welt gesaugt. – Wie Sie also sehen«, sagte ich, zufrieden mit mir, weil es mir gelungen war, den recht komplizierten Vorgang in einfache Worte zu fassen, »ist Sterben recht einfach und nichts, wovor man sich fürchten muss. Es ist lediglich eine erweiterte, unmittelbare Form von Meditation.«

»Wie können Sie nur auf den Gedanken kommen, das sei einfach?«, parierte Chrissie sofort.

Ich sah auf die Uhr und hoffte, unsere Zeit würde bald vorüber sein. Wenn Chrissie ein Problem hatte, dann kam sie mir manchmal wie ein Hund mit einem Knochen vor. Sie würde nicht aufhören, bis sie auch das letzte Fleischfitzelchen abgenagt hatte, und ich fühlte mich dabei manchmal wie der Knochen. »Nur zu«, ließ ich mich breitschlagen. »Wir haben noch ein paar Minuten.«

»Die Mutter meiner Freundin hatte Krebs und die Ärzte gaben ihr nur noch ein paar Stunden. Also versprach meine Freundin Joan, so lange bei ihrer Mutter zu bleiben, bis sie hinübergegangen sein würde.«

»Viele Menschen machen solche Versprechungen. Weiter, Chrissie.«

»Drei Tage später war Joans Mutter zwar noch immer sterbenskrank, aber sie schien körperlich nicht schwächer zu werden. Abgesehen von den Momenten, wenn Joan zur Toilette ging, saß sie also geschlagene drei Tage am Bett ihrer Mutter.«

Chrissie war jetzt richtig in Fahrt, und ich wusste aus Erfahrung, dass es besser war zu warten, bis sie ihre Erklärung zum Abschluss gebracht hatte.

»Am Ende des dritten Tages ging Joan nach Hause, um dort etwas für ihren Mann zu erledigen. Die Ärzte und Krankenschwestern meinten, dass sich bei ihrer Mutter in den letzten drei Tagen nicht viel verändert hatte und dass dies folglich für die nächsten Stunden gleichfalls nicht zu erwarten war. Joan war nicht länger als drei Stunden fort; als sie wiederkam, war ihre Mutter gestorben. Drei Tage lang, nicht drei Stunden, wie die Ärzte es behauptet hatten, musste diese arme Frau mit dem Tod ringen.«

Ich blickte auf die Uhr, und Chrissie fuhr fort. »Zuletzt musste sie doch allein sterben. – Wie können Sie also behaupten, Sterben sei einfach?«

»Chrissie, denken Sie doch einen Moment lang nach. Habe ich nicht gesagt, dass ein Mensch seinen Körper erst dann verlassen kann, wenn das Energieniveau weit genug abgesunken ist?«

»Ja, und ihres war es offensichtlich nicht.«

»Genau. Und was glauben Sie wohl, woher Joans Mutter die Energie bekam, weiter am Leben festzuhalten?«

»Ich habe keine Ahnung. Sie muss wohl doch kräftiger gewesen sein, als die Ärzte geglaubt haben.«

»Nein, Chrissie. Joan war diejenige, die ihre Mutter am Leben hielt. Das Band aus Liebe zwischen ihnen ermöglichte es Joan, ihre Mutter mit ihrer eigenen Energie zu versorgen, insbesondere dann, wenn sie dabei ihre Hand hielt. Die Mutter konnte also nicht sterben, weil Joan ihren Körper energetisch auflud.«

Chrissie klappte der Unterkiefer herunter.

»Deshalb starb die Mutter erst, als Joan fort war. Sie konnte nicht sterben, solange Joan zugegen war, erkennen Sie das denn nicht?«

»Und Joan hat seit Monaten Schuldgefühle, weil sie meint, ein

Versprechen gebrochen zu haben. Sie wollen aber doch sicher nicht sagen, Malcolm, dass wir die Menschen, die uns nahe stehen, allein sterben lassen sollen?«

»Nein, natürlich nicht. Zumal Sie Ihren Energiefluss steuern können, wenn Sie erst einmal durchschauen, wie das Übertragen von Energie funktioniert.«

»Wie denn?«

»Man macht das nicht bewusst, aber sobald man auf der unbewussten Ebene durchschaut, wie es geht, neigt man ohnehin dazu, den eigenen Energiefluss zu bremsen.«

Debbie klopfte an die Tür und trat ein.

»Entschuldigen Sie, Malcolm, Ihre nächsten Klienten sind eingetroffen.«

»Danke, Debbie. Chrissie wird mit Ihnen gehen.«

»Das werde ich!«, rief sie und schenkte mir ein breites Lächeln. »Ich weiß schon, welche Frage ich nächste Woche stellen will.«

»Ja, das habe ich mir fast gedacht ...«

»Sagen Sie, Malcolm, darf ich unsere Gespräche aufzeichnen?«, fragte Chrissie.
»Wenn Sie wollen. Aber ich glaube, es ist besser, wenn Sie darauf verzichten.«
»Wieso?«
»Wenn Sie nicht aufpassen, werden Sie sich immer nur anhören, welche Vorstellungen und Erfahrungen andere haben. Sie werden sich von den Aufnahmen gefangen nehmen lassen und aufhören, selbst zu denken und Ihr eigenes Bewusstsein zu entwickeln.«
»Aber wo soll ich denn solche Antworten wie die Ihren herbekommen? Ich kann mir doch nicht alles merken, was Sie sagen.«
»Wenn Sie in sich selbst der Frage nachlauschen, dann werden die Antworten von allein zu Ihnen kommen. Ich fordere Sie auf, sich auf eine höhere Energieebene zu begeben, die für Sie alle Informationen bereithält, die Sie brauchen.«
»Können Sie mir beibringen, wie das geht?«
»Wenn Sie es möchten.«
»Ich weiß nicht, womit ich beginnen soll«, gab sie zu. »Ich habe für heute eine wichtige Frage, aber ich möchte auch lernen, an diese höheren Gedanken zu gelangen.«
»Wie lautet die Frage? Vielleicht kann ich sie beantworten und Ihnen zugleich helfen, diese höheren Gedanken zu erreichen.«
Chrissie zog ein Blatt Papier aus der Tasche und sah nach, was sie sich aufgeschrieben hatte, bevor sie zu mir gekommen war. Ich sah, dass sie nicht die eigens vorbereitete Frage stellen würde, sondern eine andere, die sie sich eben erst im Kopf zurechtlegte. »Sie wollen doch wissen, ob sich das menschliche

Bewusstsein verändert, wenn man stirbt, nicht wahr?«, fragte ich lachend.

»Sie können doch meine Notizen nicht etwa von da drüben lesen, oder?«

»Natürlich nicht, Chrissie. Ich lese einfach Ihre Gedanken. Und ich glaube, ich kann Ihre Frage beantworten und Ihnen gleichzeitig beibringen, wie Sie sich die höheren Dimensionen der Antworten erschließen. – Wissen Sie, wie man meditiert? Gelingt es Ihnen, sich selbst und Ihren Verstand zur Ruhe zu bringen?«

Chrissie nickte, schränkte jedoch ein: »Aber wenn ich mich hinsetze und versuche, mich auf einen einzigen Gedanken zu konzentrieren, wandert mein Verstand immer wieder zu anderen Themen.«

»Natürlich geschieht das. Ihr Unterbewusstsein will nicht, dass Sie in das Zentrum Ihrer Gefühle gelangen, weil es fürchtet, dass Sie sich möglicherweise an das Licht dort verlieren und es selbst die Kontrolle. Was sehen Sie, wenn Sie meditieren? Angenommen, Sie konzentrieren sich auf ein Gebet. Was genau sehen Sie dann?«

»Nun, vermutlich sehe ich gar nichts. Ich konzentriere mich einfach so lange auf die Worte des Gebets, wie es mir möglich ist.«

»Mit anderen Worten, Sie entleeren Ihren Verstand aller Bilder?«, soufflierte ich.

»So habe ich das bisher nicht gesehen, aber ja, so könnte man es wohl nennen.«

»Richtig – und da Sie keine Bilder sehen, haben Sie nichts, worauf Sie emotional reagieren könnten. Sie wiederholen lediglich die Worte eines Gebets.«

»Ja, normalerweise meditiere ich über ein Gebet oder über einen Vers.«

»Jedes Gebet oder Gedicht erfüllt den Zweck, Chrissie, solange es kein Bild in Ihnen heraufbeschwört, an dem Sie sich emotional festhalten können.«

»Worauf wollen Sie hinaus?«

»Ich möchte, dass Sie über Meditation hinausgehen. Sehen Sie, um mit dem Leben in Beziehung zu treten, brauchen Sie ein Bild in Ihrem Kopf. Tiere haben keine Wörter; sie verfügen jedoch über eine Bilderbibliothek – sie treten zueinander mit Bildern in Beziehung.«

»Na und?«

»Wenn ich mit Tieren kommunizieren will, dann stimme ich mich auf ihre Schwingungen ein und denke in Bildern. Sie würden nur Ihre Zeit verschwenden, wenn Sie dächten oder sagten ›heute Abend ist es aber kalt‹ und hofften, Ihr Tier könne Sie verstehen. Wenn Sie jedoch in Ihrem Kopf ein Bild von einem mit Raureif bedeckten Garten erzeugten, dann könnte Ihr Tier, vorausgesetzt, Sie haben sich auf seine Schwingungsebene eingestimmt, Ihr Bild empfangen und durch Ihre Gedanken erkennen, was in Ihnen vorgeht.«

»Können Tiere das wirklich?«, fragte Chrissie überrascht.

»Aber natürlich können sie das. Glauben Sie etwa, dass Tiere nicht miteinander kommunizieren, nur weil sie sich keiner Wörter bedienen? Die Bilderbibliothek des Tierreiches basiert für gewöhnlich auf Symbolen. Sobald es Ihnen gelingt, sich einzustimmen und die gleichen Symbole als Bilder in Ihrem Kopf zu nutzen, können Tiere reagieren.«

»Wirklich?«

»Glauben Sie mir, Chrissie, die Bilderbibliothek ist ein weit effizienteres und schnelleres Mittel der Kommunikation als unser langsames verbales System.«

»Ich frage mich, ob Ihnen viele Menschen abnehmen werden, dass Tiere rascher kommunizieren können als Menschen.«

Die Vorstellung, dass Tiere schneller denken als Menschen, machte Chrissie offensichtlich Spaß.

»Das ist mein Ernst!«, sagte ich.
»Ach kommen Sie schon, das kann doch nicht sein.«
»Aber ja doch. Denken Sie doch einen Moment lang darüber nach. Bevor Sie irgendetwas sagen können, müssen Sie zuerst einen Gedanken produzieren; und Gedanken haben ihren Ursprung in den Ideen in Ihrem Kopf.«
»Also gut, geben Sie mir ein Beispiel«, verlangte sie, »dann verstehe ich es vielleicht besser.«
»Nichts leichter als das. Angenommen, Sie sehen draußen einen Mann, der einen grünen Hut und rote Schuhe trägt und außerdem einen blauen Bart hat. Was wird das Erste sein, was Sie an ihm bemerken?«
»Den blauen Bart vermutlich«, antwortete sie lächelnd. »Ich habe hier noch nicht viele Männer mit blauen Bärten gesehen.«
»Richtig. Wie würden Sie meine Aufmerksamkeit auf das lenken, was Sie gerade gesehen haben?«
Sie dachte einen Moment nach und sagte dann: »Ich würde sagen: ›Da draußen ist ein Mann mit einem blauen Bart.‹«
»Genau. Bevor Sie diesen Gedanken in Worte fassen konnten, mussten Sie zunächst ein Bild von dem blaubärtigen Mann vor sich haben; dann erst konnten Sie darüber entscheiden, was Sie sagen würden. Als Nächstes haben Sie Wörter ausgewählt, die am besten ausdrücken, was Sie sagen wollen. Und schließlich haben Sie die Wörter in eine Reihenfolge gebracht, die einen vernünftigen Satz ergibt. Sie mussten all diese Schritte durchlaufen, um mir mitteilen zu können, was Sie gesehen haben.«
»Großer Gott! Mache ich das jedes Mal, wenn ich irgendetwas mitteilen will?«
»Es wird noch viel schlimmer. Denn die Person, der Sie die Mitteilung machen wollen, muss die Wörter hören, die Klänge entziffern und sie zurück in ein Bild übersetzen können.«

»Es erstaunt mich, dass wir es bei dieser Langwierigkeit überhaupt je zu einem richtigen Gespräch bringen«, sagte sie lachend.
»Vor allem dann, wenn Sie nicht lange genug den Mund halten, um zuzuhören«, schimpfte ich und versuchte, ihr Grinsen nicht zur Kenntnis zu nehmen. »Denken Sie einen Augenblick nach. Ihr Zuhörer hat zwar Ihre Worte gehört, kann Sie jedoch nicht verstehen, bis er sie zurück in ein Bild verwandelt hat. Die einzigen aussagekräftigen Wörter sind Mann, blauer Bart und draußen. Sie erwarten, dass Ihr Zuhörer nur über diese drei Wörter Ihre Gedanken erfasst.«
»Das könnte schwierig sein.«
»Es ist unmöglich! Der Zuhörer wird ein Bild von einem Mann mit blauem Bart irgendwo draußen hervorbringen. Das Bild im Kopf Ihres Zuhörers unterscheidet sich vermutlich von Ihrem. Zum Glück verfügen die meisten Menschen über Intuition und können Ihre Gedanken lesen. Das heißt, sie interpretieren Ihre ›Gedankenbilder‹ und sehen mehr Einzelheiten, als Sie mit Ihren Wörtern zum Ausdruck bringen.«
»Langsam wird das Bild deutlicher«, bemerkte Chrissie, sich des Wortspiels vollkommen bewusst.
»Die Reaktionen von Tieren sind so viel schneller, weil sie einander Bilder übermitteln und ihre Zeit nicht damit verschwenden, Bruchstücke des Bildes in Klang zu verwandeln. In der Wildnis kann eine schnelle Reaktion den Unterschied zwischen Leben und Tod bedeuten. Der Unterschied zwischen einem gewöhnlichen und einem hervorragenden Mannschaftssportler ist die Fähigkeit, die Gedanken beziehungsweise Bilder in den Köpfen seiner Mit- und Gegenspieler direkt zu lesen.«
»Darauf wäre ich nie gekommen.«
»Aber so ist es. Sportler, die sich auf höhere Energieebenen begeben können, sind im Vorteil, weil sie in Sekundenbruch-

teilen wissen, was die Gegenseite unternehmen will, noch bevor es zur Handlung kommt. Ein guter Wettkämpfer ist seinem Rivalen immer einen halben Gedanken oder einen halben Meter voraus.«

»Das ist alles sehr interessant, aber wohin führt es uns?«

Chrissie hatte begriffen, was es heißt, durch Bilder zu kommunizieren, und wollte vorankommen. »Ihre Frage am Anfang bezog sich auf Geist und Bewusstsein. ›Verändert sich unser Bewusstsein, wenn wir sterben?‹, haben Sie so etwa gefragt. Und um Ihre Frage zu beantworten: Ja, das tut es. Wir sehen und erleben alles in Bildern, und die Bilder sind sogar farbig.«

Ihre gerunzelte Stirn ließ mich ahnen, dass ich noch etwas weiter ausholen musste. »Die Kehrseite unseres hohen intellektuellen Entwicklungsstands ist der Verlust der Kunst, in Bildern zu denken. In gewisser Weise haben die Griechen und Phönizier, die um 2000 vor Christi Geburt unsere phonetische Schrift entwickelten, uns keinen Gefallen getan. Wenn wir in Bildern kommunizieren, dann können wir uns an mehr Einzelheiten erinnern.«

»Wie kann das sein? Das ist faszinierend.«

»Nun, wenn ich Sie auffordere, mir diesen Raum zu beschreiben oder aufzuschreiben, was Sie sehen, dann werden Sie sich nur an die grundlegendsten Aspekte des Zimmers erinnern. Wenn ich Sie jedoch bitte, eine Zeichnung von diesem Raum anzufertigen, dann dringen Sie tiefer in Ihre Bilderwelt ein und werden sich sogar an das Muster der Gardinen erinnern. Sie würden Ihr Bild vollständig wiedergeben wollen.«

»Ich glaube, Sie haben Recht. – Aber ich weiß gar nicht mehr, warum wir uns mit der Welt der Bilder im Gegensatz zu jener der Wörter auseinander setzen.«

»Weil wir, wenn wir in die Welt des Geistes eintreten, in Bildern denken, da dies die Kommunikationsform des Geistes ist.«

»Ach ja ...«
»Wie gesagt, Tiere kommunizieren nur in Bildern. Sie vermitteln ein vollständigeres Bild in kürzerer Zeit, als Sie es mit Worten vermögen.«
»Aber wie hilft mir das dabei«, formulierte sie konzentriert, »meine eigenen Antworten auf diese tiefen Fragen der Spiritualität zu finden?«
»Nichts ist neu, Chrissie. Wenn ich Ihnen scheinbar neue Ideen oder Vorstellungen vermittle, dann nur, weil ich Zugang zu den höheren Dimensionen habe und dort nach ihnen gesucht habe.«
»Aber wie stellen Sie es an?«, beharrte sie.
»Erinnern Sie sich daran, was ich über das Verlassen des Körpers gesagt habe? Das Physische ist etwas von mir Getrenntes ... etwas, dessen ich mich bediene, nicht etwas, das ich bin.«
»Ja, ich erinnere mich.«
»Ich kann nur dann die Trennung aufrechterhalten, wenn ich mich von Gefühlen fern halte, die auf den Körper Einfluss nehmen. Zustände wie Wut und Gier sind Ausdruck physischer Emotionen. Sie haben mit dem Spirituellen nichts zu schaffen. Was ich *tue*, ist physisch; was ich *bin*, ist Liebe. Das haben wir alles schon einmal besprochen.«
»Ja, ich erinnere mich an das, was Sie mir dazu gesagt haben.«
»Um Zugang zu den höheren Dimensionen zu bekommen, muss ich eins werden mit der Energie der Informationen, die ich suche. Das geht aber nur dann, wenn ich mich von der Energie der Emotionen fernhalte, die mich an meinen physischen Körper binden. Können Sie mir noch folgen?«
»Ich bin nicht sicher ...«
»Denken Sie einen Augenblick über Emotionen nach, Chrissie. Mit ihnen erzeugen wir Bilder und Informationen, die auf emo-

tionalen Vorurteilen und Neigungen beruhen. Gefühl kann Fakten beeinflussen und die Wahrheit verzerren, nur um dem eigenen Sicherheitsbedürfnis oder Seelenfrieden zu dienen.«

»Hört sich an wie ein Text aus einem Sciencefictionroman.« Sie gab sich Mühe, all die ungewohnten Informationen unter einen Hut zu bekommen.

»Chrissie, die spirituelle Welt ist eine Bilderwelt. Alles, worum Sie beten, müssen Sie erst sehen, bevor es entstehen kann. Je mehr Ihre Fähigkeit wächst, Ihre Emotionen aufzulösen und sich von ihnen zu befreien, desto weniger werden Sie es mit der klammernden Energie der jeweiligen Emotion zu tun haben, die Sie daran hindert, durch das Licht zu gehen. Sie haben doch von Leuten gelesen, die Nahtod-Erfahrungen gemacht haben?«

»Ja, das habe ich.«

»Und sie berichten doch, dass sich ihr ganzes Leben vor ihren Augen abgespult hat?«

»Ja.«

»Warum, glauben Sie, sprechen sie von ihren ›Augen‹?«

»Hmm, vielleicht weil sie ihr Leben in Bildern gesehen haben?«

»Ganz genau, Chrissie. Weil sie ihr Leben in Form von Bildern durchlebt haben. Was sie in solchen Augenblicken ›sehen‹, sind die vorbeigleitenden Emotionen. Unsere Erinnerungen sind in unseren Gefühlen verankert, die als Bilder zu uns zurückkehren.«

»Ich habe gelesen, dass manche Menschen mehr Bilder sehen als andere.«

»Das stimmt, Chrissie. Wenn wir weniger von Emotionen umgeben sind, dann ist es leichter, den physischen Körper zu verlassen und in die spirituellen Sphären zu gelangen.«

»Können Sie auf diese Weise sehen, was ich sagen werde, oder wissen, was ich denke?«

»Ja, so läuft es ab. Ich kann zwar Ihre Gedanken nicht ›lesen‹, aber ich kann die Bilder ›sehen‹, in denen Sie denken. Daher sehe ich Ihre Gedanken schneller, als Sie sie in Worte verwandeln können.«
»Könnte ich das auch?«, fragte Chrissie und teilte mir auf diese Weise mit, wie neugierig sie all dies machte.
»Natürlich. Aber fangen Sie doch damit an, dass Sie zunächst das Leben in Bildern sehen. Versuchen Sie die Bilder wahrzunehmen, in denen Tiere denken, dann werden Sie nach und nach auch die Ihren sehen. Es wird Sie überraschen, wie schnell die Tiere reagieren.«
»Woher wissen Sie das alles, Malcolm?«
»Ach, Chrissie, ich weiß es eben. Ich habe viele glückliche Jahre lang mit Tieren gearbeitet und gelernt, in Bildern zu denken. Das verschafft mir ein größeres Maß an Bewusstheit, weil ich sehe, was andere denken. Manchmal nennt man es auch Intuition. Mir wird oft gesagt, dass ich großes Einfühlungsvermögen habe. Ich verfüge einfach über eine andere Bewusstseinsbasis als viele andere Menschen.«
»Sie wollen, dass ich jetzt gehe, nicht wahr?«, fragte sie und sah ein wenig verletzt aus.
»Das habe ich nicht gesagt.«
»Nein, aber ich weiß, dass Sie es denken. Ich kann es spüren.« Sie hielt inne und dachte nach, bevor sie sagte: »Nein, ich kann es sehen.« Sie lachte.
»Chrissie, Sie sind auf dem Weg in die aufregende, schöne Welt des spirituellen Denkens.«
»Vielen Dank, Malcolm. Ich weiß Ihre Ermutigung zu schätzen.«
»Ich weiß. Kommen Sie doch heute Nachmittag wieder. Wir machen dann da weiter, wo wir jetzt aufgehört haben.«
Chrissie stimmte zu. »Das lässt mir etwas Zeit, um über all das nachzudenken, was Sie bisher gesagt haben«, fügte sie hinzu.

Unsere Nachmittagssitzung leitete Chrissie mit der Feststellung ein: »Ich nehme an, Sie meditieren.«

»Warum nehmen Sie das an? Ich meditiere überhaupt nicht.«

Einen Moment lang war sie so schockiert, dass ihr nichts einfiel, was sie hätte sagen können. Ich lächelte sie beruhigend an und fragte: »Warum sollte ich meditieren wollen? Damit gelange ich höchstens ins Zentrum meiner Gedanken, fort von all den Emotionen, die ich erzeuge. Doch irgendwann muss ich auch wieder zurückkommen und mich den Emotionen stellen. Gefühle gehen nicht einfach von selbst weg, wissen Sie?«

»Ich bin verwirrt, Malcolm, Ich habe immer angenommen, dass Sie fest an Meditation glauben.«

»Das tue ich auch, vorausgesetzt, man übertreibt es nicht. Zu viel Meditation könnte zu einem Zustand führen, in dem unser Verstand auf Dauer leer bleibt. Wir müssen Gefühle haben; wir dürfen nur nicht zu ihnen werden.«

»Wie viel ist zu viel? Wie kann man das erkennen?«

»Man erkennt recht leicht die Leute, die mehr meditiert haben, als erforderlich ist, um zu sich zu finden: Sie haben einen leeren Blick, als ob niemand in ihrem Körper wäre, der ihre alltäglichen Aktivitäten steuert. In diesem Zustand fällt es den Menschen schwer, mit ihren Gefühlen oder mit denen anderer zu interagieren. Es ist eine Form von Überdosierung.«

»Wann also soll man Meditation einsetzen?«, fragte Chrissie.

»Das hängt vom Einzelnen ab. Doch wenn Sie sich der Meditation bedienen, um ein Bild genauer zu untersuchen, dann kommen Sie voran.«

»Soll ich über ein Bild meditieren und nicht über ein Wort oder Gebet?«

»Ganz richtig. Mit etwas Übung ist es sogar möglich, über einen Ton zu meditieren, während Sie eins werden mit dem Bild.«

»Wirklich?«

»Ja, Chrissie. Manche Menschen sehen Klänge wie Formen, und die Beschaffenheit der Form ist abhängig vom Ton. Andere sehen Farben als Formen. Es geht nur darum, alles miteinander zu harmonisieren, dann erschaffen Sie das, was Sie wollen. Durch Visualisierung können Sie gleichfalls dorthin gelangen, wohin Sie wollen, so wie es bei der Fernheilung geschieht.«

Chrissie hatte offensichtlich Mühe, mir zu folgen. »Vielleicht erklären Sie besser, wie man visualisiert«, bat sie mit einem kleinen Seufzer.

»Indem ich alle meine Sinne in einem einzigen Gedanken versammle, um ein Bild zu erzeugen. Das heißt, ich kann riechen, was ich höre; hören, was ich sehe; sehen, was ich rieche; berühren, woran ich denke und so fort. In spiritueller Hinsicht bedeutet das, ich kann alle Sinneseindrücke beliebig miteinander kombinieren. Auf diese Weise entstehen große Kunstwerke. Alle inspirierten Werke sind Visualisierungen, die aus der spirituellen Dimension stammen, und die Energie der Liebe gibt dem Bild seine feste Form. Wir sind nichts als der Stift in den Händen eines spirituellen Meisters.«

»Ich glaube, ich verstehe!« Chrissie war ganz aufgeregt. »Ich spüre etwas von dem, was Sie eben beschrieben haben, wenn ich mich in meiner Kunst verliere.«

»Wie meinen Sie das?«

»Ich erinnere mich an einen Tag, an dem ich mit einer neuen Skulptur begann. Als ich schließlich spätabends aufhörte, wurde mir klar, dass ich zehn Stunden lang ohne Unterbrechung gearbeitet hatte. Die ganze Zeit über hatte ich nichts anderes wahrgenommen. Ich war von meiner Arbeit vollkommen gefangen, und als ich fertig war und zurücktrat, sah ich ein wirklich einzigartiges Stück vor mir, das ich geschaffen hatte. Ich wäre niemals dazu in der Lage, es noch einmal zu fertigen, ich wüsste gar nicht, wo ich anfangen sollte.«

Ich nickte Chrissie ermutigend zu, und sie fuhr fort. »Während der Stunden, in denen ich arbeitete, wurde ich eins mit all meinen Sinnen ... das war eine unglaubliche Erfahrung.«

»Und ich nehme an«, fügte ich hinzu, »das fertige Stück strahlt nichts als Liebe aus, ist erfüllt von einer Liebe, die man berühren, sehen und hören kann – ein unbeschreibliches Etwas.«

»Genau!« Chrissie war ganz aufgeregt, weil sie eine Beziehung zwischen ihrer Liebe zur Kunst und unserem Thema herstellen konnte.

»Und haben Sie meditiert, um diesen Zustand zu erreichen?«

»Nein, ich habe mich der Arbeit nur einfach vollständig hingegeben.«

»Wenn Sie meditiert hätten, dann wären Sie in dieser Zeit von dem gleichen beglückenden inneren Frieden durchdrungen gewesen wie in Ihrer Schaffensphase, nur hätten Sie dann nichts produziert. Meditation ist die Vorbereitung auf etwas noch Größeres. Mit ihrer Hilfe können Sie herausfinden, wie Sie in das Zentrum Ihrer Gefühle gelangen können. Doch sobald Sie dies beherrschen, müssen Sie lernen, bis ins Licht vorzudringen.«

Chrissie nickte zustimmend.

»Können Sie sich vorstellen, sich ununterbrochen in diesem höheren Zustand zu befinden? Das ist durchaus möglich, wenn Sie erst einmal alle physischen Emotionen bezwungen haben. Wenn Ihnen das gelingt, dann werden Sie spirituelle Energie sehen – die Energien in einer einzigen Farbe trennen können und alle Farben in einer einzigen sehen. In einem solchen Zustand nehmen Sie das Gelb einer Blume in allen Farben wahr, die das Gelb hervorbringen, und gleichzeitig dieses Gelb.«

»Das ist ja toll! Erklären Sie mir das genauer.«

»Gerne. Wenn ich mich in diesen Zustand begebe, dann sehe ich beispielsweise Narzissen als herrliches, leuchtendes Gelb, aber zugleich nehme ich auch eine Kombination aus Blau-, Rot und Grüntönen in den Blütenblättern wahr. Außerdem spüre ich die Farben der Blüte – ich bin die Blüte.«
»Das ist mir zu hoch.«
»Das ist nur ein Beispiel. Denken Sie etwa an Musik. Wenn ich mir großartige Musikstücke anhöre, dann sehe ich Farben, Formen und rieche die Musik. Ich berühre die Musik mit meinen Gedanken. Es ist eine absolute Erfahrung, und ich werde selbst zu dieser Musik. Energie, die Klänge erzeugt, ist sichtbar, also muss sie auch eine Form und Farbe haben. Doch solange ich in meine physischen Emotionen eingesperrt bin, kann ich davon nichts wahrnehmen.«
»Manche Leute würden dies als Meditation bezeichnen«, sagte Chrissie, um mich zu testen.
»Wir sprechen hier über einen Zustand, der über Meditation hinausgeht – er beinhaltet das Leben in dieser Welt mit den auf Liebe basierenden Sinneswahrnehmungen der spirituellen Welt. Man muss über die Meditation hinausgehen, um die Schönheit dieser anderen Dimension auf die Erde zu holen.«
»Funktioniert so auch Heilen?«, wollte sie wissen.
»Ja. Indem ich die hinderlichen Kräfte negativer Emotionen ausräume, gestatte ich es der spirituellen Energie, die ich bin, in diese Welt zu gelangen. Um diesen Zustand zu erreichen, muss ich die Emotionen ausschalten, die meinen Geist der Liebe daran hindern, sich durchzusetzen.«
»Wie geht das?«
»Heiler können wie alle Menschen gelegentlich unglücklich oder wütend sein. Doch sobald sie zu heilen beginnen, verschwinden all ihre Emotionen wie etwa Ärger sofort, und sie sind klar und entspannt, bis die Heilung abgeschlossen ist.

Dann kehren Sie zurück zu ihren Gefühlen. Wenn ich heile, trenne ich mich von meinen Emotionen, damit ich zu der Liebe werden kann, die ich bin. Damit erschließe ich mir eine andere Art von Wirklichkeit. Erinnern Sie sich noch daran, wie Sie sich gefühlt haben, als Sie so ganz und gar in Ihrer Kunst aufgegangen sind? Sie haben sich aus Ihren Emotionen gelöst.«

»Die Zeit verflog so rasch«, stimmte Chrissie zu, »die Stunden kamen mir wie Minuten vor.«

»Ohne Zweifel, denn die Zeit ist nur ein Maß für den Energiefluss. Je schneller Ihre Gedanken durch die spirituelle Welt fliegen, desto mehr bewegen Sie sich scheinbar auch in der physischen Welt. Aber natürlich hat sich nur Ihr Geist auf den höheren Ebenen aufgehalten, nicht Ihr Körper oder Ihre Emotionen.«

»Einen Augenblick. Können Sie das noch einmal näher erklären?«

»Also gut. Gehen wir noch einmal zurück zu der Stelle, wo es darum ging, in das Zentrum der Emotionen zu gelangen. Um sich von physischen Emotionen zu entfernen und spirituell bewusst zu sein, müssen Sie ein höheres Energieniveau erreichen. Dies gelingt, indem Sie Ihre negativen Emotionen ausschalten, damit sie die spirituelle Energie nicht stören, die auf einer höheren Ebene vorhanden ist. Nun können Sie spirituelles Wissen auf die physische Ebene übermitteln, denn die Emotionen, die diesen Vorgang blockieren könnten, fehlen. Dann werden Sie wissen, vorausgesetzt natürlich, Sie sind bereits Liebe. Alles Geringere als Liebe beschränkt Ihr Bewusstsein. Wenn Sie sich zum Beispiel an Ihren Besitz wie etwa an Ihren Schmuck gebunden fühlen, dann machen Ihre Ängste und Ihre Wut Sie zum Sklaven der Emotion und hindern Sie daran, spirituell zu werden. Die einzige Energie, die Spiritualität kennt, heißt Liebe.«

»Wie lange dauert es, um von einem physischen Zustand zu einem spirituellen zu gelangen?«

»Es geschieht unmittelbar. Auf einer logischen Ebene denke ich nicht einmal darüber nach. Der spirituelle Zustand ist meine Welt – er ist die Basis meines Denkens. Erinnern Sie sich noch an Ihre erste Heilsitzung bei mir? Mit der höheren Energie war es mir möglich, Sie von Ihren damaligen Emotionen zu trennen und Ihre Gefühle aus einem früheren Leben an die Oberfläche zu holen. Die Blockade wird von den gelebten Gefühlen verursacht.«

»Also bin ich gar nicht wirklich in die Vergangenheit zurückgekehrt«, überlegte sie. Ich sah deutlich, dass sie meinen Darlegungen folgen konnte.

»Das ist richtig«, bestätigte ich und gab ihr einen Moment Zeit, um das Gehörte zu verarbeiten. Ich wusste, dass sie sich in meiner Energie bewegte und die gleichen Bilder sah wie ich.

»Sie haben mir die Vergangenheit zurückgegeben.«

»Ich habe Ihnen Ihre Gefühle bewusst gemacht in dem Wissen, dass die stärksten und beunruhigendsten leicht auftauchen würden. Wir mussten lediglich abwarten, was zuerst an die Oberfläche kommen würde. Emotion ist nur eine Art von Erinnerung. Sie ist die Substanz, die Erinnerungen einhüllt. Nehmen Sie die Gefühle fort, und die Erinnerung ist ohne Wert. Hass ist nichts als eine Erinnerung – und wer möchte schon immer in der Vergangenheit leben?«

»Langsam, langsam!«

»Wie Sie wünschen. Wenn Sie Ihre Emotion werden, dann leben Sie in der Vergangenheit – ein Leben in der spirituellen Welt ist so unmöglich. Die spirituelle Welt ist jetzt. Ihr Bewusstsein wird durch jegliche Gefühle beeinflusst, die Ihre Erinnerungen umhüllen. Also können Sie zwischen zwei Möglichkeiten wählen: Entweder Sie leben als Spiegelbild Ihr emotionales Gestern aus, oder Sie sind Liebe und leben jetzt.«

»Das geht mir einfach zu schnell, Malcolm. Kann man die Emotion aus dem Gedächtnis jedes beliebigen Menschen entfernen?«

»Nur wenn die betreffende Person es zulässt. Die meisten Menschen wollen ihre Gefühle und ihre Erinnerungen behalten. Sie wollen gierig, wütend oder Ähnliches sein. Den meisten ist einfach nicht klar, dass es eine Alternative gibt.«

Ein langes Schweigen trat ein, als Chrissie das Gehörte überdachte.

»Ich begreife langsam ein bisschen besser, was Sterben eigentlich ist«, sagte sie leise. »Wir wechseln von der Vergangenheit zu echtem Bewusstsein.«

»Ja, Sie haben es begriffen. Wenn dem Körper die Kraft fehlt, um den Geist festzuhalten, dann begibt sich der Geist in das Zentrum seiner Emotionen. Von dort gelangt er in die höheren Schwingungen der spirituellen Welt. Die Emotionen hat er hinter sich zurückgelassen.«

»Was geschieht, wenn man in die spirituelle Welt gelangt? Können Sie mir das sagen?«

»Lassen Sie uns noch einen Augenblick hier auf Erden verweilen«, beharrte ich. »Bevor Sie die Andersartigkeit des Energieniveaus in der spirituellen Welt erfassen können, müssen Sie die irdischen gründlich begreifen.«

»Aber ich brauche auf so viele Fragen Antworten.«

»Alles zu seiner Zeit. Mit das Wichtigste, das ich Ihnen hier beibringen kann, ist das Bezwingen Ihrer negativen Emotionen. Für die spirituelle Entwicklung ist es entscheidend, zu der Liebe zu werden, von der ich fortwährend spreche. Alles Geringere als absolute Liebe wird Sie hier und in der nächsten Dimension an die niedrigeren Schwingungen der Materie fesseln.«

»Hmm ...«

»Chrissie, welchen Sinn kann das Leben haben, wenn wir es

nur als Erinnerung leben? Genau das geschieht nämlich, wenn wir uns von unseren Gefühlen verschlingen lassen und aufhören, im Jetzt zu leben. Wenn es uns gelänge, die Vergangenheit loszulassen und all die mit ihr in Verbindung stehenden Gefühle, dann könnten wir fortwährend spirituell sein und reine Liebe leben. Und das ist ein natürlicher Zustand, der sich deutlich von Angst unterscheidet.«

»Wie bitte?«

»Jegliche Angst basiert auf Erinnerung und wird durch Emotion in unser gegenwärtiges Leben getragen.«

»Darüber muss ich erst einmal meditieren«, sagte Chrissie lächelnd und erhob sich, um zu gehen. »Heute ist es nicht nur ein Bild, über das ich meditiere, sondern ein ganzer Film.«

Ich lächelte gleichfalls. Sie bereitete mich auf die nächste Runde vor.

An der Tür blieb sie stehen und drehte sich noch einmal zu mir um: »Ich sehe Sie dann nächste Woche, Malcolm. Bis dahin habe ich etwas Zeit, um dies alles in meinem Kopf zu ordnen.«

»Ich glaube, wir sollten diesen Wochentag Chrissie-Tag taufen«, bemerkte Debbie lächelnd. »Mir ist noch nie ein Mensch untergekommen, der so viele Fragen hat.«
»Und der sie so eifrig stellt! Nichts könnte Chrissie aufhalten. Ist sie denn bereits da? So früh?«
»Ja und außerdem so aufgedreht, wie es nur geht. Möchten Sie, dass ich ihr etwas in den Kaffee tue, um sie ein bisschen zu beruhigen?« Debbie lachte und wandte sich wieder ihrer Arbeit zu. Ich ging in mein Sprechzimmer.
»Guten Morgen, Chrissie. Welches Thema ist heute an der Reihe?«
»Könnten wir vielleicht einfach ein paar Punkte klären, die Sie im Verlauf der letzten Wochen angesprochen haben?«
»Aber natürlich. Wie lautet der erste?«
»Ich begreife inzwischen, was Sie meinen, wenn Sie behaupten, dass wir Liebe *sind.* Aber ich weiß nicht, wie ich selbst diesen Zustand erreichen soll. Wie kann ich herausfinden, ob und wann ich zu Liebe geworden bin?«
»Das werden Sie nie herausfinden, Chrissie. Aber Ihre Mitmenschen werden es bemerken.«
»Welchen Vorteil hat diese Liebe für mich, wenn ich ihre Existenz nicht einmal spüren kann?«, fragte sie und klang enttäuscht.
»Nun kommen Sie schon, Chrissie. Die Liebe, die Sie sind, ist nicht für Sie bestimmt. Das haben wir doch alles schon besprochen.«
»Ja, schon, aber ...«
»Da gibt es kein Aber. Wenn Sie zu Liebe geworden sind, werden Sie sich niemals wieder verletzt, misshandelt oder ängstlich fühlen. Das Leben wird für Sie eine vollkommen

neue Bedeutung erlangen. Sie werden sich in das Bewusstsein der Liebe verwandeln und die Schönheit in den Tiefen der Verzweiflung kennen lernen – das heißt in der Verzweiflung anderer. Sie werden sich über Gefühle und Verzweiflung hinaus erhoben haben, und in diesem Zustand werden Sie andere gleichfalls aus ihrer Verzweiflung zur Liebe erheben. Empathie heißt nicht, dass man sich zu jemandem nach unten begibt; Empathie bedeutet, dass man den anderen aufhebt und im eigenen Glück mit ihm eins wird.«

»Wie macht man das?«

»Sie hören nicht richtig zu, Chrissie. Eines Tages, wenn wir Zeit haben, werde ich Ihnen beibringen, wie man zuhört.«

»Das war nicht sehr nett«, entgegnete sie gereizt. »Ich gebe mir Mühe.«

»Also gut, aber Ihre letzte Frage hat mir klar gemacht, dass Sie noch immer nicht richtig verinnerlicht haben, dass Liebe nichts *tut*. Sie haben gefragt ›Wie *macht* man das?‹«

»Und ich habe es ernst gemeint.«

»Wenn sich jemand in den Tiefen der Verzweiflung befindet, dann *tue* ich gar nichts. Wenn jemand zu mir kommt, der traurig, depressiv, schmerzerfüllt oder noch Schlimmeres ist, *tue* ich gar nichts. Auf gar keinen Fall empfinde ich Mitgefühl, Mitleid oder auch nur Sorge für diesen Menschen.«

»Aber natürlich tun Sie das! Ich habe doch gesehen, wie Sie Leuten helfen!«

»Nein, Chrissie. Ich bin einfach nur da als Geistheiler und stelle Liebe bereit. Viele Menschen sind Geistheiler, ohne es zu wissen – einfach weil sie nichts Entsprechendes *tun*.«

»Wie Krankenschwestern?«, fragte sie lächelnd. »Und Großmütter?«

»Ja, zum Beispiel. Diese wunderbaren Engel haben herausgefunden, dass ihre Empathie die Kranken und Leidenden in ihre Welt des Glücks, der Freude und Zufriedenheit hebt. Sie begeben sich nicht hinunter in die Welt des anderen, die aus Angst, Schmerz und Besorgnis besteht.«

»Malcolm, es ist doch sicherlich nicht falsch, dass uns andere Leid tun?«

Chrissie war noch immer versessen darauf, etwas zu *tun.*

»Nein, Chrissie. Aber Menschen, die Hilfe brauchen, sind immer von anderen umgeben, die sie bemitleiden. Was bringt ihnen das? Glauben Sie mir, Mitleid bewirkt gar nichts. Die Leidenden jedenfalls wollen bestimmt nicht, dass Sie ihre Probleme um weitere negative Einstellungen bereichern.«

»Wie könnte ich also tun, um zu helfen?«

»Schon wieder benutzen Sie das Wort *tun.*«

»Also wirklich, Malcolm, wenn jemand in Not ist, dann kann ich mich doch nicht einfach danebenstellen und nichts tun.« Ihr innerer Aufruhr war nun deutlich spürbar.

»Aber natürlich können Sie das. Aber wenn Sie unbedingt ein *Tun* in die Liebe einbauen wollen, dann heben Sie den Leidenden auf in Ihre Welt des Glücks, indem Sie es ihm gestatten, eins mit der Liebe zu werden, die Sie *sind.*«

Chrissie dachte einen Moment lang nach, bevor sich ein Lächeln auf ihrem Gesicht ausbreitete.

»Ja, ich erinnere mich daran, dass meine Großmutter sich so verhielt, wenn ich unglücklich war. Das macht sie sogar noch heute. Wenn ich bedrückt oder traurig bin, dann gehe ich immer zu meiner Großmutter. Sie sagt und tut gar nichts. Sie schenkt mir nur ihr wunderschönes Lächeln, und irgendwie ist auf einmal alles besser. Wenn sie lächelt, dann weiß ich, dass alles gut wird.«

»Hat sie Mitleid mit Ihnen?«, fragte ich.

Chrissie dachte nach und sagte dann: »Ich kann mich nicht entsinnen, dass dies jemals der Fall gewesen ist. Sie ist nie für mich unglücklich gewesen. Selbst als ich nach der Abtreibung in einem schrecklichen Zustand war, Großmutter war immer nur Liebe und Lächeln. Sie gab mir keine Ratschläge. Sie war einfach nur da, und irgendwie war ihre Anwesenheit genug. Sie gab mir die Kraft, um selbst mit dem Problem fertig zu werden.«

»Verstehen Sie jetzt, was ich meine? Chrissie, Liebe ist nicht das, was Sie *tun*, sie ist das, was Sie *sind*. Es geht darum, gelassen und liebevoll zu sein ohne Mitleid oder Mitgefühl. Die Liebe und Gelassenheit Ihrer Großmutter hat Ihnen die Kraft gegeben, sich selbst aus Ihrem Problemzustand zu erheben – Mitgefühl hätte Sie darin eingesperrt. Ersteres ist das, was Sie *sind*; Letzteres ist das, was Sie *tun*.«

»Das zu begreifen, ist wirklich nicht leicht«, beharrte Chrissie. »Nun also meine nächste Frage: Wie werde ich Liebe?«

»Das ist eine schwierige Frage, Chrissie. Sie lässt sich nicht mit einfachen Anweisungen beantworten. Liebe geschieht, wenn Sie es wollen und wenn Sie wissen, wie Sie um Liebe beten oder bitten müssen, damit sie Ihnen hilft ... damit sie Ihnen hilft, die negativen Gefühle aus Ihren Gedanken zu löschen.«

»Liebe geschieht? Aber wie kann ich das beeinflussen?«

»Als Erstes sollten Sie erkennen, dass Sie Ihre Gefühle selbst gewählt haben. Wenn Sie sich verletzt fühlen, weil jemand etwas zu Ihnen oder über Sie gesagt hat, dann treffen Sie die Wahl, sich deshalb verletzt zu fühlen. Genauso gut hätten Sie das Gesagte auch ignorieren können. Niemand verletzt Sie oder macht, dass Sie traurig sind. Sie selbst wählen diese negativen Gefühle.«

»Aber wie, kann ich es verhindern, dass es mich verletzt oder wütend macht, wenn jemand etwas Schreckliches zu mir sagt?«

»Fühlen Sie am Anfang ruhig Wut und Verletzung. Aber dann müssen Sie sich das, was Sie denken und fühlen, genau ansehen und Einfluss darauf nehmen. Wenn Sie so verfahren, dann erkennen Sie, dass Sie die negativen Bemerkungen über Sie genauso gut ignorieren können.«

»Das bedarf aber einiger Übung!«

»Sollte es eigentlich nicht, Chrissie. Was andere sagen oder tun, wird erst zu einem Problem, wenn Sie es so akzeptieren oder anhören. Wenn jemand negative Gedanken auf Sie richtet, dann muss er aus irgendeinem Grund verletzt sein. Wenn jemand versucht, Sie irgendwie zu ärgern, oder der Meinung ist, dass Sie ihn mit einer Bemerkung geärgert haben, dann ignorieren Sie die gesamte Situation. Solche Dinge werden erst dann zu einem Problem, wenn Sie ihnen Zugang zu Ihrer Gedankenwelt gewähren. Wenn Sie von negativen Gefühlen frei sind, dann ist es anderen unmöglich, Sie zu kontrollieren.«

»Wirklich?«

»Ja. Sobald jemand Ihre negativen Reaktionsmuster durchschaut, wird er sie nutzen, um Kontrolle über Sie zu gewinnen. Wenn Sie keine negativen Reaktionsmuster haben, dann können Sie nicht kontrolliert werden. Dann sind Sie frei!«

»Hört sich richtig an«, meinte Chrissie, »aber was ist, wenn jemand etwas wirklich, wirklich Schlimmes über Sie sagt? Würden Sie nicht doch verletzt oder wütend auf ihn sein? Würden Sie nicht das Bedürfnis haben, die Konten auszugleichen? Sicherlich würden Sie sich doch verteidigen wollen?«

»Warum, Chrissie? Wenn ich mit mir zufrieden bin, was kann mir dann ein anderer schon antun? Wenn ich mich wehre, verteidige, dann würde ich nur jemanden verletzen. Liebe *tut* nichts. Auf jeden Fall nimmt sie nicht in Kauf, andere zu verletzen, nur um sich zu verteidigen.«

»Kein Zweifel, Sie sind wirklich ein Meister darin, meinen Gedanken eine neue Richtung zu geben – das ist das genaue Gegenteil dessen, was ich gedacht hätte, Malcolm.«

»... fähig sein, sich selbst vollkommen so zu akzeptieren, wie man ist. Sobald Ihnen das gelingt, ist das, was andere über Sie denken, ohne Belang. Vorausgesetzt natürlich, Sie sind nicht bewusst böswillig. Dann natürlich hätte Liebe nur wenig mit dem zu tun, was Sie *sind.*«

»Ich kann Ihnen so weit folgen, Malcolm. Aber was ist mit der Verteidigung anderer?«

Daran hatte Chrissie wirklich zu kauen, und ich beschloss, mich in Geduld zu fassen.

»Das hängt von der Situation ab«, antwortete ich. »Wenn jemand sich vor Ihnen kritisch über einen abwesenden Dritten äußert, dann schlagen Sie vor, die Kritik dann anzubringen, wenn der andere anwesend ist. Lassen Sie sich nicht hineinziehen. Wenn jemand verleumdet wird, dann schenken Sie diesen negativen Äußerungen keinen Glauben.«

»Wie könnte Liebe in dieses Szenario eingebracht werden?«

»Liebe setzt sich für gewöhnlich durch. Wut, Verletztheit und andere Gefühle werden in der Gegenwart von Liebe in der Regel schwächer oder verwandeln sich.«

Sie war noch nicht am Ende. »Was würden Sie tun, wenn Sie mit ansehen müssten, wie jemand körperlich misshandelt wird?«, fragte sie, entschlossen, mir keine Gelegenheit zu geben, mich um die Antwort zu drücken.

»Also gut, Chrissie, lassen Sie uns den Extremfall untersuchen. In Wahrheit wollen Sie doch wissen, ob ich töten würde, um einen Unschuldigen zu schützen.«

»Ja, das ist wohl meine Frage«, stimmte sie zu.

»Die Antwort: Das würde ich. Haben Sie schon einmal den Spruch gehört: ›Es mussten schon zu viele gute Menschen sterben, weil zu viele gute Menschen nichts unternommen haben‹?«

»Ja, und er kann so wahr sein«, sagte sie nickend.

»Wenn ich die Möglichkeit hätte, einen Mord zu verhindern, indem ich dem Verantwortlichen sein Leben nehme, und wenn dies der einzige Weg wäre, dann würde ich töten. Aber ich würde es ohne jegliche Gefühle tun – ohne Wut, Trauer oder Befriedigung. Ich würde nur töten, um die Liebe zu beschützen. Darüber haben wir bereits gesprochen: Es ist das Gefühl, das hinter der Handlung oder dem Gedanken steht, das von Bedeutung ist.«

»Darüber muss ich in Ruhe nachdenken. Im Augenblick kann ich mir nicht so ganz vorstellen, ohne Emotionen zu töten.«

»Liebe ist stark, Chrissie, sie ist nicht schwach. Es gibt Zeiten, da muss sie aufstehen und sagen, was gesagt werden muss, auch wenn sich dann vielleicht der eine oder andere gegen sie wendet. Der Liebe geht es nicht darum, beliebt zu sein – ihr geht es um die Wahrheit. In diesem Beispiel haben wir davon gesprochen, wie es ist, mitten im Hass, in einem alles verzehrenden Hass, Liebe zu sein und diesen Hass durch Liebe zu ersetzen. Das Gleiche gilt für alle negativen Emotionen. Liebe tut nichts, um Anhänger zu gewinnen oder Unterstützung zu finden; Liebe interessiert sich nicht für Macht. Liebe beschränkt sich darauf zu sein.«

»Ach, Malcolm, Sie drücken die Dinge so aus, als sei alles furchtbar einfach, und ich könnte Ihnen endlos zuhören. Doch Sie haben meine Frage noch nicht beantwortet.«

»Welche Frage?«

»Wie kann ich, Chrissie, Liebe werden?«

»Aber natürlich habe ich sie beantwortet. Befreien Sie sich von Angst.«

»Eine weitere einfach klingende Antwort, deren Umsetzung einen vermutlich ein Leben lang beschäftigt.«

»Nicht ganz, wenn Sie die richtigen Einstellungen entwickeln. Wir haben bereits über die Angst vor dem Tod gesprochen. Arbeiten Sie nun daran, sich auch von allen übrigen Ängsten zu befreien.«

»Ist das, in Anbetracht der Welt, in der wir leben, wirklich ein praktischer Rat?«, hakte sie nach. »Ich meine, wenn mir jemand androht, dass er mir körperlichen Schmerz zufügen will, dann werde ich doch auf jeden Fall Angst haben.«

»Sie würden ein Gefühl erzeugen, noch bevor das Ereignis stattfindet; und dieses Gefühl würde eher dafür sorgen, dass Sie verletzt werden, als die Leute daran zu hindern, Ihnen wehzutun. Angst zieht Angst an. Ich will damit nicht sagen, dass Sie sich freuen sollen, weil jemand Ihnen wehtun will. Aber die Wahrscheinlichkeit, dass Ihnen so etwas zustößt, ist geringer, wenn Sie keine Angst haben. Glauben Sie mir, Chrissie, wenn Sie sich ausmalen, dass Sie verletzt werden, Ihr Zuhause verlieren oder sich irgendwelche anderen beängstigenden Vorfälle vorstellen, dann erzeugen Sie diese Ereignisse in Ihrem Kopf und verursachen sie geradezu, weil Sie ihnen mit Ihren Angstgedanken erst die Energie liefern. Die Energie, die Sie erzeugen, wird noch mehr Angstenergie anziehen und wachsen.«

»Also ist es möglich, sich seine Verletzung sozusagen selbst zu erschaffen?«

»Angst ist eine äußerst mächtige Emotion. Gleiches gilt für Schuld, Hass, Eifersucht und so fort. Um Liebe zu werden, müssen Sie sich von diesen negativen Emotionen befreien.«

»Diese Frage erscheint Ihnen vielleicht überflüssig, Malcolm, aber welche anderen Gefühle muss ich vermeiden oder abwerfen?«

»Befreien Sie sich von Verlangen und Besitzdenken. Man kann weder Menschen noch Dinge besitzen. Wenn Sie glauben, auf etwas nicht verzichten zu können, dann haben Sie es zu einem Gott gemacht. Es gibt nichts und niemanden, das oder den Sie als Ihr Eigentum bezeichnen können. Wenn Sie meinen, dass Ihnen ein Gegenstand oder ein Mensch wichtiger ist als alles andere, dann sind Sie besitzergreifend. Selbst Ihre Liebe ist nicht Ihre Liebe – Sie können nicht von ihr erfahren, bis ein anderer sie empfangen hat. Besitzdenken ist verbunden mit Eifersucht, Neid und Selbstsucht.«

»Eine Erklärung bitte«, verlangte Chrissie und ließ mich mit einem kleinen Seufzer wissen, dass meine Ausführungen ihr etwas zu lang waren und sie überforderten.

»Wenn man etwas wirklich will, dann kann man es manifestieren – doch entziehen Sie es dann nicht einem anderen? Verlangen und Besitzdenken behindern die Liebe. Denken Sie darüber nach. Was in dieser großen weiten Welt könnte ich Ihnen geben, Chrissie, um Sie zu einem besseren Menschen zu machen, als Sie es bereits sind? Was könnte ich Ihnen wegnehmen, um Sie zu einem schlechteren Menschen machen?«

Sie zuckte mit den Schultern.

»Die Antwort auf beide Fragen lautet: ›Nichts‹. Sie sind die Summe Ihrer Gedanken, nicht Ihres Besitzes. Erinnern Sie sich daran, was Sie *sind.* Sie können ebenso leicht Gier werden wie Angst, Hass und Liebe.«

»Soll ich fortgeben, was ich habe, wenn ich mehr als andere besitze?«

»Natürlich nicht, Chrissie. Was Sie vorschlagen, ist äußerst verantwortungslos. Wenn jemand viel Geld oder Besitz hat, das oder den er ehrlich erworben hat, dann ist sein Reichtum eine Gabe, so wie auch eine künstlerische Begabung eine Gabe ist. Es zählt allein, was jemand mit seiner Gabe anstellt. Sie etwa könnten Ihr künstlerisches Talent nutzen, um pervertierte Kunst zu schaffen, so wie auch ein Reicher sein Geld nachteilig investieren kann. In beiden Fällen werden die Aktivitäten, denen die Liebe fehlt, den Betreffenden auf der Ebene niederer spiritueller Energien festhalten.«

Da ich wusste, dass Chrissie meine Bemerkungen in Beziehung zu ihrem künstlerischen Talent setzen würde, schwieg ich eine Zeit lang. Ich wollte ihr die Gelegenheit geben, meine

Äußerungen über Besitzdenken in sich aufzunehmen, bevor sie zum nächsten Thema wechseln würde.
»Außerdem«, setzte ich schließlich meinen Vortrag fort, »müssen wir frei von Überlegenheitsgefühlen sein.«
»Ich glaube nicht, dass ich mich besonders überlegen fühle.« Ihrer Stimme fehlte der für sie typische ernste Unterton, und ich spürte, dass ihre Aufmerksamkeit nachließ. Also machte ich meinen Zug rasch. »Wenn Sie erkennen, dass jedes Leben, jeder Vogel, jedes Säugetier, jedes Insekt und jede Pflanze die gleiche Energie hat wie Sie selbst, dann können Sie in Ihrem Herzen sicher sein, dass Sie von ihnen ebenso abhängig sind wie sie von Ihnen. Wenn Sie wissen, dass wir alle an die gleiche Liebe gebunden und ein Teil von ihr sind, dann sind Sie diese Liebe.«
»Es tut mir Leid, dass ich Ihnen auf die Nerven fallen muss«, sagte Chrissie, »aber woher werde ich das wissen?«
»Wenn Sie diesen Zustand der Liebe erreichen, Chrissie, dann wird Ihnen die Welt um Sie her verändert erscheinen. Zum Beispiel werden Vögel und andere Tiere, wenn Sie auf dem Feld oder im Wald spazieren gehen, sich nicht von Ihnen stören lassen.«
»Aber sie sind doch wild. Wie sollten sie mich akzeptieren können?«
»Mit Liebe. Wenn Sie keine Angst haben, dann werden sie keine Angst in Ihnen feststellen und sich mit Ihnen sicher fühlen. Wenn Sie aber Angst in Ihren Gedanken nähern, dann halten sich wilde Tiere von Ihnen fern. Angst bedeutet Gefahr, und wilde Tiere wollen mit der von Ihnen ausgehenden Gefahr nichts zu schaffen haben.«
»Hört sich wunderbar an.«
»Das Leben kann wunderbar sein, Chrissie, wenn wir uns von Besitzdenken befreien. Wie bei der Angst werden wilde Tiere sich auch dann von Ihnen fern halten, wenn Sie Besitzdenken im Herzen tragen. Das Wilde will nicht besessen werden.

Pflanzen- und Tierreich wollen frei bleiben, wie alle Liebe frei sein will.«

»Aber die Menschen denken nun einmal, dass sie überlegen sind.«

»Nun, wie bei Angst und Besitzdenken spüren wilde Tiere auch Ihre Überlegenheitsgefühle, Ihren Wunsch nach Kontrolle und Dominanz, die beide mit Machtdenken verbunden sind. Die Tiere halten sich von Ihnen fern, denn das Wilde will frei sein und die Schönheit der Liebe miteinander teilen. Angst, Besitzdenken und Überlegenheitsgefühle aber zerstören die Liebe.«

Ihr tiefes Seufzen zeigte mir, dass sie ihre eigenen Gefühle bewertete.

»Wenn es Ihnen gelingt, von Angst, Besitzdenken und Überlegenheitsgefühlen frei zu sein«, fuhr ich fort, »dann werden die wilden Tiere Ihre Anwesenheit kaum bemerken.«

»Würden die Vögel und andere kleine Tiere wirklich zu mir kommen, wenn ich reine Liebe wäre?«, fragte sie leise. »Das wäre wunderbar. Ich glaube, das Schönste, was ich mir überhaupt vorstellen kann, ist, das Vertrauen eines wilden Vogels zu gewinnen. Ein kleiner gesprenkelter Vogel kommt jeden Tag an mein Fenster, um sich von mir füttern zu lassen. Inzwischen vertraut er mir genug, um mir aus der Hand zu fressen. Dass mir dieser Vogel vertraut, ist das Schönste, was mir bisher widerfahren ist.«

»Dann wissen Sie also, was ich meine?«

»O ja, das tue ich. Man muss wohl im Paradies sein, wenn man mitten im Feld sitzt und von Rehen, Hasen, Vögeln und Schmetterlingen umgeben ist.«

»Wir können das sogar noch weiterführen, Chrissie. Wenn Sie zu der Liebe geworden sind, von der hier ständig die Rede ist, dann werden Ihnen die Tiere und all das andere Leben gestatten, eins mit ihnen zu werden. Statt sie nur zu beobachten, können Sie dann wie eine Hummel umherschwirren, oder Sie können eins mit einem Vogel werden und fliegen.«

»Das wäre wunderbar.«

»So wie Sie eins mit Ihrer Skulptur geworden sind, so würden Sie auch eins mit jedem beliebigen Leben, mit dem Ihre Liebe harmoniert. Dazu müssen Sie nur frei sein von negativen Emotionen und erkennen, dass Liebe nur ist.«

»Ist es das, was Sie meinten, als Sie sagten, ich würde meine eigene Liebe nicht kennen, bis sie reflektiert würde?«

»Habe ich das gesagt?«

»Aber das wissen Sie doch, Malcolm.«

»Ja, Chrissie, für mich ist Liebe wie das Licht, das eine Kerze verbreitet. Das Licht einer Kerze entfernt sich vom Zentrum der Flamme, und auf seinem Weg in die Dunkelheit spendet es denen Wärme, die sich vom Licht der Kerze angezogen fühlen.«

»Ein wunderschönes Bild.«

»Es passt genau. Liebe muss sich wie Licht für alle Zeiten von seiner Quelle entfernen. Deshalb kann man seine eigene Liebe auch weder kennen noch etwas mit ihr tun. Ihre Liebe hat Sie verlassen und ist von einem anderen aufgenommen worden, noch bevor Sie sich ihrer Gegenwart bewusst werden.«

»Nach diesen Beschreibungen möchte ich die Liebe einfach nur in meinen Händen halten wie einen Vogel.«

»Tut mir Leid, Chrissie, wir können die Liebe eines anderen – wie das Licht – weder besitzen noch festhalten. Wir können in ihrer Wärme baden, in ihrem Licht nachdenken und uns an ihrer Schönheit erfreuen; aber irgendetwas mit ihr *tun* können wir nicht.«

»Ich finde zwar schon, dass wir unsere eigene Liebe kennen sollten«, sagte Chrissie und blickte auf die Uhr. »Irgendwie ist das alles ein bisschen traurig.«

»Licht und Liebe entfernen sich von der Flamme beziehungsweise dem Geist, die beziehungsweise den sie erschaffen. Ein Licht, das sich von Ihnen entfernt, können Sie nicht kennen. Und wenn Sie versuchen, es bei sich zu behalten, dann wird es verlöschen.«

»Und ich dachte, ich stelle eine einfache Frage, Malcolm«, sagte sie, während sie zur Tür ging.

»Kommen Sie schon, Chrissie, machen Sie wieder ein fröhlicheres Gesicht, oder ich muss das Licht anmachen.«

»Tut mir Leid«, antwortete sie, »meine Kerze hat nur das beleuchtet, was Sie gesagt haben.«

Sie lächelte breit und schritt in den Tag hinaus. Das dachte ich jedenfalls. Doch einen Augenblick später erschien ihr Gesicht wieder in der Tür. Sie lächelte und fragte: »Kann ich Ihnen noch eine schnelle Frage stellen?«

»Wie lange brauche ich, um diese schnelle Frage zu beantworten?«, wollte ich wissen.

»Wenn ich eine Frage stelle, weiß ich nie, ob sie einer kurzen oder einer langen Antwort bedarf«, gab sie zu bedenken.

»Hat das zu bedeuten, dass Ihre nächste Frage komplex ist?«

»Ach was, überhaupt nicht«, sagte sie mit einem schelmischen Lächeln und setzte sich wieder auf ihren Platz. »Meine Fragen sind eigentlich immer recht einfach, nur die Antworten sind manchmal so kompliziert.«

»Also raus damit«, willigte ich ein. »Ich hoffe nur, dass eine kurze Antwort genügt, denn Ihre Zeit ist fast vorüber, Chrissie.«

»Ach, fast hätte ich es vergessen«, sagte sie und lächelte dabei von einem Ohr zum anderen. »Debbie hat mich gebeten, Ihnen mitzuteilen, dass der nächste Klient abgesagt hat.«

»Wirklich? Ich glaube, ich muss mit Debbie mal ein ernstes Wort reden.«

»Ich frage mich seit langem«, stieg Chrissie nun wieder ein, »wie die Liebe eine Liebe, die durch Bosheit oder Gier zerstört wurde, wieder heil machen kann.«

»Ach je, Chrissie, was ist das für eine Frage? Um sich die auszudenken, dafür müssen Sie Wochen gebraucht haben.«

»Nein, nein, Malcolm, diese Frage ist nicht erst in den letzten Wochen entstanden. Sie beschäftigte mich schon, als ich noch ein kleines Mädchen war. Ich wollte immer schon wissen, was mit Menschen, die gewaltsam ums Leben gekommen sind, geschieht, wenn sie dann in den Himmel kommen. Ich habe mich gefragt, in welchem Zustand ihr Geist wohl ist, wenn er die andere Seite erreicht. Wenn jemand in großem Schmerz oder in Verzweiflung stirbt, wie wird er dann geheilt?«

»Also gut, Chrissie, aber einen Großteil Ihrer Frage kann ich erst beantworten, wenn wir ausreichend darüber gesprochen haben, wie man im Verlauf seines irdischen Lebens zu Liebe wird. Erst danach können wir uns eigentlich mit der spirituellen Welt beschäftigen.«

»Darauf freue ich mich schon. Aber es fühlt sich so an, wie wenn man auf morgen wartet. Morgen ist immer gleich weit entfernt und kommt nie näher.«

»Ich weiß, Sie müssen geduldig sein. – Nun also zu denjenigen, die Gott heilt, weil sie gelitten haben oder getötet wurden. Wie ich bereits erwähnt habe, muss jeder, der einen anderen tötet oder ihm Schaden zufügt, zunächst den Teil seiner eigenen Liebe abtöten, der ihn sonst am Töten hindern würde. Und weil solche Menschen für die Zerstörung ihrer eigenen Liebe verantwortlich sind, müssen sie sich selbst darum kümmern, wieder heil zu werden.«

»Daran kann ich mich erinnern.«

»Gut. Diejenigen jedoch, die ohne eigenes Verschulden gelitten haben, werden in der nächsten Welt in einer Art ›Empfangslager‹ aufgenommen, wo sie, nach irdischen Zeitvorstellungen, Wochen oder Monate schlafend zubringen, während Gottes heilende Liebe sie wiederherstellt.«

»Wie macht Gott das?« Chrissie hatte ihren Rhythmus des Fragenstellens wiedergefunden.
»Indem er all den Schmerz, die Verletzungen und die Trauer derer auf sich nimmt, die Liebe geworden sind, aber geschädigt wurden.«
»Das hört sich recht einfach an, aber ...«
»Welche Qualen die Größte Liebe auf sich nimmt, um beschädigte Liebe zu heilen, ist unvorstellbar, Chrissie. Es ist unglaublich, welche Traurigkeit und welches Leiden diese Liebe in sich aufnimmt, um für den fortgesetzten Frieden und die spirituelle Erleuchtung derjenigen zu sorgen, die dem Gesetz der Liebe treu geblieben sind.«
Ich machte eine Pause, um Chrissie Zeit zum Nachdenken zu lassen. Als ich sah, dass sie so weit war, fuhr ich fort.
»Aus diesem Grund ist es so wichtig, dass wir uns von Gefühlen wie Hass, Wut und so fort befreien. Wenn wir einander wehtun, dann erfüllen wir die Liebe, die uns Leben und Bewusstsein schenkt, mit Schmerz. Letztlich müssen wir all die Schmerzen und Leiden, die wir anderen verursacht haben, zurücknehmen. Alle Gefühle des Leidens, und seien sie auch noch so klein, müssen zu ihrem Verursacher zurückkehren, damit dieser spirituell wachsen kann.«
»Alle Schulden müssen also bezahlt werden, Malcolm.«
»Genau. Früher oder später tritt ein jeder zurück in das Licht der Liebe.«
»Auf einige Leute muss ein großer Berg Traurigkeit warten«, sagte Chrissie mit ernster Miene. »Ich denke an diejenigen, die im Namen ihres Gottes andere töten oder ihnen schaden. Sie sagen ja, dass das Töten im Namen einer Religion oder religiösen Ideologie Gott den größten Schmerz verursacht.«
»Ja, Chrissie, das stimmt. Daran auch nur zu denken, macht mich schon traurig. Die Menschen töten oder misshandeln im Namen ihres Gottes, ohne zu erkennen, dass sie damit der

Größten Liebe das größte Leid bereiten. Schließlich werden sie erfahren, welche Schmerzen sie verursacht haben, und ihr Kummer wird jedes Maß übersteigen. Diejenigen, die im Namen der Liebe oder zur Ehre eines Propheten oder religiösen Führers kämpfen oder Leid verursachen, tun der von ihnen gewählten Liebe das Schlimmste an.«

»Warum ist das so?« Chrissie war nun recht ruhig.

»Weil jeder, dem von einem Dritten im Namen der Liebe geschadet wurde, von genau dieser Liebe wiederhergestellt wird.«

»Können Sie das bitte noch einmal sagen?«, bat Chrissie. »Nur diesmal so, dass ich verstehe, was Sie damit meinen.«

»Selbstverständlich. Angenommen, hier unten auf der Erde teilt mir jemand mit, dass er nicht meiner Meinung ist. Das ist kein Problem für mich. Wie ich bereits mehrmals sagte, ist es unmöglich, dass mich jemand beschimpft, es sei denn, ich lasse mich beschimpfen und wähle die dazu passenden Gefühle. Genauso gut könnte ich mich statt für Wut für Fröhlichkeit, statt für Verletztheit für Liebe entscheiden. Es macht mir nichts aus, wenn jemand mir nicht zustimmt und dies auch sagt. Jeder andere ist genauso frei, seine Gefühle zu wählen wie ich. Stellen Sie sich jedoch einmal vor, dass ein Dritter sich darüber aufregt, dass ich mich gegen meinen Kritiker nicht zur Wehr setze. Um mich also zu verteidigen, greift der Hinzugekommene meinen Kritiker mit aggressiven, negativen Worten an und verletzt ihn.«

»Ich verstehe«, sagte Chrissie nachdenklich. »Ihr Kritiker wurde von Ihrem Verteidiger verletzt.«

»So ist es. Was glauben Sie, wie ich mich damit fühle? Ich fühle mich entsetzlich. Die spirituelle Verletzung in meinem Namen ist schlimmer, als sich mein Verteidiger auch nur vorstellen kann. Der Gedanke, dass eine Seele um meinetwillen leiden muss, ist mir unerträglich; ich will nicht, dass irgendjemand mich verteidigt. Es berührt mich nicht, was andere über mich denken oder sagen. Doch wenn jemand einem anderen Schaden zufügt, um mich zu verteidigen, dann muss ich einschreiten.«

»Ist das der Grund, warum Jesus sich aufregte, als Petrus dem Legionär das Ohr abschlug?«

»Aber natürlich. Und nun wissen Sie auch, warum Jesus den Legionär sofort wieder geheilt hat.«

»Ja, ich verstehe.«

»Wenn ich schon bei dem Gedanken verzweifle, jemand könnte einem anderen in meinem Namen Schaden zufügen, dann muss das Leid im Herzen der Größten Liebe unendlich viel größer sein. Es ist schrecklich, sich all das Leid vorzustellen, das die Größte Liebe, Propheten und andere liebende Seelen auf sich nehmen müssen, weil die Menschen meinen, deren Namen verteidigen zu müssen oder in deren Namen töten und verletzen. Diejenigen, denen in dieser Situation Schaden zugefügt wurde, werden ihren Schmerz rasch vergessen, denn die Größte Liebe, in deren Namen dies geschehen ist, nimmt allen Schmerz und alles Leid auf sich.«

»Das ist wirklich beeindruckend!« Chrissie blickte mich mit großen Augen an.

»Und wenn diejenigen, die für die Zerstörung der Liebe verantwortlich sind, erkennen, was sie angerichtet haben, dann werden sie auf die Knie fallen und um Vergebung bitten. Doch Vergebung können sie nur dann erfahren, wenn sie alle von ihnen verursachte Verletzung auf sich nehmen.«

»Ich bin froh, dass ich noch einmal zurückgekommen bin und dass wir dieses Gespräch fortsetzen konnten. Ich fühle mich inspiriert.«

»Das ist schön, Chrissie. Wenn jemand im Namen der Liebe anderen, gleich welcher Lebensform, schadet, dann verursacht er auch der Liebe Schmerz und Leid und muss all dies schließlich am eigenen Leib erfahren.«

»Menschen, die ausziehen, um zu töten und zu jagen, sollten sich das einmal klar machen.«

»Ja, das sollten sie. Zu sagen, ›Das habe ich nicht gewusst!‹, wird nicht viel helfen. Tief in unserem Herzen wissen wir, dass wir anderen Schaden zufügen, nur um egoistische Gefühle zu befriedigen.«

Einen Moment lang herrschte Stille im Raum. Ohne Zweifel dachte Chrissie über ihre eigenen Gefühle nach, über frühere Gedanken und Handlungen.

»Malcolm, all dies ist gleichzeitig furchtbar traurig und wunderschön. Die Vorstellung, dass Gott auch dann für mich leidet, wenn ich ihn noch gar nicht vollständig akzeptieren konnte, ist ergreifend. Wie soll ich, wenn ich das weiß, nicht die Schönheit der Liebe akzeptieren und alle übrigen Emotionen vertreiben?«

»Ich glaube, für heute haben wir erst einmal genug besprochen, nicht wahr, Chrissie?«

»Darf ich bitte noch eine ganz kurze Frage stellen?«

»Also gut, aber wirklich nur eine kurze.«

»Ich frage mich – wie kann man wissen, ob jemand die Liebe ist, von der Sie sprechen, oder nur ein vorübergehendes Gefühl?«

Ich verkniff mir ein Lächeln. Chrissie dachte bei dieser Frage offenbar an eine bestimmte Person. »Anhand der Augen, Chrissie. Die Augen lügen nie. Indem Sie einem Menschen in die Augen blicken, erkennen Sie, welchen spirituellen Wert er besitzt. Sie werden rasch lernen zu erkennen, ob jemand Liebe ist oder vielleicht nur Hass, Angst, Besitzdenken, Eifersucht oder Überlegenheitsgefühl. Was immer ein Mensch auch geworden ist, es leuchtet ihm aus den Augen. Was er ist, kann nicht verborgen bleiben, nicht einmal für eine einzige Sekunde.«

»Ich muss lernen, mehr auf die Augen zu achten«, spornte Chrissie sich selbst an.

»Seien Sie jedoch vorsichtig, denn Hass wird eher das Licht der Liebe zerstören, als sich ans Licht zwingen lassen. Die Liebe sollte keinem Menschen aufgedrängt werden. Jeder muss selbst suchen und selbst danach streben, auf seine eigene Weise und in seinem eigenen zeitlichen Rahmen Liebe zu werden. – Nun ist es endgültig Zeit für Sie zu gehen, Chrissie.«

»Hallo, Chrissie. Wo waren Sie denn so lange? Wir haben Sie mehrere Wochen lang nicht zu Gesicht bekommen.«
Die strahlende, übersprudelnde Persönlichkeit, die mir bei ihren früheren Besuchen so viel Spaß gemacht hatte, war verschwunden. Die Chrissie, die mein Sprechzimmer betrat, trug offensichtlich eine schwere Last auf den Schultern, die ihr alle Kraft und Lebensfreude nahm. Sie begann nicht gleich zu sprechen. Sie kam herein und steuerte unmittelbar ihren Platz in dem Lehnstuhl neben meinem Schreibtisch an. Nach ein paar Augenblicken des Schweigens senkte sie die Augen. Ich konnte spüren, wie allein sie sich fühlte.
»Es ist meine Großmutter«, sagte sie so leise, dass ich ihre Gedanken fast besser wahrnahm als ihre Worte. Sie war weit weg. Die Chrissie, die wir kannten und liebten, war abwesend. Vor mir saß nur ihr Schatten.
»Die letzten Wochen waren entsetzlich«, begann sie. »Eines Abends fuhr ich zu meiner Großmutter. Schon als ich durch die Tür trat, wusste ich, dass etwas nicht stimmte. Ich konnte es spüren, oder vielmehr, ich spürte, dass etwas fehlte. Das Haus fühlte sich leer an, als sei ich in die Vergangenheit geraten. Es hat sich so merkwürdig angefühlt, Malcolm. Es kam mir so vor, als befände ich mich in einem Traum ... ich verlor mich in der Vergangenheit. Es fällt mir schwer, meine Gefühle zu beschreiben ... ich war nicht da, aber irgendwie eben doch. Als ich durch den Raum ging, griff etwas nach meinem Herzen ... etwas legte mir die Finger um den Hals, und meine Augen sahen Angst.«
Sie hielt inne und sah mich an, als benötige sie meine Ermutigung. Ich nickte ihr zu.
»Ich fühlte mich in diese unwirkliche Welt versetzt, bis ich

Großmutters Zimmer betrat. Sie lag auf dem Bett wie üblich, und als ich eintrat, drehte sie sich zu mir um. In diesem Augenblick kam ich in die Wirklichkeit zurück und erkannte, dass Großmutter sehr, sehr krank war. Sie sagte nichts, doch die Art, wie sie mich ansah ... ihre Augen sagten alles. Ich spürte die Erleichterung, die sie fühlte.«

»Was taten Sie, als Sie erkannten, dass ihr Zustand so ernst war?«

»Ich sah sie nur an und sagte: ›Großmutter, warum hast du mich nicht angerufen? Was ist los?‹«

Chrissie angelte sich die Schachtel mit den Taschentüchern vom Tisch. »Großmutter erklärte mir, sie habe gewusst, dass ich kommen würde, und sie habe nicht gewollt, dass ich meine Pläne wegen ihr ändere. ›Ich konnte warten‹, sagte sie. Mein Herz tat mir weh, als ich 110 wählte. Der Krankenwagen war sofort da, und der Notarzt erklärte mir, dass Großmutter einen Schlaganfall erlitten hatte. Sie brachten sie ins Krankenhaus, und da ging die ganze Sache erst so richtig los.«

»Bitte berichten Sie mir, was geschehen ist«, forderte ich sie auf, obwohl ich genau wusste, was jetzt kommen würde, da ich solche Schilderungen schon viele Male angehört hatte.

Chrissie setzte ihren Bericht fort, als hätte ich sie nicht unterbrochen. »Sie befand sich mit anderen in einem Zimmer ... keine Privatsphäre ... die Medikamente ... die Spritzen ... die vielen Untersuchungen. Irgendwie war alles so erniedrigend, verglichen mit dem unabhängigen Leben, das sie zuvor geführt hatte. Sie dürfen mich nicht falsch verstehen. Die Krankenschwestern waren wunderbar. Um diese Arbeit tun zu können und mit einem solchen Maß an Mitgefühl, müssen sie Engel sein. Aber warum konnten sie sie denn nicht einfach sterben lassen?«

An dieser Stelle brach Chrissie zusammen. Ich saß still da, während sie weinte und ihren Gefühlen freien Lauf ließ. Als sie sich wieder beruhigt hatte, fuhr sie fort. »Großmutter hatte einen Schlaganfall erlitten. Ihr Sehvermögen hatte schon zuvor rasch abgenommen, aber nach dem Schlaganfall war sie praktisch blind. Ihre linke Seite war am stärksten betroffen. Alles, was sie brauchte, um glücklich zu sein, war fort. Wenn sie überlebt hätte, dann wäre sie in absolute Abhängigkeit geraten. Das hätte sie gehasst. Sie war achtundachtzig, Malcolm, und die Ärzte probierten zwei Wochen lang alles aus, was ihnen nur einfiel, um sie am Leben zu halten. Ich begreife einfach nicht, warum.«

Da ich wusste, dass Chrissie noch nicht ganz fertig war, sagte ich nichts, bis sie mich fragte: »Ich weiß, dass die Ärzte dazu verpflichtet sind, solche Dinge zu tun. Sie meinen eben, dass es in ihrer Verantwortung liegt, die Leute am Leben zu erhalten. Aber ist das wirklich so?«

»Was meinen Sie?«

»Sie war eine alte Frau, die weder gut sehen noch gut hören konnte und vermutlich unter Schmerzen litt. Am schlimmsten aber war, dass sie selbst an ihrem Leben nicht festhalten wollte. Für mich war es falsch, sie am Leben zu halten. Sie wollte sterben. Mehrmals flüsterte sie mir zu, ›Bitte, Chrissie, sag ihnen doch, dass sie mich gehen lassen sollen. Ich will nicht mehr. Bitte.‹«

Ein Moment des Schweigens folgte. Chrissie holte tief und Luft und seufzte. »Niemand hörte auf Großmutter«, sagte sie tieftraurig. »Ich erinnere mich wohl daran, was Sie über die Bereitschaft gesagt haben, sich von anderen helfen zu lassen, sich nicht als Last zu empfinden. Aber es kann doch einfach nicht richtig sein, jemanden in Großmutters Situation künstlich am Leben zu erhalten.«

»Damit sprechen Sie ein großes, äußerst wichtiges Problem an, Chrissie«, sagte ich, »und ich bin Ihrer Meinung. In einer Situation wie der Ihrer Großmutter ist nichts anderes erforderlich als Liebe. Und wenn die Liebe nicht ausreicht, um jemanden in dieser Welt festzuhalten, dann muss man in seinem Herzen genug Liebe aufbringen, um die Liebe loszulassen.«

»Liebe ...«

»Dieses Prinzip gilt nicht nur für alte Menschen, Chrissie. Es bezieht sich auf alle Ebenen des Lebens. Irgendwann kommt der Zeitpunkt – manchmal ist es offensichtlich und manchmal nicht –, dass der Liebe die Führung überlassen werden muss. Vorausgesetzt, dass alle möglichen Maßnahmen ergriffen wurden, um Schmerz und Leid zu verringern, kann und darf man an einem bestimmten Punkt nicht mehr tun, als sich auf die Kraft der Liebe zu stützen. Liebe kann darüber bestimmen, wo Bewusstheit einsetzen soll.«

»Sind Sie für Sterbehilfe, Malcolm?«

Chrissie kehrte zurück. Die Liebe, die sie war, war mit ihrer Großmutter unterwegs gewesen, um ihr durch ihre Gefühle hindurch und in die nächste Welt hinüber zu helfen. Wie dies nicht selten geschieht, hatte Chrissies Geist nicht zurückkehren wollen und sich in den emotionalen Tiefen der Gedanken ihrer Großmutter verloren. Das geschieht manchmal, und wenn es geschieht, dann braucht die Liebe ein wenig Hilfe, um den Weg zurückzufinden. Dies ist ein wichtiger Teil der Arbeit eines Heilers.

»Nein, Chrissie, ich halte nichts von Sterbehilfe. Aber wie ich bereits gesagt habe, halte ich es auch für falsch, einen Geist an einen Körper zu fesseln, wenn für den Geist die Stunde des Abschieds geschlagen hat. So wie es falsch ist, eine Geburt ohne Notwendigkeit künstlich herbeizuführen, so ist es auch falsch, den Tod einzuleiten. Strenge spirituelle Gesetze entscheiden über Tod und Geburt. Und wenn wir unseren Weg so gehen wollen, wie es uns bestimmt ist, dann muss der Liebe jede Gelegenheit eingeräumt werden, uns den Weg zu bereiten.«

»Ist es eine Sünde, das Sterben zu beschleunigen?«

»Kommt darauf an, was Sie unter beschleunigen verstehen. Vorsätzlich das Leben eines anderen zu beenden, ist immer eine Sünde. Es ist jedoch nicht falsch, Maßnahmen künstlicher Lebensverlängerung zu verweigern.«

Chrissie reagierte nicht, also fuhr ich fort. »Ich habe schon mehrfach Menschen beim Sterben begleitet, Chrissie. Und jedes Mal hatte der Geist den Körper verlassen, bevor der Körper seinen letzten Atemzug tat.«

»Wollen Sie damit sagen, dass in einem atmenden Körper vielleicht schon gar kein Geist mehr wohnt?«, flüsterte Chrissie, als befürchte sie, irgendeinen imaginären Körper zu wecken.

»Ja, genau so ist es. Sobald die Energie des Körpers nicht mehr ausreicht, um den Geist darin festzuhalten, entfernt sich der Geist von dem Körper, in dem er sein Leben gelebt hat. Er kommt jedoch nicht weit, denn solange die elektromagnetische Anziehungskraft des Körpers noch besteht, kann er nicht in das Zentrum seiner Gefühle und ins Licht reisen. Das geschieht erst, wenn alle Energie den Körper verlassen hat.«

»Damit sagen Sie mir doch, dass Großmutter in der letzten Woche, in der sie gar nicht mehr bei Bewusstsein war, nicht gelitten hat, nicht wahr?« Chrissie hörte sich nun wieder mehr wie die Chrissie an, die ich kannte – fröhlich und begeistert.

»Genau, Chrissie. Ihre Großmutter hat ihren Körper vermutlich verlassen, sobald sie in das Krankenhaus kam.«

»Aber sie hatte weiterhin Wachphasen und flüsterte mit mir«, zweifelte Chrissie.

»Aber doch immer nur jeweils für ein paar Sekunden oder eine Minute, nicht wahr?«

»Ja«, bestätigte Chrissie und dachte angestrengt nach. »Sie erwachte immer nur für ein paar Augenblicke und schlief dann sofort wieder ein.«

»Sie hat nicht geschlafen, Chrissie. Ihre Großmutter hatte

ihren Körper verlassen und beobachtete die Ereignisse aus sicherem Abstand. Ich nehme an, dass sie sehr ärgerlich über die Ärzte war, die die Funktionsfähigkeit ihres Körpers erhalten wollten, obwohl sie doch gar keine Verwendung mehr für ihn hatte. Deshalb hat sie mit Ihnen geflüstert und Sie wissen lassen, dass sie gehen möchte.«

»Kann sie denn in diesem Zustand irgendwelche Schmerzen oder Beschwerden gehabt haben?«

»Nein, überhaupt nicht. Höchstens vielleicht in den kurzen Augenblicken, in denen sie in ihren Körper zurückkehrte, um sich Ihnen mitzuteilen. Ihr größtes Problem war vermutlich ihre Frustration angesichts der Ärzte, die auf der medizinischen und auf der Verstandesebene ihr Bestes taten. Auf der spirituellen Ebene haben sie die Sache vollkommen vermasselt.«

»Ach, wenn ich doch nur sicher sein könnte, dass Sie Recht haben«, seufzte Chrissie. »Es wäre mir ein solcher Trost zu wissen, dass sie nicht gelitten hat.«

»Chrissie – vor fast zwanzig Jahren wurde ich eines Tages plötzlich sehr, sehr krank. Ich hatte in jedem einzelnen Muskel meines Körpers schreckliche Schmerzen. Der Schmerz war so unerträglich, dass ich mich entschloss, meinen Körper zu verlassen. Ich kehrte zwei Tage lang nicht mehr in ihn zurück und entschloss mich dazu erst, als ich hörte, wie sich zwei Krankenschwestern über meinen Zustand austauschten. Die eine Krankenschwester sagte zur anderen, die Ärzte seien der Auffassung, meine Schmerzen seien vorüber. Als ich das hörte, entschied ich mich, wieder in meinen Körper zurückzukehren. Die Krankenschwester hatte Recht. Mein Körper war schmerzfrei. Anhand dieser Erfahrung habe ich gelernt, meinen Körper immer dann zu verlassen, wenn es mir passt, was manchmal sehr nützlich sein kann.«

»Das ist unglaublich, Malcolm. Wollen Sie damit sagen, dass

jeder seinen Körper verlassen könnte, wenn er nur wüsste, wie das geht?«

»Nein, nicht jeder. Doch diejenigen, die sich von negativen Gefühlen befreit haben, müssen am wenigsten mit Schwierigkeiten rechnen. Negative Gefühle hüllen uns ein wie ein Nebel und halten uns fest, doch ein beliebiger Schock kann uns dazu veranlassen, ›aus der Haut zu fahren‹.«

»Aber jeder verlässt seinen Körper, noch bevor dieser aufhört zu atmen, nicht wahr?«

Chrissie lief wieder zu ihrer alten Form auf.

»Nein, nicht jeder. Menschen, die sich vor dem Tod fürchten, lassen nichts unversucht, um in dem Körper zu bleiben, der sich bemüht, sie abzustoßen. Wenn Menschen sich doch nur in das Unvermeidliche fügen könnten, dann gäbe es auf der Welt kein Leiden angesichts des Sterbens. Unglücklicherweise verschlimmert unser modernes Gesundheitssystem das Leiden noch. Indem wir versuchen, Menschen medikamentös und durch Apparate künstlich am Leben zu halten, haben wir der Vorstellung Vorschub geleistet, dass mit dem Sterben etwas nicht in Ordnung ist. Folglich versuchen wir, das Leben endlos zu verlängern. Gesund sein und bleiben ist etwas anderes als das Festklammern am Leben, wenn der Moment für den Übergang gekommen ist. Wenn wir von negativen Gefühlen frei sind, dann können wir bis zum Ende gesund bleiben und in Frieden sterben.«

»Manche sterbende Menschen scheinen bis zum Ende bewusst und wach bleiben zu können. Wie kommt das, wenn ihr Geist sie doch bereits verlassen hat?«

»Das Unterbewusstsein des Körpers ist so gut programmiert, dass es das im Gehirn abgespeicherte Programm auch dann noch abspielt, wenn der Geist den Körper bereits verlassen hat. Auf diese Weise konnten die Märtyrer früherer Zeiten noch beten und singen und schmerzfrei erscheinen, während sie bei lebendigem Leib verbrannten. Sie hatten sich selbst mit solcher Inbrunst und solchem Glauben programmiert, dass ihr Körper das Programm noch abspielte, nachdem der Geist bereits seine Reise angetreten hatte. Die Mehrheit der Menschen verlässt den Körper Stunden oder Tage vor dem letzten Atemzug.«

»Ich bin so erleichtert darüber, dass meine Großmutter an einem sicheren Ort war und über uns alle gewacht hat, Malcolm.«

Nach einer kleinen Pause fügte Chrissie hinzu: »Aber Sie haben noch nicht erklärt, warum es schlimm ist, das Leben vorzeitig zu beenden.«

»Wenn wir selbst es tun, Chrissie, dann müssen wir wiedergeboren werden, um das Abgebrochene zum Abschluss zu bringen. So lautet das spirituelle Gesetz. Wenn der Tod nicht aus egoistischen Gründen gesucht wurde und nicht weit von der eigentlichen Lebenserwartung war, dann geht der Geist an einen Ort, wo er sich ausruhen und erholen kann. Wurde der Tod jedoch aus egoistischen Motiven herbeigeführt, wie etwa bei einem Selbstmord, um sich der Verantwortung zu entziehen, dann wandert der Geist, nachdem er den Körper verlassen hat, in grauer Einsamkeit umher, bis die Lebenserwartung erfüllt ist. Erst danach kann der Geist in die Welt des Lichts gelangen.«

Ich merkte, dass wir vom Thema abgekommen waren, und fügte hinzu: »Ich glaube, darauf sollten wir später zurückkommen.«

»Schade, warum nicht jetzt gleich? Warum wollen Sie immer die besten Stücke für später aufsparen?«

»Weil dieses Thema zu dem gehört, was ich Ihnen demnächst über das Leben in der Geistwelt erzählen will. Ich muss versuchen, mich ein wenig an die vorgegebene Struktur zu halten, Chrissie, sonst finden wir uns später nicht mehr zurecht.«

»Ach, kommen Sie schon, Malcolm, lassen Sie sich doch einmal dazu verleiten, die Regeln zu brechen, und erzählen Sie mir, was geschieht, wenn jemand Selbstmord begeht.«

»Also gut. Für Sie will ich dieses eine Mal eine Ausnahme machen. Wenn ein Mensch, der Geist der Liebe, es seinen Gefühlen gestattet, ihm sein Leben vorzuschreiben, dann verliert er die Kontrolle über sein eigenes Schicksal. Wenn die Liebe Wut, Hass oder wie in diesem Fall dem Selbstmitleid weicht, dann wird der physische Geist von einem emotionalen Nebel eingehüllt und macht es dem Geist der Liebe immer schwerer, sich Gehör zu verschaffen. Es gibt immer Geister, die es nicht in die Geistwelt schaffen, weil sie sich, wie ich schon oft erwähnt habe, in ihren Hass und ihre Selbstsucht verwandelt haben. Diese Geister werden von der durch Hass, Selbstmitleid und ähnliche Gefühle geschaffenen Atmosphäre angezogen und fangen an, ihre Gefühle durch andere Menschen auszuleben.«

»Na bitte!«, rief Chrissie, als ob sie mich soeben durch einen chirurgischen Eingriff geleitet hätte. »War das so schlimm? Hören Sie jetzt nicht auf, Malcolm. Reden Sie weiter.«

Ich musste über ihren Humor lächeln und mir war bewusst, dass sie mich dazu verführt hatte, ihr einen Ausblick darauf zu liefern, wohin mein ganzes Reden über Liebe schließlich führen würde. »Also gut«, stimmte ich zu, »ich bringe dieses Thema zum Abschluss, da ich nun einmal damit begonnen habe.«

»Ja, bitte.«

»Wenn jemand sich selbst Leid tut oder ihm nur der spirituelle Mut fehlt, sich seiner Verantwortung zu stellen, dann überlässt er sich sozusagen den lieblosen und pervertierten Geistern der dunklen Welt.«

»Wollen Sie damit sagen, dass dunkle Geister unser Denken tatsächlich beeinflussen können?«

»So ist es, Chrissie. In der Geistwelt der Liebe bezeichnen wir sie als Schatten, weil sie sich vor allem im Dunkeln aufhalten. Sie sind, wie ich bereits sagte, in den dunkleren Regionen beheimatet. Sie werden durch Gefühle wie Wollust und Wut angezogen und gelangen in die emotionalen Felder derer, die pervertierte oder unspirituelle Gefühle entwickeln. Mit wirkungsvollen Gedankenbildern beeinflussen sie den Menschen, der im Begriff ist, sich von der Liebe abzuwenden. Sie bringen ihn dazu, ihre eigenen abscheulichen Bedürfnisse auszuleben. Auf diese Weise befriedigen Schatten ihre Grundgefühle.«

»Das ist ja wirklich Furcht einflößend!«, stieß sie hervor und machte ein entsetztes Gesicht.

»Das ist es in der Tat, Chrissie. Die Menschen haben keine Vorstellung davon, in welchem Maß sie von anderen Gedankenformen benutzt werden. Und das nur, weil sie das Selbst, das Ego oder ein anderes negatives beziehungsweise pervertiertes Gefühl der Liebe vorziehen.«

»Was geschieht also mit dem Selbstmörder?« Chrissie war noch nicht bereit, von diesem Knochen abzulassen.

»Sobald ein Schatten eine emotionale Schwäche erkennt, und im Fall des Selbstmords handelt es sich um die Flucht vor der Verantwortung, beginnt er den Geist desjenigen zu quälen, der sich in Gefühlen des Selbstmitleids ergeht. Um dies vollständig begreifen zu können, müssen wir es aus der spirituellen Perspektive betrachten. Es findet ein Machtkampf statt zwischen der Reinheit oder Macht der Liebe und der Freude am Sadismus. Nur Liebe kann einen Menschen retten, der es zugelassen hat, dass ein so primitives Gefühl das Ruder an sich reißt.«

»Aber wie kann Selbstmord ...«

»Kein Mensch nimmt sich das Leben ohne entsprechende Unterstützung: Sein Tun wird ihm von den Schatten einer anderen Welt eingeredet«, antwortete ich, bevor Chrissie ihre Frage zum Abschluss bringen konnte.

»Glauben Sie mir, Chrissie. Wenn wir über alle Aspekte der Liebe aus der Perspektive des Menschen gesprochen haben, dann werden wir uns um die verschiedenen emotionalen Zustände kümmern, wie ich sie aus der Perspektive der spirituellen Welt kennen gelernt habe.«

»Ich kann es kaum erwarten!« Chrissies Fantasie lief nun auf Hochtouren. »Wie viel muss ich noch über die Liebe lernen, bis wir uns endlich dieser anderen Welt zuwenden können?«, wollte sie wissen, kaum in der Lage, ihre Aufregung zu bändigen.

»Hängt davon ab, wie viele Fragen Sie noch stellen.«

# Fähigkeit

»Sie sehen heute fröhlicher aus als letztes Mal, Chrissie.«
Sie trug helle, fröhliche Farben und hatte offensichtlich zu der für sie typischen guten Laune zurückgefunden.
»Ich weiß«, antwortete sie und schenkte mir ein breites Lächeln, »es war so merkwürdig, wie ich mich nach Großmutters Tod einfach nicht zusammennehmen konnte. Wenn ich zurückblicke, dann kommt mir alles so unwirklich vor. Verstehen Sie, was ich sagen will?«
Sie wartete nicht auf eine Antwort, war sich dessen gar nicht bewusst, dass sie eine Frage gestellt hatte. Als sie so weiterplapperte, dachte ich bei mir, dass ich diesem Mädchen beibringen müsse, sich selbst zuzuhören.
Plötzlich wurde mir bewusst, dass ich selbst Chrissie nicht zuhörte. Ein Teil meiner Gedanken war bei einer Person, die zuvor angerufen und um Fernheilung gebeten hatte. Rasch richtete ich meine Aufmerksamkeit wieder auf das, was Chrissie mir gerade über irgendeinen Vetter und Stress erzählte.
»Entschuldigen Sie bitte, Chrissie«, sagte ich. »Können Sie bitte noch einmal von vorn anfangen? Ich habe den Einstieg verpasst.«
Sie sah mich einen Moment lang schweigend an. »Geht es Ihnen denn auch gut?«, fragte sie besorgt.
»Ja, natürlich. Warum?«
»Sie wirken so abwesend. Ich kann auch ein andermal wiederkommen. Das macht mir nichts aus, wirklich.«
»Nein, nein, ich war nur vorübergehend abgelenkt. Mir geht es gut. Vielen Dank für die Nachfrage.«
»Wie Sie wollen«, sagte sie, »aber ich habe dennoch den Eindruck, dass Sie den Kopf mit anderen Dingen voll haben.«
»Bis zu einem gewissen Punkt haben Sie Recht. In Gedanken

bin ich bei einem sterbenskranken Mann – ich habe versprochen, ihn spirituell zu begleiten und auf die andere Seite zu führen. Es ist bald so weit und ein Teil von mir hilft ihm mit Liebe, damit er seinen Weg ins Licht findet.«

»Können Sie mir vielleicht sagen, wie Sie das machen? Ach, ich hätte nicht ›machen‹ sagen dürfen, nicht wahr?« Sie schenkte mir einen ihrer witzigen und für sie so typischen schiefen Blicke.

»Das macht nichts, Chrissie. Ich weiß ja, was Sie meinen. Doch wollen Sie sich diese Frage bitte bis nächste Woche aufsparen? Sie erwähnten zuvor ihren Vetter.«

»O ja. Er ist achtzehn und sehr intelligent. Ja, er gehört zu diesen glücklichen Menschen, denen Lernen außerordentlich leicht fällt. In der Highschool gehörte er immer zu den Besten in seiner Klasse. Es hat sich jedoch niemand klar gemacht, dass seine Schule nur eine kleine Schule für die Kinder vor Ort war. Seine Eltern sehen das, glaube ich, bis heute nicht ein. Nun ist er an einer Universität, und die Anforderungen sind dort viel höher.«

»Und?«

»Seine Noten sind noch immer recht gut, doch langsam werden sie schlechter. Seine Eltern machen sich Sorgen und versuchen ständig, ihn zu fleißigerem Arbeiten anzuhalten. Das Problem ist jedoch, dass sie nie mit ihm zufrieden sind, egal was er auch erreicht.«

»Geben Sie mir ein Beispiel.«

»Nun, wenn er in einem Test eine gute Note bekommt, dann sagt sein Vater, dass er noch besser hätte sein können, statt ihn für das Erreichte zu loben. Mein Onkel ist nicht unfreundlich. Ich glaube, er will Joss nur klar machen, dass er in seinen Bemühungen nicht nachlassen darf. Doch Joss fällt im Klassendurchschnitt immer weiter ab und hält sich schon langsam für einen Versager. Er steht durch seine Eltern und durch die

Uni unter großem Druck. Und eigentlich hat er die erforderlichen Fähigkeiten.«
Dann fügte sie hinzu: »Ich glaube, seine Eltern wären toleranter, wenn Joss Geschwister hätte.«
Zum zweiten Mal bemerkte ich, dass meine Konzentration auf Grund der Fernheilung, die ich gleichzeitig gab, nachließ. Ich fühlte mich tief mit dem Bewusstsein des Sterbenden, der mich um Hilfe gebeten hatte, verbunden. Mit einiger Mühe kehrte ich zu Chrissie zurück. »Hören Sie, Chrissie«, sagte ich. »Könnten Sie vielleicht ein andermal mit Ihrem Vetter zu mir kommen? Ich würde das Problem lieber mit ihm selbst besprechen.«
»Hätten Sie vielleicht morgen Zeit für ihn?«
»Aber natürlich. Morgen bin ich bestimmt wieder aufnahmefähiger.«
»O das ist wunderbar«, freute sie sich. »Im Moment wohnt Joss bei mir, und ich glaube, das ist eine gute Gelegenheit.«
Am nächsten Tag kamen Chrissie und Joss in meine Abendsprechstunde. Chrissie unterhielt sich mit Debbie, während Joss und ich in das Sprechzimmer gingen. Nachdem wir ein paar Minuten lang zwanglos miteinander geredet hatten, berichtete mir Joss von seinen Problemen.
»Ich fühle mich wie ein Versager«, gestand er mir. »Ich weiß, so sollte es nicht sein, aber es kommt mir so vor, als ob ich mich nicht für mich um den Universitätsabschluss bemühe.«
»Für wen machen Sie ihn denn dann?«
»Für die Universität, meinen Tutor, meine Familie. Es ist offensichtlich, dass ich den Abschluss nicht schaffen werde. Meine Familie gibt mir jede Unterstützung, die man sich vorstellen kann, aber ich bin dem einfach nicht gewachsen.«
»Wissen Sie, wie hoch Ihr Intelligenzquotient ist?«
»Ja, hundertsiebenundsechzig.«
»Das ist sehr hoch, Joss. Warum glauben Sie, dass Sie ein Versager sind?«

»Weil ich nicht die Noten bekomme, die von mir erwartet werden, und, wenn ich ehrlich bin, weil ich das Gefühl habe, dass ich besser sein könnte.«
»Was werden Sie tun, wenn Sie schließlich in die große Welt ziehen, um Ihren Lebensunterhalt zu verdienen?«
»Vermutlich in das Familienunternehmen einsteigen.«
»Was ist das für ein Unternehmen?«
»Es ist eine große Transportfirma.«
»Ist das denn die Art Arbeit, die Sie machen möchten?«
»Diese Frage habe ich mir nie gestellt. Mein Vater ist immer davon ausgegangen, dass ich in das Unternehmen einsteigen würde. In der Familie ist sonst keiner, der es übernehmen könnte.«
»Aber ist es denn das, was Sie für sich wollen?«, beharrte ich.
»Es ist das, was von mir erwartet wird. Mein Vater wäre sehr verletzt, wenn ich eine andere Entscheidung träfe. Er sagt, dass er sich schon auf den Tag freut, wenn ich das Ruder übernehme.«
»Also gut«, sagte ich, »lassen Sie uns die Sache aus einer anderen Perspektive betrachten. Stellen Sie sich einen Moment lang vor, es gäbe kein Familienunternehmen. Was würden Sie mit Ihrer Zukunft anfangen?«
Nach langem Schweigen sah Joss mich schließlich an und sagte zögernd und ein wenig verlegen: »Ich würde gerne ein Blumengeschäft eröffnen.«
»Haben Sie mit irgendjemandem sonst darüber gesprochen?«, wollte ich wissen.
Die Tatsache, dass ich weder ein schockiertes Gesicht machte noch irgendwelche Kommentare abgegeben hatte, gaben Joss das Vertrauen fortzufahren.
»Sicher. In einem Anfall von Wahnsinn habe ich meinem Tutor einmal erzählt, dass ich gerne Gartenbau studieren und dann mein eigenes Blumengeschäft eröffnen würde.«

»Und wie hat er reagiert?«
»... er geriet vollkommen aus dem Häuschen.«
»Wie bitte?«
»Mein Tutor ging auf mich los und meinte, ich sei wohl verrückt, diese wunderbare Gelegenheit, die mein Vater mir biete, ausschlagen zu wollen. Und am schlimmsten sei – und ich weiß, dass er Recht hat –, dass ich in einem Blumengeschäft meine geistige Begabung niemals würde nutzen können. Er steigerte sich richtig hinein ... Er warf mir vor, dass die meisten meiner Freunde für meine intellektuellen Fähigkeiten, meinen IQ oder für meine Möglichkeiten alles geben würden. Als er dann endlich fertig war, fühlte ich mich wie von einem Vierzigtonner überfahren.«
»So war das also«, sagte ich und blickte ihm direkt in die Augen. »Joss, ich möchte, dass Sie mir auf meine nächste Frage eine ehrliche Antwort geben.«
»Ich will es versuchen.«
»Sind Sie auf die Welt gekommen, um Ihrem Intelligenzquotienten zu dienen, oder haben Sie Ihren IQ, damit er Ihnen dient?«
Nachdem Joss eine Zeit lang über meine Frage nachgedacht hatte, erhellte sich sein Gesicht plötzlich. »Auf gar keinen Fall will ich für meinen IQ arbeiten«, sagte er und strahlte. »Ich glaube ich habe nun schon genug gute Abschlüsse gesammelt.«
»Sehr gut! In dieser Hinsicht sind wir also einer Meinung. Sie haben Ihre akademischen Begabungen erhalten, damit Sie Ihnen den Weg ebnen für das, was Sie in Ihrem Leben erreichen wollen. Es ist nicht Ihre Aufgabe, der Diener Ihres Intellekts zu sein. Sie sind nicht verpflichtet, einen Beruf zu ergreifen, nur weil er Ihren intellektuellen Fähigkeiten entspricht.«
Joss nickte, um seine Zustimmung auszudrücken.
»Was könnte Ihren Vater stolz auf Sie machen, obwohl ich sicher bin, dass er bereits stolz auf Sie ist?«

»O ja, das ist er wirklich«, bestätigte Joss. »Wir kommen sehr gut miteinander aus. Er gibt sich unheimlich viel Mühe, mir zu helfen. Deshalb habe ich ja das Gefühl, dass ich ihn im Stich lasse. Ich fühle mich als Versager, weil ich fürchte, ihn zu enttäuschen, nach all dem, was er für mich getan hat.«

Joss fing nun an, sich mir gegenüber zu öffnen, und ich konnte sehen, was für ein angenehmer, gelassener junger Mann er war. Er strahlte eine natürliche Ungezwungenheit aus und erschien mir eher von der künstlerischen als von der wissenschaftlichen Art.

»Denken Sie also darüber nach, Joss. Was, meinen Sie, wünscht sich Ihr Vater wirklich für sich?«

Wieder durchdachte Joss seine Antwort sorgfältig: »Meine Eltern wünschen sich, dass ich glücklich und erfolgreich bin und dass meine Lebensumstände gesichert sind.«

»Würden Ihre Eltern Sie in ihrem Familienunternehmen haben wollen, wenn dies einen dieser drei Punkte ausschlösse?«

»Nein. Das kann ich mir nicht vorstellen. Mein Vater würde nicht wollen, dass ein mürrischer Versager seinem Betrieb vorsteht.«

»Was müssen Sie also tun, um Glück, Erfolg und Sicherheit zu erlangen?«, fragte ich ihn.

»Meinen eigenen Zielen folgen?«

»Damit kommen Sie der Sache nahe, Joss.«

»Werde ich nicht als Versager empfunden, wenn ich meinen eigenen Zielen folge?«

»Sie können nur dann ein Versager im Leben sein, wenn Sie sich nach den Maßstäben richten, die andere setzen. Ich meine damit nicht Ihre moralische Verantwortung und dergleichen. In einer zivilisierten Gesellschaft müssen wir alle bestimmte Verhaltensstandards akzeptieren. Doch im Hinblick auf unsere Fähigkeiten, Ziele und unseren Selbstrespekt hat niemand das Recht, uns seine Maßstäbe aufzuzwingen.«

Ich beugte mich vor und sagte: »Setzen Sie sich Ihre Ziele selbst, Joss. Finden Sie heraus, was Sie vom Leben wollen, und nutzen Sie Ihre wunderbaren Begabungen, um Ihre Ziele zu erreichen. Sollten Sie irgendwann in der Zukunft Ihre Meinung ändern, dann bringen Sie die Charakterstärke auf, Ihrem Leben eine andere Richtung zu geben.«

Joss hörte aufmerksam zu, also fuhr ich fort: »Vorausgesetzt, Sie wissen immer ganz genau, was Sie wollen, und Sie setzen Ihre Maßstäbe selbst – was kann dann schon schief gehen?«

Joss' strahlendes Lächeln war die Ermutigung, die ich brauchte, um noch anzufügen: »Sich selbst als Versager abzustempeln, heißt, die eigene Leistung nach den Standards zu bewerten, die ein anderer Mensch sich gewöhnlich für sich selbst setzt. Übrigens betrachten sich solche Menschen meist selbst als Versager und versuchen ihre Träume durch andere auszuleben.«

Joss stand auf, um sich zu verabschieden. »Keine Frage, Sie haben mir viel Stoff zum Nachdenken gegeben, und ich bin Ihrer Meinung, dass meine akademischen Fähigkeiten mir nicht meine Zukunft diktieren dürfen.«

Er zögerte, bevor er noch hinzufügte: »Das Merkwürdige ist, ich bin mir nun gar nicht mehr sicher, ob ich das Blumengeschäft überhaupt noch möchte, jetzt, wo ich die Möglichkeit habe. Ich kann alles machen, was ich will. Ich fühle mich unglaublich erleichtert.«

»Denken Sie nur immer daran, dass Sie das, was Sie tun, für sich tun. Ihre Eltern werden glücklich sein, weil Sie glücklich sind. Sie haben auf ihre eigene Weise versucht, Ihr Glück zu gewährleisten. Setzen Sie sich jetzt Ihre eigenen Ziele, und erreichen Sie das, was Sie sich vornehmen.«

Ich verabschiedete mich von Joss, schloss die Tür und wartete, dass Chrissie noch einmal zu mir hereinkommen würde. Aber zum ersten Mal ging sie, ohne sich noch einmal bei mir sehen zu lassen.

# Fernheilung

»Verlieren Sie das Interesse, Chrissie?«
»Warum stellen Sie mir eine solche Frage?«, entgegnete sie und machte ein verletztes Gesicht.
»Nun, es ist fast eine Woche her, seit Sie mit Joss hier waren. Und, ach ja, Sie haben gar nicht auf Wiedersehen gesagt, als Sie und Joss gingen.«
»Einen Augenblick lang dachte ich schon, Sie meinen es ernst«, sagte sie und lachte. »Wissen Sie, dieses verbale Pingpong zwischen uns macht mir wirklich Spaß.«
»Und wer gibt Auskunft über den Spielstand, Chrissie? Bin ich im Begriff zu verlieren?«
»Das bezweifle ich, Malcolm. Sie können doch einfach abheben, so wie Sie es letzte Woche getan haben, und mir nicht einmal etwas davon sagen. Übrigens, was hatte es denn mit dieser Fernheilung auf sich?«
»Ich verbringe vermutlich mehr Zeit mit Fernheilung als mit jeder anderen Art von Heilung.«
»Was genau ist denn Fernheilung?«
»Soll das unser Thema für heute sein? Da haben Sie eine gute Wahl getroffen.«
Sie machte es sich in ihrem Lehnstuhl bequem und bereitete sich auf die neue Runde vor.
»Viele Menschen können mich hier in meiner Praxis nicht aufsuchen, weil sie entweder zu krank sind oder zu weit entfernt leben. Also muss ich stattdessen zu ihnen kommen, jedoch nicht körperlich. Ich denke an sie mit liebevollen Gedanken, und sie setzen diese ein, so wie sie es tun würden, wenn sie hier bei mir wären. Das ist das echtes Geistheilen.«
»Muss man irgendwelche besonderen physischen Merkmale

haben, um Fernheilung praktizieren zu können?«, wollte Chrissie wissen.

»Darüber habe ich mir noch nie Gedanken gemacht«, gestand ich ihr. »Ja, um ehrlich zu sein, über Fernheilung denke ich eigentlich überhaupt nicht nach – sie ist nur ein Mittel, um Liebe zum Ausdruck zu bringen. Weil sie keine körperliche Aktivität voraussetzt, können die Leute sie nicht sehen und werden sich ihrer auch nicht bewusst. Deshalb werden mir nur selten Fragen über Fernheilung gestellt.«

»Nun, ich will Ihnen Fragen dazu stellen, weil ich glaube, dass ich Sie und Ihre Art des Heilens viel besser verstehen kann, wenn ich durchschaue, was Fernheilung ist.«

»Was wollen Sie mit dem Notizblock anstellen, Chrissie?« In unseren vorangegangenen Sitzungen hatte sie sich keine Notizen gemacht.

»Ich vergesse immer die Hälfte von dem, was Sie mir sagen, und den Kassettenrecorder haben Sie mir ausgeredet. Also will ich mir ein paar Dinge aufschreiben, die ich für wichtig halte.«

»Es ist nicht so, dass es mir etwas ausmacht, wenn Sie unsere Gespräche festhalten, Chrissie. Ich habe schon damals versucht, Ihnen meinen Standpunkt klar zu machen. Mir geht es darum, dass Sie Ihre eigene Wahrheit finden, und wenn Sie in meinen Gedanken und Erfahrungen stecken bleiben oder in denen anderer, dann geht das an Ihnen vorbei, was ich Ihnen eigentlich zu vermitteln versuche. Mir zuzuhören ist wichtig, doch Sie müssen auch lernen, auf Ihre eigene innere Stimme zu hören.«

»Auf meine eigene innere Stimme hören? Wenn ich das aufschreibe, dann werde ich später bestimmt glauben, ich hätte beim Aufschreiben einen Fehler gemacht«, spöttelte sie und lächelte. Dann wurde sie energisch: »Nun lassen Sie uns anfangen, Malcolm. Sonst ist meine Zeit vorüber, noch bevor ich etwas gelernt habe. Ich möchte wissen, wie Sie heilen.«

»... wie ich heile. Nun, ich brauche dazu nicht viel physische

Energie. Doch wenn der Heiler über weniger Energie verfügt als der Klient, dann zieht der Heiler Energie von seinem Klienten ab. Heilen kann sehr anstrengend sein.«

Ernst fragte Chrissie: »Strengt Sie Heilen sehr an?«

»Für gewöhnlich nicht. Ich habe gelernt, mir die Energie des Klienten zu Nutze zu machen, um seine emotionalen Probleme freizusetzen. Außerdem weiß ich, wie ich meine Energiereserven auftanken kann.«

»Ist das der Grund, warum Sie mit so wenig Essen auskommen? Ich habe noch nie jemanden gesehen, der so wenig isst wie Sie. Nur eine Mahlzeit am Tag ... und dann auch noch abends.«

»Sie dürfen nicht vergessen, Chrissie, dass ich ja physisch nicht besonders aktiv bin, also brauche ich auch nicht viel Nahrung. Ich brauche kaum Energie, um meine Gefühle im Zaum zu halten, weil ich es ihnen gar nicht erst gestatte, sich auszubreiten, und spirituelle Energie steht unbegrenzt zur Verfügung. Also brauche ich die eine Mahlzeit am Tag nur, um meine körperlichen Bedürfnisse zu befriedigen.«

»Sie haben gerade behauptet, dass wir Energie brauchen, um unsere Gefühle unter Kontrolle zu halten. Davon habe ich noch nie etwas gehört«, sagte Chrissie und machte ein überraschtes Gesicht.

»Aber ja, Angst zum Beispiel muss unter Kontrolle gehalten werden, und dazu braucht man eine Menge Kraft. Ein Mensch kann so viel Angst haben, dass er seine gesamte Energie darauf verwendet, sie in Schranken zu halten. Dann fehlt die Energie natürlich für andere Aktivitäten. Auf diese Weise kommt es zu einem chronischen Erschöpfungszustand. Die Angst befindet sich auf einer unterbewussten Ebene und ist daher weder für Patienten noch für den Arzt erkennbar. Man muss die Angst an die Oberfläche holen und sie mit dem Verstand abarbeiten. Danach steht die Energie, die der Angst Grenzen setzen sollte, für anderes zur Verfügung.«

»Wirklich?«

»Natürlich. Einer der Gründe, warum die Menschen heute mehr Stress haben als früher, ist ihr Versuch, Gefühle wie Angst, Gier, Schuld, Neid und andere in größeren Mengen zu beherrschen als frühere Generationen. Verantwortlich hierfür ist der wachsende Materialismus unserer Gesellschaft. Selbstverständlich kann Stress viele Ursachen haben, aber am Ende läuft alles auf Angst in der einen oder anderen Form hinaus.«

»Negative Emotionen sind also äußerst schädlich.«

»Allerdings, Chrissie. Manche Gefühle wie etwa Hass, Wut und Eifersucht setzten Energie frei, um die zu Grunde liegende Haltung zum Ausdruck zu bringen. Doch wenn wir versuchen, diese Haltung zu beherrschen, dann verbrauchen wir hierfür noch mehr Energie. Damit gerät der Körper in Konflikt mit sich selbst, die Folge sind gesundheitliche Schäden wie Herzinfarkt, multiple Sklerose, Rheuma, Arthritis und Ischias, um nur einige zu nennen. Diese Störungen kommen zustande, weil die Schwingungen der Angst sich nicht in Harmonie mit dem natürlichen Körperrhythmus befinden. Unter manchen Umständen hat Angst Vorteile, und natürliche Vorsicht kann uns gelegentlich das Leben retten. Heutzutage jedoch sind viele Menschen ständig von Angst erfüllt. Wie auch immer, wir entfernen uns von unserem Thema.«

»Typisch für uns. Also zurück zur Fernheilung.«

»Es gibt viele Arten des Heilens, Chrissie. Wenn Heilung in einer Kirche stattfindet, dann wird sie mittels Gebeten durchgeführt. Alle Anwesenden beten für die Hilfsbedürftigen, das ist eine äußerst wirkungsvolle Art des Heilens.«

»Müssen solche Gebete in einer Kirche gesprochen werden, um zu wirken?«, wollte Chrissie wissen.

»Nein, keineswegs. Gebetsgruppen, die sich in Privathäusern versammeln, sind ebenso wirksam. Die Aufrichtigkeit und Liebe in den Gedanken der Betenden ist entscheidend. Dabei kann es einen großen Unterschied machen, ob die Betenden ein deutliches Bild von dem oder den Hilfsbedürftigen vor Augen haben. Vor ein paar Wochen haben wir schon einmal über das Denken in Bildern gesprochen, erinnern Sie sich?«

Meine Worte hatten Chrissie nachdenklich gemacht. Sie sagte: »Ja, ich weiß noch, wie viel Wert Sie auf die Kommunikation mit Bildern gelegt haben. – Kann jeder beten, um Hilfe für andere Menschen zu erbitten?« Chrissie spürte offenbar, dass sich ihr hier eine Möglichkeit bot, selbst aktiv zu werden.

»Auf jeden Fall«, bestätigte ich. »Man muss nicht einer organisierten Religion angehören, um liebevolle Gedanken und Gebete auszusenden, die anderen helfen. Leider haben Überlegenheitsgefühle manche Menschen veranlasst zu behaupten, nur ihre Religion finde vor Gott Anerkennung. Wer so denkt, hat an allen andere Gedanken der Liebe irgendetwas auszusetzen, um die eigenen überlegen erscheinen zu lassen – aber auch darüber haben wir bereits gesprochen.«

»Benutzen Sie denn Gebete, Malcolm, wenn Sie heilen?«

»Jeder Gedanke, ob gut oder schlecht, Chrissie, ist ein Gebet. Denken ist Beten, auch wenn nur wenige Menschen es so ausdrücken würden. Zur Kirche zu gehen und einmal die Woche ein paar Stunden lang wunderbare fürsorgliche Gedanken zu haben, bewirkt gar nichts, wenn die übrigen Gedanken während der Woche im Gegensatz zu jenen des Gebetes stehen. Die Gedanken, nach denen Sie jeden Tag leben, nehmen Einfluss auf Ihr Leben und das Ihrer Mitmenschen, nicht das, was Sie im Gebet denken.«

»Ich verstehe«, sagte sie, »aber wir haben darüber gesprochen, dass Sie während der Fernheilung den Körper verlassen.«

»Je mehr man zu absoluter Liebe wird, Chrissie, desto weniger Emotionen umhüllen den Körper. Dieser Zustand macht es leichter, den physischen Körper in Form von Liebe zu verlassen.«

»Viele Leute werden so etwas nicht gerne hören«, stellte sie fest und machte ein besorgtes Gesicht.

»Warum glauben Sie das?«, wollte ich wissen.

»Nun ja, viele Leute, ob sie nun Geistheiler sind oder nicht, können ihren Körper nicht verlassen und werden sich irgendwie beleidigt fühlen.«

»Ach, Sie meinen, ihr Ego wird Schwierigkeiten damit haben. Das ist nicht so schlimm, Chrissie. Geistheiler sind seit Hunderten von Jahren an solche kleinen Schwierigkeiten gewöhnt. Die Obersten viele Religionen konnten sich nicht mit dem Gedanken abfinden, dass anderen etwas gelang, wozu sie nicht in der Lage waren.«

»Ich nehme an, das erklärt, warum manche von ihnen mit Steinen beworfen und beschimpft wurden«, überlegte Chrissie.

»Ja, das stimmt, und es geschieht noch immer. Aber in diesem Jahrhundert leiden Wissenschaft und Logik ganz besonders unter einem Übermaß an Ichbezogenheit.«

Chrissies Interesse an diesem Thema war deutlich zu spüren. Sonst beschränkte sie sich häufig darauf, mich anzuspornen, doch diesmal beteiligte sie sich intensiv und das Resultat war ein richtiges Gespräch.

»Jahrelang haben Denker und Wissenschaftler sich über visionäre Menschen lustig gemacht, nur weil ihnen die Fähigkeit abging, sich verständlich zu machen«, bemerkte sie.

»Das ist wahr. Doch inzwischen tut sich einiges. Die Menschen werden spirituell bewusster und bewerten ihre Ziele und die Beweggründe ihrer Zielsetzungen neu. Mehr und mehr Menschen machen sich frei von den Hindernissen, die sie bisher davon abhielt, eins mit der Liebe und der mit ihr einhergehenden Kraft und Weisheit zu werden.«

»Also gut, Malcolm, lassen Sie uns zur Fernheilung zurückkehren! Sie haben darüber gesprochen, dass Sie Ihren Körper verlassen. Wie können Sie das erklären?«

»Chrissie, meine Stimme ist überall in diesem Raum zu hören, vor mir, hinter mir, überall eben. Die Tatsache, dass sie meine Lippen verlassen hat, bedeutet nicht, dass sie nicht mehr zu mir gehört, nicht wahr?«
»Ja«, stimmte sie zu, »das kann ich nachvollziehen. Ihre Gedanken bringen Ihre Stimme hervor, und beides ist ein Teil von Ihnen.«
»Und meine Gedanken, zum Ausdruck gebracht in meiner Stimme, verbreiten sich in Raum und Zeit. Es gibt keinen Ort, den meine Gedanken nicht erreichen können. Können Sie mir noch folgen?«
Chrissie nickte: »Sie wollen damit sagen, dass der Energie eines Gedankens durch Raum und Zeit keine Grenzen auferlegt sind.«
»So ist es. Sobald ich mich von meinem Körper und von meinen Emotionen befreit habe, gibt es keinen Ort, an den meine Gedanken nicht gelangen können. Sie kommen als Energie der Liebe in jeder Sphäre vor. Nun geht es einzig darum, die Kraft der Liebe dorthin zu dirigieren, wo sie benötigt oder erbeten wird.«
»Wahnsinn! Sagen Sie mir damit, dass Sie sich an jedem beliebigen Ort aufhalten können, auf den Sie Ihre Gedanken richten?«
»Ja. Wieso sollte die Zeit oder mein Körper an irgendeinen Ort gefesselt sein? Als absolute Liebe können wir eins mit allem und jedem werden, der diese Liebe erbittet. Dazu müssen wir nicht hierhin oder dorthin gehen – die Liebe ist bereits da. Liebe braucht keine Identität oder Persönlichkeit. Warum sollte man sich auf einen Ort beschränken, wenn man als Liebe mit allem, was da ist, eins sein kann?«
»Das ist Ehrfurcht gebietend! Diese Vorstellung ist schwer zu erfassen, doch auf jeden Fall ist sie Ehrfurcht gebietend.«
Ich forderte Chrissie auf, die Augen zu schließen. Als sie in einen nichtkörperlichen Ort glitt, verlor sie sich schon bald in

einem Meer von Empfindungen. In diesem Augenblick verschwand ihr Begriff von Identität, und die Liebe, die sie war, zog sie zu sich hinauf. Statt Liebe auszustrahlen, wurde Chrissie zu Liebe. In diesem vollkommen entspannten Zustand strahlte sie Frieden und Ruhe aus.
»Was nehmen Sie wahr, Chrissie?«
»Ein helles Licht«, antwortete sie. »Ich scheine von diesem unglaublich schönen hellen Licht umfangen zu sein.«
»Lassen Sie sich davon umspülen und durchdringen, Chrissie. Spüren Sie, wie es Ihre negativen Gedanken auflöst, bis Sie eins mit dem Licht werden.«
Nachdem sie sich ein paar Minuten lang in einem Zustand vollkommenen Friedens und absoluter Zufriedenheit befunden hatte, teilte sie mir ruhig mit, dass sie nun eins mit dem Licht geworden war. Ich setzte meine Anleitung fort und sagte: »Denken Sie an jemanden, der Liebe und Hilfe benötigt. Sobald ein Bild dieses Menschen in Ihnen entstanden ist, machen Sie sich in Ihren Gedanken zu diesem Menschen auf. Sagen Sie mir, wenn Sie ihn erreicht haben.«
Ein paar Sekunden später teilte Chrissie mir mit, dass sie die betreffende Person erreicht hatte. Sie konnte sie vor ihrem inneren Auge sehen.
»Richten Sie die Liebe, das Licht, zu dem Sie geworden sind, auf diesen Menschen. Geben Sie sich der Situation ganz hin, damit die Person die Liebe, die Sie sind, annehmen kann. Sehen Sie das Licht, zu dem Sie geworden sind, und hüllen Sie damit die Person ein, damit sie gleichfalls eins mit dem Licht werden kann.«
Chrissie versicherte mir, dass sie Liebe und Licht mit dem von ihr ausgewählten Menschen teilte. Ich forderte sie auf, an einen weiteren bedürftigen Freund zu denken, an eine Verwandte oder an ein Tier, für den, die oder das sie Liebe empfand. »Und nun können Sie zu dieser zweiten Person als Liebe

und Licht gehen und den gleichen Vorgang wiederholen. Nur halten Sie, während Sie zur zweiten Person wechseln, die erste Person weiterhin in Ihren Gedanken fest. Nun sind Sie mit beiden zugleich verbunden.«

Wenig später teile sie mir mit, dass sie die zweite Person in ihr Licht eingehüllt hatte und dass die erste noch immer bei ihr war. Ich ließ sie eine Weile in diesem Zustand verharren. Dann forderte ich sie auf, die beiden ersten Personen in ihrer Liebe und ihrem Licht zu behalten, während sie noch eine dritte hinzuholte. Nach kurzer Zeit flüsterte Chrissie, dass sie mit nunmehr drei Menschen in ihrem Licht verbunden war.

Sie verharrte etwa eine Viertelstunde lang in diesem euphorischen Zustand; dann forderte ich sie auf, die drei Personen aus ihrer Liebe freizugeben und zu dem Zentrum des Lichts zurückzukehren, wo sie ihre Reise begonnen hatte. Nachdem sie dort eingetroffen war, bat ich sie, in ihren Körper zurückzukehren. Ein paar Minuten vergingen, bis Chrissie ihre Augen öffnete. Noch länger dauerte es, bis sie schließlich sprach. Sie war umhüllt und durchdrungen von einem wunderbaren Glanz. Ich wartete, bis sie das Wort ergriff.

»Das war so wunderschön«, war alles, was sie sagen konnte. Sie war ganz und gar ergriffen von der Liebe und der Freude und Zufriedenheit, die mit ihr einhergehen.

»Sie sind soeben von Ihrer ersten Reise im Rahmen einer Fernheilung zurückgekehrt.«

»Aber ich habe gar keine Gebete gesprochen oder irgendetwas gesagt«, bemerkte sie, als habe sie etwas Wichtiges vergessen.

»Warum hätten Sie Gebete sprechen sollen?«, fragte ich lächelnd. »Die Liebe und das Licht, die Sie waren, haben bereits alles gesagt. Sie selbst waren das Gebet, Chrissie. Begreifen Sie denn nicht? Das ist es, was ich Ihnen von Anfang an versucht habe beizubringen: Sie *sind* die Liebe. Ein Gebet ist das, was Sie *sind*, nicht das, was sie *tun*. Die Liebe und Zärtlichkeit, die Sie anderen gegeben haben, machen Beten überflüssig. Beten hätte Sie vom Licht abgeschnitten, doch Sie waren das Licht! Sie *sind* Liebe. Und wenn Sie so leben, dann werden Sie zu einem lebendigen, atmenden Gebet der Liebe. Die Liebe, das Licht kommen von Gott. Sie haben die Liebe, die Sie *sind*, zu den Menschen dirigiert, die ihrer bedürfen.«

Weil ich weiß, dass manche Menschen noch nicht bereit sind, meine Vorstellungen von Licht und Liebe zu akzeptieren, wollte ich Chrissie zur Vorsicht mahnen und sagte: »Manche werden jedoch behaupten, dies sei Teufelszeug ...«

»Unmöglich!«, rief sie empört. »Gottes Liebe war überall. Ich konnte sie berühren, hören, fühlen und sehen. Der einzige Teufel ist der, der die Liebe leugnet.«

»Ich weiß, Chrissie, aber Sie dürfen nicht enttäuscht sein, wenn Ihre Erklärungen zu heilender Liebe nicht verstanden werden. Vergessen Sie nicht, was ich Ihnen gesagt habe: Viele von denen, die höhere Ebenen nicht erreichen können, werden Fehler an denen finden, denen dies gelingt.«

»Außerdem könnte es einigen Menschen Angst machen.«

»Ja, ganz gewiss. Angst ist eine starke Emotion, und die Schatten, von denen ich Ihnen erzählt habe, werden alles tun, um die Menschen im Dunkeln und bei Gefühlen wie Angst, Besitzdenken und Überlegenheit zu halten. Unglücklicherweise schließt dies auch einige religiöse Führer mit ein.«

Chrissie war noch immer überwältigt von der Schönheit ihrer Erfahrung.

»Bin ich jetzt eine Heilerin?«, wollte sie wissen.

»Wenn Sie Liebe im Herzen haben, was sonst könnten Sie dann sein?«

»Ich weiß schon«, lächelte sie, »ich *bin* die Liebe. Jetzt erst weiß ich wirklich, was Sie mit dieser Liebe meinen. Ist die Zahl der Menschen, die man durch Liebe unterstützen kann, irgendwie begrenzt, Malcolm? Ich verstehe nun, was Sie damit gemeint haben, dass man zugleich an mehr als einem Ort sein kann. Warum bedienen Sie und die übrigen Heiler sich dann nicht der Fernheilung, um alle zu heilen?«

»Jetzt wechseln Sie wieder das Thema, Chrissie.«

»Wie das?«, fragte sie überrascht.

»Sie fordern mich wieder auf, etwas zu *tun*. Aber ich *mache* nichts mit der Liebe, Chrissie. Sie haben gleichfalls nichts *gemacht*, als Sie mit Ihren Freunden im Licht waren. Sie waren nur da und haben sich Ihren Freunden als Liebe zur Verfügung gestellt. Die Liebe steht jedermann unabhängig von Rasse, Religion und allem, was Ihnen nur einfallen mag, offen. Und jeder trägt Liebe in sich. Um Liebe freizusetzen, müssen sich die Menschen von Angst und anderen negativen Emotionen befreien.«

Nun machte sich Verblüffung auf ihrem Gesicht breit und sie fragte: »Wo also ist das Problem?«

»Es gibt kein Problem, doch die Menschen müssen Hilfe erbitten. Wir dürfen nicht einfach herumgehen und irgendwelche Leute mit unserer heilenden Liebe umfangen, weil wir uns damit gut fühlen. Unter normalen Umständen würde kein Heiler irgendjemandem seine Liebe vorenthalten, doch für gewöhnlich müssen Bedürftige ihre Hilfe im Gebet oder auf anderem Weg erbitten. Wenn Menschen um Hilfe bitten, dann wird sie ihnen in Form von Liebe zugänglich.«

»Aber was wird denn aus der Heilung?«, lautete Chrissies nächste Frage.

»Sehen Sie, Chrissie, Heilung ist nicht wichtig – sie steht nicht im Zentrum meiner Arbeit. Heilung ist nur eine Art und Weise, den Menschen bewusst zu machen, dass Liebe der natürliche Zustand ihres Geistes ist. Alle übrigen emotionalen Zustände, wie sie etwa von Angst, Besitzdenken oder Überlegenheitsgefühlen herbeigeführt werden, sind unnatürlich. Sie sind der Grund, warum die Menschen so sehr leiden.«

Chrissie ärgerte sich sichtlich darüber, dass ich nicht bereit war, mich der Heilung der Menschheit zu verschreiben. Ein wenig schnippisch fragte sie: »Wenn Heilen nicht wichtig ist, warum tun Sie es dann?«

»Ich heile, weil mich die Leute darum bitten«, erklärte ich. »Sobald mich die Leute nicht mehr darum bitten, werde ich etwas anderes tun. Wenn ich heile, ohne zuvor darum gebeten worden zu sein, dann maße ich mir eine Autorität über die Bedürfnisse der Menschen an, die mir nicht zusteht.«

»Ach so«, mehr konnte sie im Augenblick nicht sagen.

»Weder unsere Persönlichkeit noch unsere Gefühle sind etwas Besonderes«, fügte ich hinzu. »Besonders an uns ist nur die Liebe, die wir *sind* und dass wir nichts von ihr wissen. Weil wir unsere eigene Liebe nicht kennen können, Chrissie, deshalb sonnen wir uns in der Strahlkraft und Schönheit der Liebe, die uns durch unsere Mitmenschen vermittelt wird.«

»Ich wünschte nur, ich könnte verstehen, wo die Liebe ihren Ursprung hat«, sagte Chrissie aufrichtig.

»Alle Liebe hat nur eine Quelle: die Größte Liebe oder Gott. Ich meine die Liebe, die ein jeder von uns im anderen sehen kann. Diese Liebe steht uns immer zur Verfügung. Gelegentlich jedoch lassen wir es zu, dass uns Gefühle den Blick auf ihre Strahlkraft verstellen; oder, was noch schlimmer ist, wir löschen sie aus, indem wir die Liebe ignorieren und zu einer der negativen Emotionen wie etwa Hass werden.«

»Nun gut, jedenfalls weiß ich, dass das, was ich erfahren habe, Liebe war. Vielleicht ist das erst einmal genug.«

»Gut möglich. Sehen Sie, Gott spricht zu uns durch die Schönheit, mit der er uns umgeben hat, und wir sprechen zu ihm durch die Liebe, die wir an andere weiterreichen.«

# Geistheilung

»Hallo, Chrissie! Herrlicher Tag. Wir könnten hinausgehen und die Schönheit der Blumen, der Bäume, der Vögel und der Sonne genießen, statt hier drinnen zu sitzen.«
»Das ist eine gute Idee.«
»Ich will nur Debbie schnell noch Bescheid sagen, dass wir auf der Terrasse sind, falls sie mich braucht.«
Schon bald saßen wir draußen im Schatten eines Feigenbaumes. »Wenn man draußen sitzt, Chrissie, dann ist man sofort mit dem Problem konfrontiert, dass die Natur hypnotisch wirkt. Hören Sie doch nur, wie wundervoll die Vögel singen und wie harmonisch das Zirpen der Heuschrecken dazu klingt. Der Windhauch bewegt die Bäume im gleichen Rhythmus mit der Melodie der Vögel – die Choreographie der Natur ist beeindruckend.«
»Ja, das ist sie wirklich. Die warme Luft wirkt so entspannend, und es könnte mir schwer fallen, mich richtig zu konzentrieren. Unser Thema für heute darf also nicht zu schwierig sein, Malcolm.«
»Der Schwierigkeitsgrad unseres Themas hängt von der Frage ab, die Sie stellen, Chrissie.«
»Also gut. Können Sie mir vielleicht näher erklären, was letzte Woche mit mir geschehen ist? Das war wirklich beeindruckend. Eben habe ich noch hingebungsvoll Ihren Erklärungen zur Fernheilung gelauscht und im nächsten Augenblick befand ich mich mitten in einem einzigartigen weißen Licht. Ich genieße noch immer seine Schönheit und seine Magie.«
»Haben sich Ihre Gedanken und Gefühle seit Ihrem letzten Besuch bei mir verändert?«, fragte ich.
»Aber ja. Ich bin viel ruhiger, ausgeglichener ... mehr als jemals zuvor. Ich spüre einen inneren Frieden, was ich kaum

erklären kann. Als ich Ihre Praxis verließ, fühlte ich mich geradezu high. Einfach toll! Ich war voller Energie, als würde ich fliegen. Das Hochgefühl war einfach wunderbar. Es hielt ungefähr zwei Tage lang an, und dann setzte diese Entspannung, innere Ausgeglichenheit und Zufriedenheit ein. Meine Ängste und Gefühle von Stress sind verschwunden ... mir kommt jetzt alles irgendwie viel friedlicher vor.«

»Wirklich alles oder nur Sie selbst, Chrissie?«

Sie dachte einen Augenblick lang nach. »Nein, ich glaube, meine Reaktionen und Einstellungen haben sich verändert. Und schlafen kann ich! Endlich schlafe ich einmal die ganze Nacht durch. Früher habe ich viel geträumt und habe unruhig geschlafen. Jetzt sind meine Nächte friedlich. Ich erinnere mich an keinerlei Träume.«

»Was hat sich noch verändert?«

»Also, ich sehe die Dinge jetzt auch anders. Ich habe das Gefühl, zu allem dazuzugehören – ich fühle mich nicht mehr abgeschnitten. Das kommt mir gelegentlich unheimlich vor.«

»Was meinen Sie mit unheimlich, Chrissie?«

»Bevor ich letzte Woche dieses tolle Erlebnis hatte, habe ich mich auf das, was ich schaffen wollte, konzentriert: erst habe ich es von allen Seiten untersucht, dann seine Tiefen ausgelotet und mir viele Gedanken darüber gemacht. All das ist jetzt vorbei. Jetzt lege ich einfach los, und alles gelingt. Ich muss einfach nicht mehr so viel über meine Kunst nachdenken. Das lässt sich schwer erklären ... wenn ich male, dann bin ich irgendwie mit in meinem Bild. Am besten kann ich es vielleicht ausdrücken, indem ich sage, dass ich jetzt mit meinem Geist und nicht mehr mit meinem Pinsel male.«

Sie horchte dem Gesagten noch einen Moment lang nach und fragte dann: »Was konnte meine Wahrnehmung derartig verändern, Malcolm? Was haben Sie mit mir gemacht?«

»Ich habe gar nichts *gemacht*, Chrissie. Das habe ich schon viele Male erklärt.«

»Ist es das, was Sie heilen nennen? Ich habe mich nicht krank oder irgendwie schlecht gefühlt; aber seit vergangener Woche geht es mir körperlich und geistig trotzdem besser.«

»Das ist ein typisches Beispiel für Geistheilung, Chrissie.«

»Ja, wirklich?«

»Aber natürlich. Diese oder jene Krankheit bei irgendwelchen Leuten zu heilen, ist nicht so wichtig. Wirkliche Geistheilung erzeugt eine von Liebe erfüllte Situation, die es den Menschen gestattet, sie selbst zu werden. Diese Art Heilung erfolgt nicht immer nach der ersten Sitzung, es ist aber durchaus möglich. Echte Geistheilung ist abhängig von der Menge der Emotionen, die geklärt werden müssen, und von der Bereitschaft des Klienten, auf die Ausreden zu verzichten, mit denen er die Haltung, zu der er geworden ist, bisher begründet hat.«

»Mir kommt es so vor, Malcolm, als hätten Sie mich von irgendetwas befreit. Ich fühle mich erst jetzt richtig frei zu leben. Liegt das daran, dass Sie mir meine Ängste genommen haben?«

»Ja, das ist ein Teil davon, aber nur die Vorbereitung. Die Veränderung selbst trat erst ein, als Sie bereit waren, anderen zu helfen. Als Sie aufhörten, nur an Chrissie zu denken, und anfingen, die Sie umgebende Schönheit wahrzunehmen, da wurde es leichter für Sie, eine kreative Künstlerin zu sein. In Ihrer Kunst beschäftigen Sie sich vor allem mit der Natur, folglich waren Sie bereits auf den Geist eingestimmt.«

»Fand die Veränderung in mir statt, als ich zu Licht wurde und dieses Licht den Menschen brachte, die es brauchten? Wollen Sie mir damit sagen, dass die von mir praktizierte Fernheilung meine eigene Heilung bewirkt hat? Wenn dem so ist – ich hatte jedenfalls nicht erwartet, gleichfalls geheilt zu werden.«

»So ähnlich, Chrissie. Ich will versuchen, es zu erklären. Aber diese Erklärung ist schwierig, seien Sie also geduldig.«

Sie nickte und lächelte.

»Geistheilung ist nichts anderes als bedingungslose und absolute Liebe. Bedingungslos bedeutet, den Menschen, der um Hilfe bittet, vollständig und ohne jegliche Vorbedingungen zu akzeptieren. Damit meine ich absolute Akzeptanz ohne jegliche Bedingungen! Wie könnten Sie beispielsweise einem Menschen erfolgreich Heilung zuteil werden lassen, wenn dieser Mensch irgendwann eine Abtreibung hat vornehmen lassen und Sie einen solchen Eingriff ablehnen?«

»Wie könnte ich nicht daran denken?«

»Wenn Sie zu dem Schluss kommen, dass dieser Mensch einen Fehler gemacht hat, dann erfährt Ihre Liebe sofort eine Einschränkung. Wir wollen es mit einem anderen Beispiel versuchen, mit einer weniger offensichtlichen moralischen Frage. Nehmen wir den Gedanken ›Ich wünschte, er würde nicht rauchen‹ oder ›Sie ist wieder fünf Minuten zu spät dran‹. Ein solcher Gedanke verbindet Ihre Liebe mit einer Einschränkung. Die Liebe, die Sie sind, verliert unmittelbar ihre Bedingungslosigkeit, sobald Ihnen auch nur irgendein Urteil oder eine Wertung durch den Kopf geht. Durch negative Gedanken und Wertungen werden Emotionen zwischen die heilenden Gedanken gestreut, und diese blockieren den Fluss der Liebe hin zu jenen, denen Sie helfen wollen, und auch den Fluss zurück zu Ihnen selbst.«

»Es ist nicht leicht, zu bedingungsloser Liebe zu werden, nicht wahr?«

»Alles läuft darauf hinaus, jeden, wirklich jeden Hilfesuchenden ohne Ausnahme ganz und gar zu akzeptieren. Man muss sogar diejenigen vollständig annehmen, von denen man selbst vielleicht abgelehnt wird. Wenn die heilende Liebe, die Sie anzubieten haben, eine spirituelle Liebe und wirkungsvoll sein soll, dann darf es keine Ausnahmen geben. Umgekehrt muss aber auch der Heiler von jenen, die Hilfe suchen, bedingungslos akzeptiert werden, damit sie die angebotene Hilfe oder Liebe überhaupt annehmen können.«

»Und ich dachte, wir würden dieses Gespräch leicht halten«, schalt mich Chrissie.

»Die Leichtigkeit liegt in der Einfachheit, Chrissie. Spirituelle Liebe akzeptiert jeden und alles als gleichwertig, ohne irgendwelche Bedingungen zu stellen. Sie macht sich selbst jederzeit allen Lebensformen zugänglich. Bedingungen sind die Produkte von Gefühlen und blockieren Heilung – sowohl für den Gebenden als auch für den Empfangenden.«

»Ich muss zugeben, dass es mir schwer fällt, jeden Menschen so bedingungslos zu akzeptieren, wie Sie es verlangen. Heißt das, dass ich keine Heilung empfangen und auch kein Heiler werden kann?«

»Nein, das heißt es nicht.« Ihre Ernsthaftigkeit veranlasste mich, ihr ermutigend zuzulächeln. »Doch Sie beschränken Ihre Fähigkeit zu heilen in dem Maß, in dem Sie die Liebe in Ihrem Umfeld mögen oder nicht mögen, sie billigen oder kritisieren, sie akzeptieren oder ablehnen – insbesondere die Liebe derer, die zwecks Heilung zu Ihnen kommen. Wie gesagt, Sie beschränken die Fähigkeiten Ihres eigenen Körpers, sich selbst zu heilen oder zu schützen, durch die Einstellungen, die Sie anderen Menschen gegenüber entwickeln.«

»Malcolm, sagen Sie mir, was Ihnen durch den Kopf geht, wenn jemand bei Ihnen zur Tür hereinkommt«, bat Chrissie. Sie fühlte sich offenbar überfordert von den spirituellen Ansprüchen der Liebe.

»Das ist einfach. Als Erstes suche ich nach der Schönheit und Liebe, die ich in allem Leben sehe. Dann werde ich eins damit, so wie Sie es getan haben, als Sie zu dem weißen Licht wurden. Indem ich mich auf die Liebe des anderen einstimme, wird alles andere, das nicht Liebe ist, ausgegrenzt. Das ist alles, Chrissie. Es kommt mir überhaupt nicht in den Sinn, dass ich irgendetwas für irgendjemanden tun sollte.«

»Aber sicherlich müssen Sie doch etwas tun wollen, um zu helfen?«

»Ach, Chrissie, diese Stelle des Gesprächs haben wir schon einmal erreicht. Ich *tue* gar nichts. Mit der Liebe, die ich bin, kann ich nichts *anfangen*. Ich weiß ja nicht einmal von der Liebe, die ich bin. Haben Sie denn irgendetwas mit dem weißen Licht *gemacht*, als Sie Fernheilung betrieben haben?«

Sie schüttelte den Kopf. »Nein, natürlich nicht.«

»Ihre Freunde konnten etwas damit anfangen«, fuhr ich fort. »Sie haben ihre Liebe aufgefüllt und es ihrem Geist damit ermöglicht, sich über jegliche negative Emotionen zu erheben. Die negativen Emotionen können dann aufgelöst oder verwandelt werden, und der Körper kehrt in seinen normalen gesunden Zustand zurück.«

Chrissies fragender Gesichtsausdruck veranlasste mich, etwas ausführlicher zu werden.

»Ich will versuchen, es noch einmal anders zu erklären«, begann ich. »Stellen Sie sich vor, dass ein kleines Mädchen mit zerebraler Lähmung und all den körperlichen Komplikationen, die damit einhergehen, in meine Praxis gebracht wird. Die Vorstellung, das Kind zu verändern oder zu bessern, käme mir überhaupt nicht in den Sinn.«

»Wie kann das sein?«, fragte Chrissie und suchte sich mit ihrem Stuhl eine andere Position, um dem direkten Sonnenlicht zu entgehen, das jetzt hinter dem Baum hervor direkt auf sie fiel.

»Weil ich Kinder liebe, Chrissie, alle Kinder, genau so, wie sie sind. In meinen Augen sind sie vollkommen – ganz egal in welchem Zustand sie sich auch befinden. Sie sind bereits das strahlende weiße Licht der Liebe. Wie könnte ich auf den Gedanken kommen, auch nur eines von ihnen verändern zu wollen? Es ist vollkommen undenkbar, dass mir ein solcher Gedanke auch nur für den Bruchteil einer Sekunde in den Sinn kommen könnte. Alle Kinder sind von Liebe eingehüllt, selbst jene, die mehr als die Übrigen um Akzeptanz ringen müssen. Ich möchte nur, dass sie ihr eigenes Licht, ihre Schönheit erkennen. Wenn ich es wahrnehme, dann kann ich es für sie zurückspiegeln; und sie sind vielleicht fähig, sich selbst zu akzeptieren. Sie bekommen die Liebe zu spüren, die sie selbst sind, und bewirken ihre Veränderung oder Verbesserung selbst.«

»Sie sind erstaunlich, Malcolm.«

»Nein, Chrissie, ich bin nicht erstaunlich. Ich weiß nur, dass ich Kinder als unvollkommen beurteile, wenn ich auch nur einen Moment lang glaube, dass ihnen geholfen werden kann oder sie verändert werden müssen. Wie kann ein Kind der Liebe weniger als vollkommen sein?«

»Es hilft wahrscheinlich auch nicht, wenn wir unsere Beurteilung einfach verschweigen?«

»Nein, das macht es nicht besser. Wenn ich der Auffassung wäre, dass ich ihr kleines Leben verbessern kann, indem ich auf irgendeine Weise Einfluss auf ihren körperlichen Zustand nehme, dann muss ich in meinem Kopf ein Bild davon erzeugen, wie ich sie zu verbessern gedenke. Ich würde mir ein Bild von ihnen machen, das sich von ihrem gegenwärtigen Zustand unterscheidet. Ich würde sie also nicht so akzeptieren, wie sie sind.«

»Kann ein Kind Ihre Gedanken fühlen?«

»Ja, unmittelbar. Auf einer unbewussten spirituellen Ebene spüren es Kinder, wenn sie in ihrem Sosein nicht akzeptiert und irgendwie als minderwertig eingestuft werden. Und sie werden sofort eine emotionale Barriere errichten, um diese Emotionen der Unvollkommenheit von sich und ihren Gedanken fern zu halten.«

Chrissie, die neuerlich ihren Stuhl verrückte, um Schatten zu suchen, wollte wissen: »Warum würden Kinder eine so starke emotionale Barriere errichten wollen?«

»Weil sie spüren, dass ich sie in ihrem Sosein ablehne. Es ist unmöglich, einen Menschen in einem Detail abzulehnen und in einem anderen zu akzeptieren. Entweder wir akzeptieren einen Menschen absolut und ohne Vorbehalte oder wir weisen ihn zurück. Ein Kind spürt genau, wer es liebt und so akzeptiert, wie es ist. In meiner Arbeit habe ich sehen dürfen, wie wunderbar die Liebe sein kann, die Eltern und Großeltern für ihre Kinder empfinden.«

»Aber Sie wollen doch bestimmt nicht behaupten, dass Eltern, die ihren Kindern helfen wollen, sie auf irgendeiner Ebene ablehnen. Das ist ein schrecklicher Gedanke.«

»Nein, diese Art Hilfe meine ich nicht. Das ist ja die wunderbare Liebe, die ich meinte, als ich von Eltern sprach, die ihre Kinder vollkommen akzeptieren und lieben und alles tun, damit es ihnen möglichst gut geht. Elterliche Liebe ist die stärkste, die es gibt, und um dem Kind zu helfen, müssen wir auch die Eltern akzeptieren und lieben. Ich kann kein Kind heilen, wenn ich die Personen ablehne, die das Kind liebt.«

»Einen Augenblick, Malcolm, ich kann Ihnen nicht mehr folgen.«

»Also gut. Sehen Sie, erst wenn Sie einen Menschen so akzeptieren können, wie er ist, ohne Vorbedingungen und Verurteilungen, dann kann dieser Ihre Liebe akzeptieren und sie, wenn er will, nutzen, um sich zu verändern. Heilende Liebe löst Schmerz und Angst auf, stärkt Selbstbewusstsein und Selbstachtung und ermöglicht es dem Heilungssuchenden, seinen Zustand im Rahmen des physisch Möglichen selbst zu beeinflussen. Bei der Geistheilung geht es nicht darum, irgendetwas zu tun – sie verlangt vielmehr, die Schönheit und Liebe in anderen zu sehen. Diese Art von Liebe kennt keine Verpflichtung

und keine Zielsetzung. Ich spreche von der vollständigen Akzeptanz eines anderen in seinem Umfeld, in seinem Leben. Wie ich Ihrer Freundin Jane bereits vor ein paar Wochen sagte, haben wir keinen Zweck zu erfüllen, wie brauchen keine Existenzberechtigung. Andere nutzen die Liebe, die wir sind, um in ihrem Leben Veränderungen herbeizuführen – vorausgesetzt, unsere Liebe ist nicht an Bedingungen geknüpft.«
Chrissie rutschte unruhig auf ihrem Stuhl hin und her. »Stört Sie die Sonne?«, fragte ich.
»Ja, ein wenig. Aber ich wollte Sie nicht unterbrechen.«
»Also gut, lassen Sie uns wieder nach drinnen gehen.«
»Meine Güte, ist das kalt hier, nachdem wir draußen in der Sonne saßen.«
»Manche Leute sind eben nie zufrieden«, erwiderte ich, um Chrissie ein wenig zu piesacken. Zum Dank warf sie mir einen eisigen Blick zu.
»Ich möchte die wesentlichen Punkte im Zusammenhang mit spiritueller Liebe noch einmal wiederholen.« Chrissie zog ihr Notizbuch hervor. »Wenn ich es richtig verstanden habe«, begann sie, »dann muss man, um Geistheilung zu betreiben, den Hilfesuchenden vollkommen akzeptieren, ohne einen Gedanken daran, irgendetwas für ihn tun zu wollen.«
»Ja, das ist richtig. Aber Sie dürfen natürlich nicht vergessen, dass Sie dazu selbst frei sein müssen von negativen Emotionen und sich der Liebe als Ihrem natürlichen Zustand ergeben müssen.«
»Kommen Sie schon, Malcolm. Ich habe Sie heilen sehen, und Sie *tun* mehr, als nur zu reden. Sie stehen hinter den Leuten und legen ihnen Ihre Hände auf. Da *tun* Sie doch dann auch irgendetwas.«
»Das stimmt, Chrissie, aber dabei handelt es sich streng genommen nicht um Geistheilung. Was Sie meinen, ist magnetisches oder energetisches Heilen. Dies ist gelegentlich erfor-

derlich, um einen Klienten in einen meditativen Zustand zu versetzen, der ihm hilft, sich von den Emotionen zu lösen, die seine Probleme verursachen.«

»Reden wir dann nicht mehr über Geistheilung?«

»Doch, aber die Energie, die durch meine Hände fließt, ist nicht Liebe. Es ist eine physische Energie, die ich einsetze, um meinem Klienten zu helfen, damit er rascher in einen meditativen Zustand findet. So kann ich dafür sorgen, dass er sich von den Emotionen befreit, die seine Probleme verursachen. Das ist möglich, weil die physischen Energien mit der spirituellen Liebe harmonisiert wurden.«

»Hört sich äußerst kompliziert an«, bemerkte Chrissie und seufzte.

»Das ist es nicht wirklich. Um physische Energie einzusetzen, braucht man nur zu wissen, wohin man die Hände legen muss, um den Zustand zu erzeugen, der physische Energie harmonisiert.«

»Und was für ein Zustand ist das, den zu erreichen der Heiler dem Klienten hilft?«

»Ein Zustand der Liebe ... Freiheit von unbewussten Ängsten und negativen Gedanken.«

Chrissie wurde unkonzentriert und wollte das Gespräch offensichtlich langsam beenden. Ich war darüber erleichtert, denn ich hatte den Eindruck, ich fing an, mich zu wiederholen.

»Sie halten fest an Ihrer Überzeugung, dass Sie nichts *tun*, richtig?«

»Unbedingt! Liebe ist das, was wir *sind*, Chrissie. Wir alle sind ein Bestandteil der spirituellen Liebe, wenn wir bereit sind, uns von unseren negativen oder egoistischen Gefühlen zu befreien.«

Nach einem Blick auf die Uhr sagte ich: »Chrissie, ich muss noch ein paar Telefonate führen. Können wir hier erst einmal eine Pause machen?«

»Sicher«, erwiderte sie. »Ich gehe zu Debbie einen Kaffee trinken und mache mit ihr einen Termin für nächste Woche aus.«

Als ich meine Telefonate beendet hatte, kam Debbie herein, um mir ein Glas Eistee zu bringen. Sie lächelte und sagte: »Da draußen sitzt eine sehr aufgeregte Dame. Sie hat Neuigkeiten, und würde Sie gerne noch einmal kurz sprechen.«

Chrissie kam herein und setzte sich. Ich konnte sehen, dass sie vor Freude strahlte. »Ich hoffe, es macht Ihnen nichts aus«, entschuldigte sie sich, »aber Debbie sagt, Sie hätten jetzt Zeit. Ja, sie hat sogar vorgeschlagen, dass ich Ihnen davon erzähle.«

»Wovon erzählen?«

»Ich habe Debbie von der Fernheilung erzählt, die ich letzte Woche mit Ihrer Hilfe geübt habe. Sie hat vorgeschlagen, die Leute anzurufen, die ich als das heilende Licht aufgesucht hatte, um die Wirkung zu überprüfen, und es ist unglaublich!« Chrissie konnte ihre Aufregung kaum bändigen.

»Erzählen Sie mir doch einfach, was sich zugetragen hat.«

»O Malcolm, die erste Freundin, die ich anrief, hat nach der Geburt ihres zweiten Kindes, die bereits zwei Jahre zurückliegt, nicht aus der Wochenbettdepression herausgefunden. Als ich sie anrief, erzählte sie mir, dass sie sich an einem Nachmittag vor etwa einer Woche plötzlich wieder so zu fühlen begann wie vor der Geburt.«

Chrissies Aufregung steckte mich an und erinnerte mich an das erste Mal, als mir jemand die positive Wirkung meiner an ihm vorgenommenen Fernheilung bestätigte.

»Und der zweite Anruf?«

»Die zweite Person, die ich bei der Fernheilung aufsuchte, war meine Tante, bei der man einen Schatten auf der Lunge festgestellt hatte und die entsprechend besorgt war. Ich weiß, dass sie keine Veränderung ihres Zustands wahrnehmen kann, selbst wenn es tatsächlich zu einer Verbesserung gekommen wäre. Wir standen uns schon immer sehr nahe, und sie ist erst in den Fünfzigern. Wäre die Vorstellung nicht wunderbar, dass ich ihr auf irgendeine Weise habe helfen können?«

»Aber natürlich«, stimmte ich zu, nun fast so aufgeregt wie Chrissie.

»Sie hat mir nur gesagt, dass sie letzte Woche irgendwie das Gefühl hatte, ich sei bei ihr gewesen. Sie wusste nicht zu sagen, wie oder warum, aber sie war sich sicher. Seither fühlte sie sich von all ihren Sorgen und Ängsten befreit. Sie sagt, sie weiß einfach, dass sich alles zum Guten wenden wird, und die zurückliegende Woche sei die beste seit langer Zeit gewesen.«

»Chrissie, das ist wunderbar! Nun wissen Sie also Bescheid ... jeder kann heilen. Dazu muss man nichts weiter tun, als sich von allen Zweifeln und negativen Gedanken zu befreien und sich der bedingungslosen Liebe zu ergeben.«

# Wut

»Guten Tag, Malcolm. Ich möchte, dass Sie meine Freundin Jenny kennen lernen.«

Jenny war schlank, etwa dreiunddreißig Jahre alt und offenbar sehr nervös. Ich hatte den Eindruck, dass sie nur Chrissie zuliebe mitgekommen war. Die beiden Frauen hatten sich in einander gegenüberstehenden Sesseln niedergelassen, und Jenny warf Chrissie nervöse Blicke zu.

»Ich habe Jenny aufgefordert, mich zu begleiten«, erklärte Chrissie, »weil ich glaube, dass Sie ihr vielleicht helfen können. Sie hat seit mehreren Jahren multiple Sklerose, und obwohl ihre Krankheit sie nicht sehr schwächt, wird sie doch langsam schlimmer. Ich bin sicher, dass Sie Rat wissen, nicht wahr?«

Ich wandte mich Jenny zu. »Sie sind sich nicht sicher, ob Sie diesem ganzen Heilkram trauen können, stimmt's?«, fragte ich sie mit einem Lächeln.

»Nein, da bin ich mir allerdings nicht sicher.«

»Nun, machen Sie sich darüber keine Sorgen, Jenny. Ich bin eigentlich ganz harmlos. Außerdem müssen Sie nichts tun, als mir von Ihren Symptomen zu erzählen. Ich erkläre Ihnen dann, wie die Heilsitzung bei mir Ihnen weiterhelfen kann.«

»Da gibt es eigentlich nicht viel zu berichten«, sagte Jenny und lehnte sich in ihrem Sessel zurück.

»Dann erzählen Sie mir einfach das, was Sie erzählen können.«

»Als ich etwa zwanzig war, fiel mir zum ersten Mal auf, dass ich auf der linken Seite schwächer wurde. Ich dachte mir zunächst nichts dabei, doch als ich mein Bein dann immer weniger belasten konnte, ließ ich mich untersuchen. Die Diagnose des Arztes lautete multiple Sklerose.«

»Was für einen Beruf haben Sie, Jenny?«
»Ich arbeite als Sekretärin bei einer Versicherungsgesellschaft.«
»Leiden Sie unter irgendwelchen Phobien?«
Jenny dachte einen Augenblick lang nach, bevor sie antwortete: »Nicht dass ich wüsste.«
»Haben Sie wiederkehrende Träume?«
»Nein.«
Jenny entspannte sich etwas und erzählte mir mehr von sich. Nichts in ihrem Leben fiel irgendwie aus dem Rahmen. Sie hatte keinen Freund, war nie verheiratet gewesen und hatte seit ihrem fünfundzwanzigsten Lebensjahr allein gelebt. Nun war Jenny an der Reihe, mir Fragen zu stellen.
»Was genau tun Sie eigentlich, wenn Sie heilen?«, wollte sie wissen.
»Nicht viel, insbesondere bei einer Krankheit wie der Ihren. Die Erfahrung hat mich gelehrt, dass multiple Sklerose ein rein physischer Zustand ist. Ihre Ursachen jedoch, für die wir uns hier mehr interessieren, sind für gewöhnlich rein emotional.«
Ich hatte bereits bemerkt, dass Jenny eine sehr empfindsame Seele war, was für Menschen mit diesem Krankheitsbild nicht ungewöhnlich ist. Personen, die unter dieser Krankheit leiden, sind häufig die liebevollsten, zärtlichsten und sanftesten Menschen, die man sich nur vorstellen kann. Jenny war da keine Ausnahme. Die heilende Liebe zeigte bereits Wirkung, und bei Jenny machten sich schon die ersten Anzeichen einer aufsteigenden Emotionalität breit.
»Die Ärzte haben mir ganz klare Gründe für meine Symptome genannt«, erzählte sie mir offen. »Sie haben mir erklärt, dass die Markscheide, die die Nerven umhüllt und für die Weiterleitung von Nervenimpulsen notwendig ist, nach und nach ihre Funktion nicht mehr erfüllen kann. Darum ist mein Bein schwach.«

»Ja, Jenny, aber dies sind lediglich Symptome. Die Ursache liegt tiefer.«

»Aber die Ärzte sagen, dass die Ursache meiner Schwäche die multiple Sklerose ist.«

»Das ist nur ein lateinischer Name für bestimmte Symptome«, entgegnete ich und lächelte sie an. »Wir interessieren uns dafür, warum Ihr Körper Sie nicht gegen diese Symptome schützt.«

»Wie meinen Sie das?«, fragte sie.

»Nun, Menschen, die unter multipler Sklerose leiden, sind für gewöhnlich attraktiv, freundlich, großzügig, geduldig und sehr empfindsam, so wie Sie es sind. Doch darunter sind sie häufig wütend – kochen wegen irgendeiner Ungerechtigkeit, die ihnen früher im Leben zugefügt wurde oder die sie vielleicht noch immer zulassen. Ich vermute, dass Sie trotz Ihres freundlichen, ruhigen Wesens tatsächlich sehr, sehr wütend über irgendetwas sind. Und entweder wissen Sie nicht, wie Sie es loslassen sollen, oder Ihnen fehlen die Mittel dazu.«

Jenny war eine Zeit lang sehr still. Ihre zusammengepressten Lippen zeigten mir, dass sie mit irgendwelchen Gefühlen rang, die an die Oberfläche drängten.

»Ich glaube, ich weiß, worüber ich wütend bin«, sagte sie schließlich mit so leiser Stimme, dass sie kaum zu verstehen war.

Ich hoffte nur, dass Chrissie jetzt still sein würde. Ich blickte zu ihr hinüber und sah, dass sie sich tiefer in ihren Sessel zurückgelehnt hatte, um so wenig wie möglich im Weg zu sein. Jenny, die bereits unter dem Einfluss der heilenden Liebe stand, nahm Chrissies Anwesenheit gar nicht mehr wahr.

»Erzählen Sie mir davon, Jenny.«

»Nun, ich möchte kein Aufhebens davon machen«, begann sie. »Viele Menschen müssen weit Schlimmeres ertragen, als mir zugestoßen ist.«

»Erzählen Sie es mir trotzdem.«

»Viel gibt es da nicht zu erzählen. Als ich noch klein war, ungefähr sechs Jahre alt, wurde meine kleine Schwester geboren. Sie war nie besonders kräftig und starb im Alter von sechs Jahren an einem Herzfehler. Vom Tag ihrer Geburt an schien ich vollkommen in Vergessenheit geraten zu sein. Ich habe Ihnen ja gesagt, dass es albern ist.«

»Waren Sie auf Ihre kleine Schwester wütend?«

»O nein. Wir hatten uns sehr lieb, und als sie starb, habe ich mich schrecklich einsam gefühlt.«

»Auf wen waren oder sind Sie dann wütend?«

»Auf meinen Großvater.«

»Warum?«

»Weil wir bis zu dem Zeitpunkt, als meine kleine Schwester geboren wurde, viel Zeit gemeinsam verbrachten – wir machten Spaziergänge, gingen zusammen einkaufen und so fort. Nachdem meine Schwester geboren war, kümmerte er sich nur noch um sie. Er schien mich überhaupt nicht mehr wahrzunehmen. Manchmal nahm er meine Spielsachen, um sie meiner kleinen Schwester zu geben, obwohl ich gerade damit spielte.«

Jenny fing nun an, sich zu öffnen. Die Tränen liefen ihr die Wangen herunter, als sie berichtete, wie ihre Liebe von ihrem Großvater ignoriert wurde.

»Am schlimmsten aber glaube ich war es«, setzte sie ihren Bericht fort, »nachdem meine Schwester gestorben war. Ich war wieder allein und dachte, Großvater und ich würden nun wie früher gemeinsam Dinge unternehmen, aber so geschah es nicht. Immer, wenn ich mit ihm spazieren gehen wollte und meine Hand in die seine legte, wandte er sich ab und sagte: ›Jetzt nicht, Jenny.‹ Niemand sprach über sie, und das machte alles nur noch schlimmer. Es war so, als sei sie nie da gewesen. Großvater war niedergeschlagener als alle Übrigen. Er wandte

sich vollständig von uns ab, nachdem meine Schwester gestorben war.«
Ich reichte Jenny die Schachtel mit den Taschentüchern. Sie hatte sich noch nicht ausgeweint. »Ich weiß, dass es albern ist, sich über all das zu beklagen, Malcolm, denn mir ist klar, dass mein Großvater furchtbar traurig war, sich einsam fühlte und meine Schwester schrecklich vermisste. Meine Mutter verlangte, ich solle ihn in Ruhe lassen – ich würde ihn zu sehr an sie erinnern, und das mache alles nur noch schlimmer. Vermutlich war ich einfach nur egoistisch.«
»Lebt Ihr Großvater noch?«
»Nein, er ist vor ungefähr zehn Jahren gestorben. Er ist nie mit dem Tod meiner Schwester fertig geworden, und nach ihrem Tod ignorierte er mich vollständig. Bitte denken Sie nicht, dass ich mich über meine kleine Schwester beklagen will. Sie war nicht schuld daran, und ich selbst habe sie ebenfalls schrecklich vermisst. Ich bin aber auch entsetzlich eifersüchtig, wenn ich an meinen Großvater denke, und das macht mich wütend. Eigentlich gab es da nichts, worüber ich mich hätte beklagen können. Meine Eltern haben mich immer geliebt, aber ich sehnte mich nach der Liebe meines Großvaters.«
»Ich möchte, dass Sie etwas für mich tun, Jenny.«
»Ja?«
»Ich möchte, dass Sie Ihre Augen schließen.«
Jenny schloss gehorsam ihre tränenüberströmten Augen, als sei sie erleichtert, die Gegenwart auszusperren.
»Ich möchte«, instruierte ich sie weiter, »dass Sie sich nun als das kleine Mädchen sehen, das Sie einmal waren. Führen Sie Ihre Gedanken in die Zeit zurück, als Sie sich am einsamsten fühlten, am meisten zurückgewiesen, am unglücklichsten. Können Sie sich selbst so sehen, wie Sie damals waren?«
»Ja«, flüsterte Jenny, und die Tränen liefen.
»Nehmen Sie jetzt das kleine Mädchen in die Arme, Jenny,

und drücken Sie es fest an sich. Spüren Sie die kleine Jenny, und lassen Sie sich von ihr die Arme um den Hals legen. Spüren Sie, wie Ihre Liebe zu ihr fließt ... und wie ihre Liebe zu Ihnen zurückkehrt. Gelingt Ihnen das?«

»Ich bin nicht sicher«, antwortete Jenny, noch immer weinend.

»Aber warum denn nicht, Jenny? Das kleine Mädchen braucht doch Ihre Liebe.«

»Aber sie ist doch nicht besonders liebenswert, oder?«

»Wie könnte ein kleines Mädchen von sechs oder sieben Jahren nicht liebenswert sein, Jenny? Es möchte nichts anderes, als lieb gehabt werden. Es wurde von seinem Großvater abgewiesen. Wollen Sie es gleichfalls zurückstoßen?«

An dieser Stelle brach Jenny in unkontrolliertes Schluchzen aus.

Ich fuhr fort: »Jenny, wenn jetzt ein kleines Mädchen durch diese Tür hereinkäme und sich einsam, zurückgewiesen und ungeliebt fühlte, würden Sie ihm dann sagen, dass es nicht besonders liebenswert ist? Würden Sie ihm sagen, dass es aufhören soll zu weinen, sich zusammenreißen und wieder normal benehmen soll? Würden Sie ihm sagen, dass es nicht weiter schlimm ist, wenn man von seinem Großvater zurückgewiesen wird? Oder würden Sie das Mädchen in Ihre Arme nehmen und ihm Ihre Liebe schenken?«

Schluchzend antwortete Jenny: »Ich würde es in die Arme nehmen und lieb haben.«

»Warum können Sie dann das kleine Mädchen, das Sie selbst waren, nicht lieb haben?«

Jenny zögerte noch immer.

»Nun kommen Sie schon, Jenny. Das kleine Mädchen verdient Ihre Liebe. Es sehnt sich mehr nach Ihrer Liebe als nach irgendeiner anderen Liebe auf der Welt. Nehmen Sie es in die Arme. Gelingt es Ihnen jetzt?«

»Ja«, sagte Jenny. »Ich halte sie jetzt in meinen Armen.« Mit noch immer geschlossenen Augen und die Arme um sich selbst gelegt wiegte sie sich hin und her.
Ich blickte zu Chrissie; sie weinte still vor sich hin.
»Wissen Sie, Jenny«, fuhr ich fort, »das kleine Mädchen hat nie irgendetwas Schlimmes getan. Sie wollte nichts anderes, als von Ihnen und seinem Großvater geliebt werden.«
»Ich weiß«, weinte sie, »aber Großvater fuhr mich, wenn ich in mich gekehrt oder unglücklich war, manchmal an und verlangte, ich solle aufhören, zu schmollen oder eifersüchtig zu sein. Ich weiß, meine kleine Schwester brauchte viel Aufmerksamkeit und Liebe, weil sie krank war, aber er hätte mich nicht vollständig ignorieren müssen, oder?«
»Nein, Jenny, er hätte Sie nicht einfach so übersehen dürfen. Die kleine Jenny brauchte ebenfalls viel Liebe. Sie waren unglücklich und einsam. Und weil Ihr Großvater Sie als ungezogen bezeichnete, wenn Sie sich verlassen fühlten, deshalb geben Sie sich nun selbst die Schuld.«
Sie nickte.
»Ihre kleine Schwester konnten Sie nicht dafür verantwortlich machen, denn Sie wussten ja, dass es nicht ihre Schuld war. In Ihrem Großvater konnten Sie gleichfalls nicht den Schuldigen sehen, denn ihn hatten Sie ja lieb. Und hatte er Ihnen nicht außerdem gesagt, es sei Ihre Schuld? Sagen Sie der kleinen Jenny jetzt, wie sehr Sie sie lieb haben. Sagen Sie ihr, wie hübsch sie aussieht und dass sie nie ein ungezogenes kleines Mädchen war.«
Jenny hatte sich nun etwas beruhigt und sagte: »Ich weiß, Malcolm. Wenn er mich doch nur nach dem Tod meiner Schwester wieder geliebt hätte ... danach schien ihm keiner mehr irgendetwas zu bedeuten. Und er hat mich nie wieder in den Arm genommen.«
»Spüren Sie weiterhin, wie die Liebe der kleinen Jenny Sie

erfüllt und wie Ihre Liebe in sie hineinfließt. Sie ist ein hübsches kleines Mädchen, und die einzige Liebe, die sie auf dieser Welt braucht, ist die Ihre. Wie kann irgendjemand sie lieb haben, wenn Sie es nicht tun, Jenny? Wenn Sie nicht glauben, die kleine Jenny sei liebenswert, dann wird es auch kein anderer tun.«

Wir saßen eine Zeit lang schweigend da. Schließlich sagte ich: »Ich möchte jetzt, dass Sie noch etwas anderes für mich tun.«

»Was könnte das sein?«, fragte sie mit noch immer geschlossenen Augen.

»Ich möchte, dass Sie Ihren Großvater sehen. Geht das?«

Sie reagierte mit einem zögernden »Ja«.

»Sie müssen erkennen, Jenny, dass Ihr Großvater nicht wusste, was in Ihnen vorging. Er liebte die kleine Jenny noch immer, er wusste nur nicht, wie er mit der Situation fertig werden sollte. Es war nicht seine Schuld. Er war aufs Äußerste um Ihre kleine Schwester besorgt. Wir können nicht wissen, was ihm durch den Sinn ging. Können Sie Ihren Großvater noch immer vor sich sehen?«

»Ja.«

»Was meinen Sie, würde Ihr Großvater tun, wenn er hier bei uns sitzen und uns zuhören könnte, wenn Sie ihm sagten, dass Sie ihm vergeben und noch immer sehr, sehr lieben?«

Jenny schwieg und sagte dann: »Ich glaube, er würde weinen. Ich glaube, er würde mich in die Arme nehmen und sagen, ›Das alles wusste ich nicht. Es tut mir Leid.‹«

»Sehen Sie also Ihren Großvater weiter vor Ihrem geistigen Auge, Jenny, und nehmen Sie ihn in die Arme. Drücken Sie ihn fest an sich, und schenken Sie ihm all Ihre Liebe. Spüren Sie seine Liebe, die er für Sie empfindet. Lassen Sie nun all die Wut, die Sie seit Jahren fühlen, zu Ihrem Großvater ziehen. Und jetzt lassen Sie all die Liebe, die Sie für Ihren Großvater fühlen, in sich nach oben kommen. Können Sie spüren, wie Ihre Liebe Ihre Wut ersetzt?«

»Das kann ich, Malcolm. Ich kann spüren, wie er mich von all meiner Wut befreit; und ich spüre die Liebe, die er für mich empfindet.«

»Sehen Sie, Jenny, während Sie an der Wut in Ihnen festgehalten haben, konnte Ihr Großvater nichts tun, um die Dinge wieder in Ordnung zu bringen. Er muss die Wut, die er in Ihnen verursacht hatte, wieder zurücknehmen, damit er den Schmerz, den er hervorgerufen hatte, auch spüren und schließlich verwandeln kann. Er ersetzt jetzt die Wut durch Liebe.«

»Ich weiß, ich kann es spüren«, sagte Jenny mit einem tiefen Seufzer.

Nachdem Jenny in Gedanken eine Weile mit ihrem Großvater zugebracht hatte, bat ich sie, mit ihren Gedanken wieder zur kleinen Jenny zurückzukehren und sie noch einmal in die Arme zu schließen. »Sagen Sie ihr jetzt, dass Sie sie nie wieder verlassen werden.«

»O das werde ich nie wieder tun!«

»... und dass Sie sich immer, wenn Sie sich traurig, einsam oder zurückgewiesen fühlen, mit der kleinen Jenny an einen ruhigen Ort zurückziehen und sie in die Arme nehmen werden. Sehen Sie, die kleine Jenny hatte ihre Selbstachtung und ihr Selbstvertrauen verloren, aber nun hat sie beides wiedergefunden. Wenn Sie wieder einmal wütend oder ungeduldig sind, dann möchte ich, dass Sie in Gedanken Ihren Großvater aufsuchen und ihm Ihre Liebe schenken. Die kleine Jenny hatte mit diesem Problem zu kämpfen, Sie nicht.«

Ein wenig später öffnete Jenny ihre Augen und schenkte mir ein strahlendes Lächeln. »Ich fühle mich wunderbar!«, sagte sie. »Irgendwie bin ich ruhiger und friedlicher. Ich weiß, dass ich geheilt bin.«

»Jetzt können Sie die multiple Sklerose überwinden, Jenny. Ihre Wut und Ihr Unglücklichsein sind nun aufgelöst, und Ihr Körper kann beginnen, sich selbst zu heilen.«
Chrissie umarmte Jenny herzlich und beide schwebten aus dem Raum.

»Hallo, Chrissie!« Sie hatte angerufen und darum gebeten, ob sie auf dem Weg zu einer Verabredung vorbeikommen dürfte. »Ich dachte, Sie wollten eine Art Picknick für unseren nächsten Termin organisieren. Sind Sie damit schon weitergekommen?«

»Ich hätte längst alles fix und fertig, aber ich habe eine Freundin, der keiner der vorgeschlagenen Termine passt. Und jedes Mal, wenn ich sie auffordere, doch selbst einen Vorschlag zu machen, präsentiert sie mir unmögliche Alternativen.«

»Hört sich so an, als hätten Sie da jemanden von der ablehnenden Sorte«, bemerkte Debbie.

»Wie das, Debbie?«, wollte ich wissen. »Ich glaube nicht, dass Chrissie oder das Picknick an sich abgelehnt wurde.«

»Ach, Malcolm, ich kenne diese Sorte. Sie wollen immer genau den Termin, den man schon als ungeeignet aussortiert hat, und schaffen es nie zu einem Zeitpunkt, der allen Übrigen passt.«

Chrissie wandte sich an mich und fragte: »Gibt es solche Menschen wirklich, Malcolm?«

»Ja, Menschen von der ablehnenden Sorte, wie Debbie sie bezeichnet hat, sind für gewöhnlich Menschen, die als Kinder selbst massive Ablehnung erfahren haben und nun in der Angst leben, es könnte ihnen wieder passieren. Und wie um sich zu beweisen, dass sie Recht haben, tun sie alles, um die erwartete Zurückweisung auch wirklich zu kassieren.«

»Aber es ist doch total verrückt, sich so zu verhalten!«, rief Chrissie voller Mitgefühl.

»Schon möglich, Chrissie, aber Menschen mit einer solchen Persönlichkeitsstruktur sind sich dessen ja nicht bewusst.«

»Was machen wir also mit meiner Freundin, Malcolm?«

»Bleiben Sie fest, und achten Sie darauf, dass Ihre Freundin eingeplant ist; dann wird sie schon kommen.«

»Also gut. Ich habe das Picknick für den nächsten Sonntagnachmittag geplant. Ich freue mich schon darauf, Sie beide dort zu sehen.«

Als wir am Sonntag eintrafen, hatten sich bereits etwa zwölf Personen zusammengefunden. Das Picknick ähnelte mehr einem Festschmaus – ich hatte noch nie so viele Speisen für so wenige Menschen gesehen! Chrissie hatte eine idyllische Wiese neben einem Fluss ausgewählt. Eine Gruppe von Baumstümpfen war für diejenigen von uns, die nicht gerne auf dem Boden saßen, äußerst nützlich.

»Ist die Freundin, die so große terminliche Schwierigkeiten hatte, vielleicht diejenige dort drüben, die all die Arbeit macht?«, fragte ich Chrissie. »Die junge Frau in dem grünweißen Kleid?«

»Sie meinen Kate. Ja, aber wie konnten Sie das wissen?«

»Weil Sie sich so emsig um das Wohl aller kümmert.«

»Ach, so ist sie immer. Sie ist immer zu Späßen aufgelegt. Und wenn Sie irgendetwas haben, was rasch erledigt werden muss, dann brauchen Sie nur Kate zu fragen. Deshalb war ich so überrascht, dass Sie sie für einen Menschen hielten, der nach Ablehnung sucht. Es ist undenkbar, dass auch nur irgendjemand Kate Ablehnung entgegenbringt – es macht so viel Spaß mit ihr und auf Partys ist sie immer die Lustigste.«

»Das ist ein typisches Zeichen, Chrissie. Menschen mit einer solchen Persönlichkeit werden von ihrer Angst vor Ablehnung angetrieben und suchen doch zugleich unbewusst immer danach. Wenn man etwas für sie tut, dann messen sie dem übertriebene Bedeutung bei. Sie wissen schon, was ich meine – sie überschlagen sich förmlich vor Dankbarkeit.«

»Genau so ist Kate. Sie ist ein äußerst liebenswürdiges Mädchen, und sie überschüttet die Menschen, die sie mag, mit

Liebe und Lob. Um die Wahrheit zu sagen, manchmal kann es ein bisschen peinlich werden, weil sie in ihrer Dankbarkeit keine Grenzen kennt.«

»Damit versucht sie den anderen dazu zu veranlassen, sie zurückzustoßen. Seien Sie vorsichtig, Chrissie, wenn sie Ihnen gegenüber dieses Verhalten an den Tag legt. Sobald sie meint, dass Sie sie irgendwie ablehnen, wird sie einen Wutausbruch bekommen. Dann verwandelt sie sich plötzlich in eine äußerst unversöhnliche Person.«

»Da fällt mir ein – eine gemeinsame Freundin hat Kate vergangenes Jahr nicht auf eine Party eingeladen, weil sie fand, dass Kate etwas zu penetrant war. Meine Güte! Kates Reaktion hat beinahe unsere Clique auseinander gebracht. Sie legte eine äußerst destruktive Einstellung an den Tag – überhaupt nicht wie die Kate, die wir kannten. Warum hat sie sich bloß so verhalten?«

»Wie ich Ihnen bereits erklärt habe, erzeugen Menschen, die große Angst vor Ablehnung haben, schließlich eine Situation, in der ihnen genau diese gefürchtete Zurückweisung sicher ist. Dann nutzen sie die Situation, um ihren jahrelang unbewusst aufgestauten Ärger und ihre Wut abzubauen. Solche Menschen erinnern ein wenig an einen Vulkan – es ist, als ob sie immer auf eine günstige Gelegenheit für den nächsten Ausbruch warten. Hüten Sie sich davor, in der Nähe zu sein, wenn es passiert.«

»Übrigens – vielen Dank dafür, wie Sie Jenny vergangene Woche geholfen haben.«

»In Jennys Fall ging es nur darum, ihr Unglücklichsein und ihre Wut durch Liebe zu ersetzen.«

»Jennys Problem war ebenfalls Ablehnung, aber sie ist doch ganz anders als Kate, nicht wahr?«

»Jenny kann sich selbst jetzt besser annehmen, und sie wird daher im Lauf der Zeit an Selbstvertrauen gewinnen und mehr

Leute kennen lernen. Sie hat keinen Grund mehr zu der Annahme, dass andere Menschen sie ablehnen könnten; sie hat gelernt, dass sie sich erst einmal selbst annehmen muss. Die Ablehnung der eigenen Person gehört zu den größten Problemen, mit denen man geschlagen sein kann, Chrissie. Es ist immer da. Andere Menschen scheinen es zu spüren und gehen denen aus dem Weg, denen es an Selbstvertrauen mangelt, womit sie deren Glauben an ihre Wertlosigkeit noch steigern.«

»Vermutlich wissen wir nie so richtig, mit welchen Schwierigkeiten andere Menschen zu kämpfen haben, nicht wahr?«

»Nein, Chrissie, das können wir nie wirklich wissen. Oft wissen wir ja nicht einmal, was sich in unserem eigenen Unterbewusstsein tut. Und wenn wir es doch einmal herausfinden, dann mühen wir uns damit ab, die Ursachen zu finden. Ich fürchte fast, dass normale Therapiesitzungen, die eher langsam sind, dem Unterbewusstsein genug Zeit lassen, die Wahrheit hinter anderen Erklärungen zu verstecken. Es entwickelt Erklärungen, die plausibel klingen, aber doch nur von der Wahrheit ablenken sollen.«

»Warum sollte das Unterbewusstsein das tun? Es klingt fast so, als sei es uns feindlich statt freundlich gesinnt.«

»Ja, so hört es sich wohl an. Aber das Unterbewusstsein spielt nach anderen Regeln als der logische Verstand. Es unterdrückt Informationen und Einzelheiten, von denen es annehmen muss, dass sie Sie aus der Fassung bringen könnten.«

»Raffiniert, nicht wahr?«

»So funktioniert das Unterbewusstsein nun einmal. Nicht selten hüllt es ein Problem in Wut ein, um die empfindlichen Gefühle der Liebe vor Verletzung zu bewahren. Doch Liebe, Chrissie, ist das einzige wirksame Heilmittel. Deshalb ist es so wichtig, dem Unterbewusstsein die Oberhand einzuräumen.«

»Ich habe noch nie gesehen, dass sich ein Mensch innerhalb so kurzer Zeit so grundlegend verändert. Jenny war doch kaum eine Stunde bei Ihnen. Wie haben Sie das hinbekommen, Malcolm?«

»Wie gesagt, das Wundermittel heißt Liebe. Ersetzen Sie unglückliche und wütende Gedanken durch Liebe, und die Welt um Sie herum wird eine andere sein. Das ist keine Aufforderung, Wut zu unterdrücken. Vielmehr sollen wir versuchen, unsere Wut zu verstehen. Für gewöhnlich benötigen wir einen anderen Menschen, durch den wir unsere Gefühle zum Ausdruck bringen, und deshalb sollten wir auch nicht überreagieren, wenn ein solcher Freund sich einmal aufregt. Er benutzt uns vermutlich gleichfalls nur, um an uns seinen Ärger und seine Frustration abzuarbeiten.«

»Das klingt mir etwas zu abstrakt, Malcolm.«

»Das ist es aber gar nicht. Wenn Sie auf jemanden wütend sind, weil er Sie irgendwie verletzt hat, dann kann dieser Mensch die Sache nicht einmal im Ansatz bereinigen, bevor Sie ihm nicht seine Wut zurückgeben, damit er sie in Liebe verwandelt. Schließlich fühlen Sie doch seine Wut – er hat sie verursacht. Reagieren Sie also, indem Sie Liebe für diesen Menschen empfinden, und die Wut wird zu ihrer ursprünglichen Quelle zurückkehren.«

»Was ist, wenn diese Person ihre Wut nicht zurückhaben will?« Dieser Gedanke machte Chrissie Spaß.

»Dann wird die Wut in ihrem Umfeld hängen bleiben, bis die Person es sich anders überlegt. Es ist wichtig, nicht wütend über die Handlungen des anderen zu sein. Wenn Sie es doch tun, dann wird es Sie nur auf die eine oder andere Weise krank machen. Denken Sie daran, Chrissie, wenn jemand Sie ärgern oder Ihnen irgendwie Schwierigkeiten machen will, dann ignorieren Sie es. Der andere hat das Problem, nicht Sie.«

»Und was geschieht, wenn ich auf mich selbst wütend bin?«, wollte Jill wissen. Sie und die anderen hatten sich bei mir und Chrissie niedergelassen und beteiligten sich an dem Gespräch.

»Wenn Sie erkennen, dass Sie auf sich selbst wütend sind, haben Sie großes Glück, Jill, denn dann können Sie etwas dagegen unternehmen. Für diejenigen, die andere beschuldigen, obwohl das Problem in ihnen selbst liegt, wird es wirklich schwer. Ihre Wut findet niemals ein Ende.«

»Können Sie uns nicht ein Beispiel geben?«, bat Jill.

Ich dachte einen Moment lang nach und blätterte im Geist die Karteikarten meiner Patienten durch. »In Ordnung. Angenommen, Ihr Mann hat Sie wegen einer anderen Frau vor vier Jahren verlassen, und Sie sind noch immer voller Wut auf ihn, obwohl Sie ihn seither nicht mehr wiedergesehen haben.«

»Das kann man durchaus nachvollziehen«, hörte ich jemanden hinter mir sagen.

»Im Ernst? Nach vier Jahren? Meinen Sie denn nicht, dass Sie sich inzwischen damit abgefunden und Ihr Leben wieder im Griff haben sollten? Jedenfalls sollten Sie nach einer solchen Zeitspanne nicht mehr voller Wut sein. Sie haben die Situation doch nicht verursacht, warum also sollten Sie als Folge unter Wut zu leiden haben?«

»Hängt doch sicherlich von den Umständen ab«, hielt Chrissie dagegen.

»Ich glaube nicht. Wenn jemand nach vier Jahren noch immer so wütend ist, dann liegt das Problem tiefer. Aus irgendeinem Grund befriedigt die Wut nicht das Gefühl des Verlustes. Es führt ganz offensichtlich zu nichts, den betrügerischen Ehemann weiter zu verdammen.«

Eine Frau, die auf einem der Baumstümpfe neben mir saß, fragte: »Was soll sie also tun? Ich interessiere mich für dieses Thema, weil meine älteste Tochter genau dieses Problem hat.«

»Nun, aber übertragen Sie die Geschichte, die ich hier erzähle, bitte nicht eins zu eins auf Ihre Tochter. Jeder Mensch hat Gründe für seine Gefühle, und jeder hat andere. Im Fall der Frau, über die ich hier spreche, bezogen sich ihre Wutgefühle gar nicht auf ihren Mann. Sie hatten ihren Ursprung in einer Zurückweisung, die sie während ihrer Kindheit erfahren hatte.«

Chrissie machte mich darauf aufmerksam, dass ich nun schon zum dritten Mal das Thema Zurückweisung aufgriff. »Zurückweisungen in der Kindheit verursachen offenbar einige Schwierigkeiten, nicht wahr?«

»Ja. In diesem Fall war der Vater des Kindes viel von zu Hause abwesend. Lassen Sie uns annehmen, dass er auf einer Bohrinsel arbeitete und dass sie ihn nur zweimal im Jahr zu Gesicht bekam. Sie liebte ihren Vater und lebte für die wenigen Wochen, die er zu Hause war, weil er dann die meiste Zeit mit seinem Töchterchen verbrachte.«

»Das kann der Mutter nicht gefallen haben!«, ergänzte eine der anderen.

»Natürlich nicht, und so wurde die Mutter auf die Tochter eifersüchtig. Die Mutter reagierte mit Wut und Frustration – aber nicht, während der Mann zu Hause war. Ihre Wut kam erst an die Oberfläche, wenn er wieder auf seine Bohrinsel zurückgekehrt war. Die Mutter machte die Tochter für alle nur denkbaren Schwierigkeiten verantwortlich, weil sie eben da war und ihr Mann nicht. Die Tochter entwickelte Schuldgefühle. Die Mutter sprach außerdem häufig über ihre Einsamkeit und gab der Tochter die Schuld dafür. Jahrelang musste die Tochter die Wut und die Einsamkeit der Mutter erdulden. Schließlich heiratete die Tochter und zog von zu Hause aus.«

»Du hättest besser eine Jeans anziehen sollen, Chrissie«, hörte ich jemanden sagen.

»Wie hätte ich wissen können, dass ich auf einem Ameisenhaufen sitzen würde?«, stöhnte sie und schüttelte die Ameisen ab, die unter ihren Rock gekrabbelt waren.

»Okay, bis wohin waren wir gekommen?«, fragte ich in der Hoffnung, das Gespräch fortsetzen zu können.

»He, wartet doch, bis ich so weit bin!«, rief Chrissie und suchte sich einen neuen Platz ohne Ameisen. Als sie es sich bequem gemacht hatte sagte sie: »Also gut, es kann weitergehen.«

»Gut. Unsere Tochter, wir wollen sie Beth nennen, ist nun verheiratet und hat vielleicht auch Kinder. Nach zwölfjähriger Ehe verschwindet ihr Ehemann. Wie, glauben Sie, wird wohl ihr Unterbewusstsein reagieren?«

»Ich weiß, wie mein logisches Bewusstsein reagieren würde«, erbot sich Jill. »Ich wäre zugleich stinksauer und unglücklich.«

»Ja, Jill. Doch die eigentliche Reaktion wird im Unterbewusstsein bestimmt.«

»Wie also reagiert das Unterbewusstsein?«, fragte Chrissie ungeduldig. »Und hat jemand etwas gegen Ameisenbisse? Die haben ganz schön große Zähne dafür, dass sie so kleine Mäuler haben.«

»Ich glaube nicht, dass wir so genau wissen wollen, wo Sie gebissen wurden, Chrissie«, zog ich sie auf, »also bedecken Sie sich, bevor die Moskitos kommen und ihren Anteil verlangen.«

Chrissies Stirnrunzeln zeigte mir, dass sie sich über meine Stichelei ärgerte, und sie kratzte sich weiterhin durch den Stoff des Rockes hindurch. »Was also tut denn nun Beth' Unterbewusstsein?«

»Das Unterbewusstsein erinnert sich an die Zeit, als Beth ein kleines Mädchen war. Daran, wie sie von ihrer Mutter behandelt wurde, als der Mann, den sie und ihre Mutter liebten, fort war. Wieder war der Mann, den Beth liebte, fort. Plötzlich brach all die Ungerechtigkeit, die sie als Kind erfahren hatte, aus ihr hervor. Doch wem kann sie die Schuld geben?«

»Ihrem Mann«, antwortete Jill.

»Sie glaubt, dass sie ihrem Mann die Schuld gibt, aber in Wahrheit macht sie die kleine Beth für alles verantwortlich – so wie ihre Mutter es getan hat. Natürlich kann sie keine logische Verbindung zwischen ihrer Wut und den Kindheitsproblemen mit ihrer Mutter herstellen.«

Ich vernahm zustimmende wie skeptische Bemerkungen aus der Gruppe. »Ihrem Vater kann sie nicht die Schuld geben«, ergänzte ich zur Klarstellung. »Ihn hat sie immer geliebt.«

»Stimmt«, sagte jemand.

»Und die Mutter, die die kleine Beth mit Schuldgefühlen erfüllte und ihr zu verstehen gab, es läge alles nur an ihr, kann sie gleichfalls nicht verantwortlich machen. Also wendet sie sich gegen sich selbst und findet in der kleinen Beth die Schuldige.«

»Damit ich nichts falsch verstehe«, bremste mich Chrissie, »wollen Sie damit sagen, dass Beth auf sich selbst wütend ist?«

»Ja, Chrissie. Eigentlich ist sie auf ihre Mutter wütend, aber das ist für sie wegen der Schuldgefühle inakzeptabel, also sucht sie bei sich die Schuld.«

»Hört sich nach einer Frau an, die sich nicht leiden kann und nicht weiß, warum«, schlug eine Stimme hinter mir vor.

»So ist es«, bestätigte ich, »und wir wissen das, weil Beth sich nicht an ihre Kindheit erinnern kann, an absolut nichts.«

»Wie helfen Sie ihr dann, sich von der Wut zu befreien?«, wollte Jill wissen.

»Sie muss in ihre Kindheit zurückgeführt werden, damit sie sich genau an das erinnert, was sich damals zugetragen hat. Nur so kann sie sich die Zurückweisung ihrer Kindheit wieder ins Gedächtnis rufen und ihrer Wut auf den Ehemann, der für diese Dinge nicht verantwortlich ist, Zügel anlegen. Sie muss außerdem lernen, sich selbst wieder zu mögen, und das kann ihr nur gelingen, wenn sie sich an alle Ereignisse in ihrer Vergangenheit erinnert, wenn sie die kleine Beth in die Arme nehmen und ihr sagen kann, wie sehr sie sie lieb hat.«

»Sie meinen so, wie Sie es vergangene Woche bei Jenny gemacht haben?«

»Ja, das ist richtig, Chrissie.«
Das Picknick war wunderbar gewesen, doch die Sonne war im Begriff unterzugehen. Die Leute dachten langsam an Aufbruch, und Chrissie, die noch immer unter den Folgen ihrer Ameisenbisse litt, ging es nicht anders.
»Ich wünschte, Sie könnten Ameisenbisse heilen«, sagte sie stirnrunzelnd. »Ich rufe im Lauf der Woche an, um einen neuen Termin auszumachen. Ich glaube nicht, dass wir mit dem Thema schon durch sind.«

# Schuld

»Wie geht es ihm?«, hörte ich Debbie jemanden am Empfang fragen.
»Ach, leider nicht besonders gut.«
Ich lächelte und dachte: »Das ist Chrissies Geschenk an die Welt.« Der Klang ihrer Stimme brachte jeden zum Lächeln.
»Hallo, Malcolm!«, begrüßte sie mich und blieb zögernd an der Tür stehen. »Darf ich hereinkommen und mich einen Augenblick lang zu Ihnen setzen?«
»Sicherlich, aber ich habe eine Menge Schreibkram zu erledigen. Ich werde also sicher kein sehr guter Zuhörer sein.«
»Das ist schon in Ordnung. Ich will mich nur ein wenig Ihrer Heilenergie aussetzen.«
Chrissie entschied sich für den Sessel in der Ecke und ließ sich darin nieder. Ich setzte meine Schreibarbeit fort – ich war von meiner Arbeit sehr in Anspruch genommen und wollte nicht gerne den Faden verlieren.
Schließlich konnte ich es nicht mehr länger aushalten. »Also gut, Chrissie«, sagte ich, »Sie haben gewonnen.« Ich legte den Stift hin und wandte mich ihr zu.
»Habe ich irgendetwas falsch gemacht?«, fragte sie und zauberte einen Ausdruck der Überraschung auf ihr Gesicht.
»Ach, kommen Sie schon, Chrissie. Das Schweigen, in das Sie sich hüllen, ist ohrenbetäubend. Wie soll ich bei solchem Lärm arbeiten?«
Sie blieb bei ihrem Schweigen, also wartete ich, bis sie auf die Lücke in ihren Gedanken stoßen und mir sagen würde, was ihr durch den Kopf ging.
»Ich habe gerade gedacht, welches Glück ich doch habe.«
Ihre ruhige, nachdenkliche Stimme transportierte Dankbarkeit und Traurigkeit zugleich.

»Ich weiß«, sagte ich. »Wir alle gelangen irgendwann einmal im Leben zu dieser Erkenntnis. Vor allem dann, wenn jemand, den wir kennen, mit Problemen zu kämpfen hat, die zu bewältigen wir uns nicht vorstellen können. Wen haben Sie dabei im Sinn?«

»Sie kennen doch die Jensons, nicht wahr?« Sie flüsterte die Worte fast, als würde sie zu sich selbst sprechen.

»Ja«, ich wartete.

»Ich war gestern und heute Morgen bei ihnen. Sie sind wirklich eine wunderbare Familie.«

Wieder Schweigen. »Und?«, spornte ich sie an.

»Mir ist klar geworden, wie wunderbar sie sind und wie viel Liebe zwischen ihnen fließt. Und der kleine Ben ist einfach ein Engel.«

»Wie alt ist er jetzt?«

»Zwölf, glaube ich. Daniel ist sechzehn, also muss Ben mindestens zwölf sein.«

»Das bedeutet, Jackie ist ungefähr acht, richtig?«

»Das nehme ich an.«

Nun, da das Gespräch in Fluss kam, erwachte Chrissie langsam zum Leben.

»Also gut, Chrissie, warum machen Sie die Jensons heute so nachdenklich?«

»Ich komme gerade aus dem Krankenhaus. Der kleine Ben ist schwer krank. Sie gehen davon aus, dass er nicht überleben wird.«

»O das tut mir Leid. Ich wusste nicht, dass es irgendwelche Probleme gibt.«

Diese Neuigkeit kam für mich überraschend. Für gewöhnlich hielten mich Yvonne und Tony Jenson darüber auf dem Laufenden, was ihr Sohn Ben tat und wie es ihm ging. Er war von Geburt an körperbehindert und hatte sein ganzes bisheriges Leben damit zu kämpfen gehabt. Aber die Liebe, die von Ben ausging, reichte aus, um die Nacht zum Tage werden zu lassen. Er war ein wunderschönes Kind, und seine Eltern liebten ihn hingebungsvoll. Ben hatte vielleicht nicht die Privilegien, mit denen andere Kinder gesegnet sind, doch hatte Gott ihn mit einer Fülle von Liebe ausgestattet – seine Eltern vergrößerten die seine noch durch die Liebe, die sie waren.

»Kennen Sie die Jensons schon lange?«, wollte Chrissie wissen. »O jetzt erinnere ich mich! Ich habe Sie durch sie kennen gelernt.«

»Stimmt. Ich glaube, ich kenne sie mindestens seit fünf Jahren. Ich erinnere mich an unsere erste Begegnung. Ein Freund hatte mich gebeten, bei ihnen vorbeizuschauen. Sie warteten schon auf mich, und wie alle liebenden Eltern führten sie mich sofort zu ihrem kranken Kind. Ich erinnere mich, wie stolz sie auf Ben waren. Während sie mir alles über ihn erzählten, betrat ein älterer Junge das Zimmer.

›Das ist Daniel, unser Ältester‹, sagte Tony und stellte uns einander vor.

Daniel brachte ein nervöses ›Hallo‹ hervor und zog sich still in eine Ecke des Raumes zurück. Er war schüchtern, und außerdem wollte er sich nicht aufdrängen.

Als ich mich mit Bens Heilung beschäftigte, konnte ich sehen, warum ihn alle so anbeteten. Er war wunderschön. Ben war körperlich im höchsten Maß behindert – er musste in einem Rollstuhl sitzen und war darauf angewiesen, dass andere ihm beim Erfüllen seiner natürlichen Funktionen halfen.

›Glauben Sie, Sie könnten Ben irgendwie helfen, eine Verbesserung seines Zustands zu erreichen?‹, fragte mich Yvonne nervös.

›Warum sollte ich das tun?‹, gab ich zurück. ›Er ist wunderschön und vollkommen, so wie er ist.‹

Tony machte ein überraschtes Gesicht. Also wandte ich mich ihm zu und fuhr fort: ›Betrachten Sie es doch einmal so, Tony.

Wenn ich Ben irgendwie verändern wollte, dann müsste ich ihn in seinem Sosein doch zunächst ablehnen. Man kann niemanden verändern, den man nicht zuerst ablehnt. Und wer wird schon gerne abgelehnt?‹

›Aber wir lehnen ihn nicht ab‹, verteidigte sich Yvonne. ›Wir wollen das Beste für ihn.‹

›Natürlich lehnen Sie beide Ben nicht ab‹, antwortete ich und entfernte mich mit Tony und Yvonne aus Bens Hörweite. ›Die Liebe von Eltern für ihr Kind ist etwas anderes. Sie lieben Ben genau so, wie er ist. Sie akzeptieren ihn ganz und gar und wollen zugleich dennoch das Beste für ihn. Doch wenn ich hier hereinkäme und dächte ... armer kleiner Junge, wir wollen einmal sehen, ob wir nicht dieses oder jenes verbessern können ..., dann würde ich Ben, so wie er ist, ablehnen.‹

Ihr Nicken und ihr Gesichtsausdruck sagte mir, dass sie verstanden hatten. ›Das könnte ich einem so wunderschönen Kind unmöglich antun. Gott hat niemals unvollkommene Liebe in diese Welt getragen. Heilen hat etwas mit bedingungsloser Liebe zu tun, mit bedingungsloser Akzeptanz. In dieser liebevollen Akzeptanz kann Ben sich selbst verändern, wenn er es will.‹

›So habe ich das bisher nicht gesehen‹, sagte Tony.

›Das ist eine wunderbare Art, die Dinge zu betrachten‹, fügte Yvonne hinzu und strahlte. ›Wir lieben Ben ohne Vorbehalte. Für uns ist er vollkommen, so wie er ist.‹

›Wissen Sie, Yvonne, auch Ben weiß, dass er vollkommen ist. Es sind die anderen, die Vollkommenheit mit ihrem eigenen Seinszustand gleichzusetzen scheinen.‹«

»Ihre Auffassung von bedingungsloser Liebe und vollkommener Akzeptanz muss Tony und Yvonne viel bedeutet haben«, sagte Chrissie und ermutigte mich, weiterzuerzählen.

»Ja, das glaube ich auch. Gerade als Yvonne ihren Satz beendet hatte, kam ein kleines Mädchen herein. Sie war sehr niedlich. Sie musste ungefähr drei Jahre alt sein, und wie alle Kinder in diesem Alter wusste sie nichts von Krankheit und Unterschieden, sie kannte nur Liebe. Sie war so süß, Chrissie. Sie spazierte geradewegs zu Ben, ignorierte mich und beugte sich über ihn, um ihn fest an sich zu drücken.«

»Sie ist ein ganz besonderes kleines Mädchen. Was geschah dann, Malcolm? Das ist eine wunderbare Geschichte, und sie bewirkt, dass ich mich besser fühle.«

»Wenn ich mich richtig erinnere, dann stellte mir Yvonne das kleine Mädchen mit den Worten vor: ›Das ist Jackie, unser Gottesgeschenk. Wir hatten sie nicht erwartet, aber wir wissen, dass Gott uns ein Geschenk der Liebe machen wollte, um uns weiterzuhelfen. Das ist Malcolm, Liebling. Sag guten Tag.‹ Ich konnte die Liebe in Yvonnes Augen sehen.«

»Und ich sehe die Liebe in Ihren Augen, Malcolm, während Sie die Geschichte erzählen«, warf Chrissie ein.

»Wer würde ein so wunderbares Kind nicht lieben, Chrissie? Jackie wandte sich mir zu, blickte mit ihren großen, wunderschön blauen Augen zu mir auf und sagte: ›Hallo, Malcolm.‹ Dann drehte sie sich um und lief dorthin zurück, wo sie hergekommen war.«

»Ihre großen Kinderaugen waren wie riesige Saphire, stimmt's? Weiter, Malcolm. Wohin wird uns diese Geschichte führen? Welche Botschaft hat sie?«

»Tony sprach als Nächster und sagte: ›Jackie hat Ben bedingungslos akzeptiert.‹

›Warum sollte sie auch nicht?‹, fragte ich ihn. ›Kinder sehen weder Überlegenheit noch Vorteil: sie sehen lediglich einen Bedarf an Liebe, den sie ohne zu fragen erfüllen.‹

Wir schwatzten noch eine Weile, und dann machte ich mich bereit zu gehen. Auf dem Weg nach draußen wandte ich mich zu Daniel, zwinkerte ihm zu und sagte: ›Warum besuchst du mich nicht gelegentlich? Ich zeige dir, was ich so tue.‹«

»Und, hat er Ihre Einladung angenommen?«

»Ja, Chrissie, das hat er. Daniel war fasziniert von meiner Arbeit, insbesondere als ich ihn aufforderte, die Hand auszustrecken, damit er die Energie spüren konnte.«

»Sie und Daniel stehen einander recht nahe, nicht wahr?«, fragte Chrissie, während meine Gedanken noch bei meiner ersten Begegnung mit Daniel waren.

»Sind Sie noch bei mir, Malcolm? Hallo!«

»Entschuldigung, Chrissie. Ja, ich mag Daniel wirklich sehr. Er trägt mehr Liebe in sich als irgendein anderer Mensch, den ich kenne.«

»Aber Allüren hat er schon ein bisschen, nicht wahr?«, meinte Chrissie, und ich konnte den Hauch von Kritik in ihrer Stimme hören.

»Kann schon sein, Chrissie. Aber er hat es in der Familie von allen am schwersten.«

Chrissie machte ein überraschtes Gesicht. »Wieso das? Er wird geliebt, er ist gut in der Schule, und Yvonne und Tony haben immer darauf geachtet, dass Bens Zustand sich nicht auf Daniels Leben auswirkt. Sie bringen ihm jede Menge Liebe und Fürsorge entgegen.«

Mir wurde klar, dass wir nun in eine tiefere Bewusstseinsebene eindrangen und dass ich darauf achten musste, wie ich weiter vorging. Ich wollte nicht, dass Chrissie mich falsch verstand, noch wollte ich ihre Gefühle verletzen.

»Einmal, als Daniel mich besuchte«, begann ich, »hat er mir erzählt, wie er Bens Geburt empfunden hatte.«

»Was hat er gesagt?«, wollte sie wissen.

»Für ihn war es in der Erinnerung so, als sei seine ganze Welt auf den Kopf gestellt worden.«

»Ja, das kann ich mir vorstellen«, kommentierte Chrissie mehr an sich selbst als an mich gerichtet.

»Bis zu Bens Geburt stand Daniel im Mittelpunkt der Aufmerksamkeit, und dann änderte sich all das in nur einem Tag. Die Aufregung über den zu erwartenden kleinen Spielgefährten verwandelte sich plötzlich in eine Atmosphäre der Traurigkeit, Trauer und Enttäuschung.«

»Er muss sehr verwirrt gewesen sein«, stellte Chrissie fest, indem sie sich in Daniels Lage versetzte.

»Na ja, stellen Sie sich das doch nur vor, Chrissie. Vier Jahre lang drehte sich alles immer nur um ihn, und mit einem Mal war plötzlich alles anders. Statt glücklich und froh, liebevoll und aufmerksam zu sein, hatten seine Eltern plötzlich große Sorgen und Angst.«

»Aber Malcolm, Yvonne und Tony haben Daniel doch bestimmt nicht einfach vergessen.«

»Natürlich nicht, aber er war eben nicht mehr der Mittelpunkt. Er war verwirrt und fühlte sich zurückgestoßen. Ich erinnere mich daran, dass er mir erzählt hat, wie er nachts wach lag und sich um seine Eltern Sorgen machte. Er wusste nicht, was er tun sollte, um ihnen zu helfen.«

»O je«, sagte die empfindsame Chrissie und fing eine Träne ab, die sich in ihrem Auge bildete. »So habe ich das noch gar nicht gesehen.«

»Sehen Sie, Chrissie, Daniel durfte nicht helfen. Er war ja erst vier, und Ben brauchte eine Menge Hilfe, die nur Erwachsene geben konnten. Seine Eltern liebten ihn natürlich weiterhin von ganzem Herzen, doch Daniel war ein sehr empfindsamer kleiner Junge. Im Lauf der Jahre entwickelte er Schuldgefühle, wenn er Zeit und Aufmerksamkeit in Anspruch nahm, von der er meinte, dass sein kleiner Bruder sie nötiger hatte.«

»Diese Seite an Daniel ist mir noch gar nicht aufgefallen. Sind Sie sicher, dass er diese Schuldgefühle hat?«

»Ja, Chrissie. Daniel war ein einsames Kind – ein Junge, der so gerne helfen wollte, aber einfach zu klein dazu war und sich deshalb schuldig fühlte. Es wurde ihm nie wirklich gestattet zu helfen. Er hat einen Schuldkomplex entwickelt, weil er Angst hat, im Weg zu sein. Darum sitzt er immer so still da und achtet so penibel darauf, nicht zu stören.«

»So still ist er gar nicht immer!«, erwiderte Chrissie. »Offenbar kennen Sie ihn doch nicht so gut wie ich. Es gibt Zeiten, da schreit er rum und wird wütend. Es muss wirklich an seiner Einstellung arbeiten. Erst letztlich wurde er gebeten, irgendetwas zu erledigen, und er bekam einen Wutausbruch.«

»Aber ist das so unverständlich, Chrissie?«

»Ich finde schon«, sagte sie und schien überrascht, weil ich Daniels vermeintlich unvernünftige Reaktion zu verteidigen schien.

»Kommen Sie, Chrissie. Nun halten Sie mal die Luft an und denken einen Augenblick nach. Als kleiner Junge wollte Daniel seinen Eltern verzweifelt gerne helfen, und ihm wurde gesagt, es sei entweder nicht groß oder nicht schnell genug. Jedes Mal, wenn er sich anbot, wurde ihm ein anderer Grund genannt, warum er nicht helfen durfte. Vor allem wurde ihm das Gefühl vermittelt, ein inkompetenter kleiner Junge zu sein. Und nun wird er angebrüllt oder kritisiert, weil er nicht genug hilft. Jetzt wird von ihm auf einmal erwartet, die volle Verantwortung zu übernehmen.«

Ich hielt inne und studierte einen Moment lang Chrissies Gesicht. Sie sah nachdenklich aus. »Können Sie denn nicht erkennen, dass Daniel noch immer Schuldgefühle hat? Früher fühlte er sich unzureichend und unfähig zu helfen. Jetzt weiß er nicht, wie er umschalten und plötzlich die Verantwortung übernehmen soll. Er fühlt sich noch immer unzureichend und hat tiefe Schuldgefühle, weil er seinem Bruder Ben nicht helfen kann.«

»Aber ich finde, dass er unvernünftig ist. Er hat so viel und sein Bruder so wenig.«

Chrissies Nachdenklichkeit war offensichtlich. Ich dämpfte

meine Stimme, um meine Sorge um Daniel hervorzuheben, und sagte: »Die Tatsache, dass er fit und gesund ist, vergrößert seine Schuldgefühle noch. Daniels einzige Verteidigung besteht in einem gelegentlichen aggressiven Ausbruch. Nur so kann er sich gegen Kritik wehren. Innerlich leidet Daniel mehr, als Sie sich vorstellen können, aber er hat keine Möglichkeit, seine Verletzung zum Ausdruck zu bringen. Er darf nicht weinen, denn seine Eltern haben schon genug Sorgen, und sein Schuldkomplex hindert ihn daran, ihnen mitzuteilen, wie er sich fühlt. Versuchen Sie doch zu begreifen, Chrissie – selbst wenn dieser Junge still dasitzt, schreit er innerlich.«

»Ich habe ihn vollkommen falsch eingeschätzt«, sagte Chrissie und ließ ihre Tränen nun ungehindert über ihre Wangen laufen. »Ich dachte, er ist vielleicht eifersüchtig auf all die Aufmerksamkeit, die die anderen bekommen, und weil Yvonne und Tony Jackie so sehr anbeten.«

»Nun, es hilft Daniel sicherlich nicht, wenn sie vor anderen Leuten immer betonen, dass Jackie ihr Gottesgeschenk ist, das ihnen mit Ben weiterhelfen soll.«

»Nun verstehe ich, warum sich Daniel schuldig fühlt.«

»Für Jackie war die Situation erheblich einfacher. Sie war nie das einzige Kind, das alle Liebe und Aufmerksamkeit der Eltern allein für sich hatte und dem dies alles fortgenommen wurde.«

»Aber, Malcolm, Yvonne und Tony sind wunderbare, fürsorgliche Eltern. Sie lieben ihre drei Kinder alle gleich.«

»Ich weiß das, und Daniel weiß das«, sagte ich zu Chrissie, die ein wenig in die Defensive geraten war, weil sie ihre Freunde, die sie liebte, verteidigen wollte.

»Aber?«

»Keiner scheint bemerkt zu haben, wie einsam, vergessen und schuldig Daniel sich fühlt.«

Stille machte sich in dem Raum breit, während Chrissie mit gesenktem Blick über meine Worte nachdachte. Als sie die Augen hob, sagte ich: »Sehen Sie, Chrissie, nicht Jackie ist Gottes Geschenk an die Familie, sondern Daniel. Gott wusste, dass Ben eines Tages geboren würde, und deshalb hat er Daniel, einen echten Engel, zuerst geschickt. Denn nur ein Kind mit Daniels Liebe konnte allein mit einem Trauma dieser Größenordnung fertig werden.«

Chrissie griff nach der Schachtel mit den Taschentüchern.

»Wenn Ben irgendetwas zustößt, Chrissie, dann wird Daniel Gottes erstes Geschenk an die Familie sein, das alles zusammenhält. Daniels Liebe übersteigt die aller anderen.«

»Dem Himmel sei Dank, dass es solche Geschenke gibt«, sagte eine schniefende Chrissie.

»Die Jüngeren scheinen immer die Engel zu sein, und nur allzu oft fühlen sich die Älteren vergessen und schuldig. Sie brauchen gleichfalls viel Liebe ... auch sie sind Engel.«

»Was machen eigentlich die Ameisenbisse, Chrissie?«
»Ach, die sind inzwischen abgeheilt. Danke der Nachfrage«, antwortete sie lächelnd. »Können wir mit unserem Gespräch da weitermachen, wo wir am Tag des Picknicks aufgehört haben?«
»Selbstverständlich. Wo möchten Sie anfangen?«
»Also, Malcolm, ich habe darüber nachgedacht, wie ich Wut vermeiden kann, und dies hat mich zu einer neuen Einsicht geführt: Der überwiegende Teil meines Ärgers resultiert aus den Versuchen anderer, mich zu provozieren.«
»Wie machen die Leute das?«
»Indem sie sich beklagen, über die Regierung, ihre Freunde, ihre Jobs. Sie wissen schon, was ich meine. Vermutlich lasse ich mich hineinziehen, sobald ich anfange zuzustimmen, was dazu führt, dass ich mich ärgere. Wenn ich nicht zustimme, ärgern wir uns beide.«
»Es ist am besten, solche Aussagen zu ignorieren.«
»Aber es ist nicht immer möglich. Die Leute gehen davon aus, dass man zustimmt oder sich irgendwie dazu äußert.«
»Trotzdem kann ich nur sagen: ignorieren. Lassen Sie sich nicht von anderen mit ihren Problemen oder ihrer Wut anstecken.«
»Ich wünschte, ich wüsste wie.«
»Nun, es ist ein wenig so, wie wenn jemand zu Ihnen tritt und sagt: ›Sie sehen aber schlecht aus. Geht es Ihnen nicht gut?‹ Wenn Sie in einer solchen Situation keine Kontrolle über sich haben, dann werden Sie sich schlagartig schlecht und erschöpft fühlen, und der andere geht seiner Wege und fühlt sich großartig. Da empfiehlt sich eine Antwort wie: ›Oh, mir geht es ausgezeichnet! Offenbar fühlen Sie sich nicht ganz

wohl?‹ Ihnen geht es weiterhin gut, und der andere, der versucht hat, Ihnen sein Unglück aufzubürden, wird sich abwenden. Solche Menschen versuchen, ihr Unglück auf andere zu übertragen. Ich bin sicher, Chrissie, Sie haben so etwas schon erlebt.«

»O ja«, stimmte sie lachend zu, »viele Male. Und solche negativen Unterstellungen können erstaunlich wirkungsvoll sein. Ich erinnere mich insbesondere an eine Gelegenheit, als ich mich wirklich hervorragend fühlte, bis mich jemand fragte: ›Geht es Ihnen gut? Sie sehen erschöpft aus.‹ Zack! Ich stürzte ab und wurde außerdem auch noch depressiv. Nächstes Mal werde ich den Spieß so umdrehen, wie Sie vorgeschlagen haben.«

»Und das Gleiche sollen Sie auch bei jedem anderen negativen Gefühl machen, Chrissie. Lassen Sie sich von anderen nicht deren Probleme aufhalsen. Schicken Sie sie ohne Zögern zurück, ganz egal ob es sich um Wut, Eifersucht oder Selbstmitleid handelt. Weigern Sie sich, sich die Negativität anderer anzuziehen. Wenn sie unglücklich sein wollen, in Ordnung, das ist ihre Angelegenheit; aber lassen Sie es nicht zu, dass Sie irgendjemand mit seinem Unglück ansteckt – auch wenn das bedeutet, dass Sie möglicherweise Freunde verlieren. Bleiben Sie sich treu.«

»Ich nehme an, es ist das Beste, wenn ich mein Glück an andere weiterreiche.«

»Allerdings. Vergessen Sie jedoch nicht, es gibt nur ein Gefühl, das noch ansteckender ist als Glück. Können Sie raten, welches es ist?«

»Unglück?«

»Richtig. Verweigern Sie grundsätzlich die Annahme.«

»Manche Leute werden nichts von Ihrer Auffassung halten, dass sie weder unglücklich noch traurig sein sollen. Manche wollen einfach nicht glücklich, sondern lieber auf jemanden böse sein. Sie würden diesen Vortrag über Glück und Liebe nicht akzeptieren.«

»Dabei wäre es wirklich an der Zeit, genau das endlich zu tun! Wenn die Menschen diese Welt verlassen und den Übergang in die nächste beginnen, dann werden sie feststellen, dass jeder Versuch, im Leben hilfreich und liebevoll zu sein, ihr Schicksal in der nächsten Welt beeinflusst. Manche Leute glauben, dass ihnen alle Sünden vergeben werden, sobald sie in den Himmel kommen, nur weil sie irgendeiner Religion angehören. Sie glauben, es macht nichts aus, wenn sie wütend, eifersüchtig oder auf andere Weise negativ gestimmt sind, solange sie nur bei ihrer Religion bleiben. Tatsächlich aber sind unsere Emotionen sehr wichtig – weit wichtiger als die Religionen, denen wir beitreten. Liebevoll und ungläubig zu sein ist von größerem Wert, als ohne Liebe, aber religiös zu sein.«

»Wollen Sie damit sagen, dass Religion keinen Wert hat?«

»Nein, natürlich nicht. Religion lehrt, oder sollte es zumindest, über Gott, Liebe und Moral. Religion handelt von familiären Werten, Gemeinschaftsgeist und der Hilfe, die Junge, Kranke und Alte brauchen. Religion sollte aber nicht Überlegenheitsgefühle, die Trennung von Völkern oder Vergebung für sich selbst und Verurteilung anderer lehren. Der Geisteshaltung ›Alle anderen sind im Unrecht, nur ich bin im Recht‹ fehlt jegliche Liebe und sie veranlasst die Menschen zu der Vorstellung, nur ihre Religion sei die richtige und für Gott akzeptabel.«

»Aber Religion ist wichtig für die Menschen, nicht wahr?«

»Aber natürlich, Chrissie, wir brauchen Religionen, verschiedene Religionen, die die unterschiedlichen kulturellen Werte widerspiegeln. Doch am meisten brauchen wir Religionen, die uns lehren zu lieben, demütig zu sein und Ängste aus unserem Leben zu vertreiben. Ja, und wir brauchen Religionen, damit

sie uns von der Schönheit des Übergangs von dieser Welt in die nächste künden.
Sehen Sie, Chrissie, die nächste Welt ist viel geordneter und disziplinierter als diese. Es ist eine Welt des Geistes, die aus unseren Gedanken beschaffen ist. Dies bestimmt unseren Platz in der übergreifenden Ordnung. Wenn wir von dieser Welt in die nächste wechseln, dann gelangen wir in eine sehr feine Energie. Die primitivere Energie, die wir mit unseren Gedanken der Wut, der Selbstsucht, der Macht und so fort erzeugen, steht unserem Aufstieg in die Sphären von Licht und Liebe im Weg.«

»Werden die wütenden Menschen unfähig sein, zu den liebevollen zu gelangen?«

»Genau. Menschen, die voller Hass, Wut oder Überlegenheitsgefühle und jedenfalls nicht liebevoll sind, werden nicht ins Licht gelangen. Jeder Mensch wird von einer Atmosphäre angezogen, die sich in Harmonie mit seinen Gedanken befindet. Die soziale Ordnung in der Geistwelt basiert auf den Gedanken, die wir sind, nicht auf unserer Erziehung, unserem Reichtum oder unserer Macht. Deshalb werden die Gemeinen und Hasserfüllten unter Menschen leben, die gleichfalls gemein und hasserfüllt sind, sogar dann, wenn diese Seelen in der irdischen Welt auf Grund sozialer Barrieren niemals zusammengefunden hätten. In der Geistwelt ist kein Platz für Status.«

»Wie viele verschiedene Orte gibt es denn in der Geistwelt?«

»Gegenwärtig weiß ich von drei dunklen Sphären, einer grauen Sphäre und sieben Lichtsphären.«

»Was entscheidet darüber, in welche dieser Sphären wir gelangen?«, fragte Chrissie.

»Unsere Denkweise und unsere Bereitschaft zu dienen. Angenommen, jemand ist nicht wirklich schlecht, geht regelmäßig in die Kirche, arbeitet hart, aber tut nicht viel, um seinen Mitmenschen zu helfen. Ein solcher Mensch ist nicht wirklich an spiritueller Liebe, an gemeinnütziger Arbeit und an anderen Dingen dieser Art interessiert. Er arbeitet nur für sich, und die anderen Menschen sind ihm egal.«

»In welchen Bereich der Geistwelt wird dieser Mensch gelangen?«

»Diese Person wandert in die graue Sphäre. Dass diese Sphäre grau ist, können natürlich nur diejenigen in den höheren Sphären erkennen. In der grauen Sphäre sind die Egoisten. Das Wohlergehen anderer ist ihnen egal. In dieser Welt lernt der Geist, vollständiger zu lieben und sich der Bedürfnisse anderer besser bewusst zu werden.«

»Müssen egoistische Geister für alle Zeiten in dieser Sphäre aushalten?«

»Nein, das ist eine der Sphären, aus denen die Menschen wiedergeboren werden. Sie bekommen die Gelegenheit, begangenes Unrecht wieder gutzumachen. Viele Menschen in dieser Sphäre sind zufrieden damit, so zu bleiben, wie sie sind. Das ist für sie viel leichter, als auf die Erde zurückzukehren und wieder von vorn zu beginnen – doch genau das müssen sie schließlich tun. Allerdings bleiben manche einfach Hunderte von Jahren, wie sie sind, und entwickeln sich weder spirituell noch emotional.«

»Ich hätte nicht geglaubt, dass wir auf der anderen Seite Gefühle haben würden«, sagte Chrissie verwirrt.

»Emotionen basieren auf Angst oder Liebe, und je bewusster uns die Schönheit, die Liebe und Gott sind, desto weniger Angst haben wir. Es ist unmöglich, in die Sphären des Lichts zu wechseln, bevor wir nicht alle Gefühle der Angst ausgeschaltet haben.«

»Alle Ängste?«

»Auf der irdischen Ebene haben wir natürlich immer irgendwelche Angstgefühle. Sie schützen uns davor, verletzt zu werden. Probleme entstehen jedoch dann, wenn ein vorübergehendes Angstgefühl stärker wird als die Liebe. Wenn ein Mensch sich auf Grund von Ängsten zu einer hasserfüllten, rachsüchtigen, eifersüchtigen oder gierigen Persönlichkeit entwickelt, dann gelangt er in die erste oder zweite dunkle Sphäre. Je weniger ein Mensch von Liebe weiß, desto dunkler ist seine spirituelle Sphäre. Liebe erhellt unser Leben.«

»Das fasziniert und verwirrt mich ... Was ist mit den Menschen, die voller Liebe waren, aber durch Umstände, die sie nicht kontrollieren konnten, ein Leben der Angst geführt oder voller Angst gestorben sind?«

»Gute Frage. Abhängig von ihrer Liebe würden sie in den grauen Bereich oder in die erste Sphäre des Lichts, die erste wirklich spirituelle Sphäre wandern. Dort würden diejenigen ihrer Verletzungen und Ängste geheilt, die andere während ihres irdischen Lebens verursacht haben.«

»Und dann werden sie wiedergeboren?«

»Vielleicht. Sobald ein Geist in die spirituellen Sphären, die Sphären des Lichts, aufsteigt, wird er nur dann wiedergeboren, wenn er es will. Ein Geist wählt diese Option nur dann, wenn er lehren oder der Welt eine spirituelle Botschaft zugänglich machen möchte. Hingegen müssen sich die Menschen, die in die dunklen, grauen Sphären gelangen, noch entwickeln. Dazu müssen sie auf die Erde zurückkehren, und das so lange, bis sie gelernt haben, die Gefühle auszuschalten, die sich der Liebe entgegenstellen. Das ist mühsam, aber unabdingbar auf dem Weg zum Licht. – Doch jetzt wollen wir uns einmal genauer mit der Reinkarnation beschäftigen.«

»Endlich! Nun werden Sie mir erzählen, wie all das funktioniert.« Chrissie wurde ganz übermütig, schließlich hatte sie viele Wochen lang darauf gewartet, dass ich dieses Thema zur Sprache bringen würde.

»Nun ja, so viel gibt es dazu gar nicht zu sagen.«

»Augenblick mal! Nach all der Spannung und all dem Warten haben Sie nun gar nichts zu sagen! Das ist aber eine Enttäuschung!« Sie grinste frech von einem Ohr zum anderen.
»Wenn Sie darüber nachdenken, dann werden Sie feststellen, dass ich Ihnen bereits die meisten Gründe genannt haben, die uns veranlassen, physisches Leben erleben zu wollen. Das Leben soll helfen, über egoistische oder negative Einstellungen hinauszugelangen. Im Leben geht es um spirituellen Fortschritt – und zuletzt gelangt jeder von der Angst zur Liebe, selbst wenn es Hunderte von Leben und Tausende von Jahren dauert.«
»Wie werden wir wiedergeboren? Wählen wir unsere Eltern und ...«
»Halt! Langsam, Chrissie. Ich kann immer nur eine Frage beantworten.«
»Tut mir Leid. Ich will ja nur wissen, wie Reinkarnation funktioniert.«
»Wir wollen mit den Eltern anfangen. Wenn der Zeitpunkt für uns gekommen ist, ins Leben zurückzukehren, dann wählen wir unsere Eltern selbst aus, oder sie werden für uns bestimmt. Ein Kriterium für die Auswahl ist, dass unsere ›neuen Eltern‹ bereits in einer früheren Lebenssituation mit uns verbunden gewesen sein müssen.«
»Warum das?«
»Weil eine frühere Beziehung die Bindung erleichtert. Die Schwingungen von Mutter und Kind sind ähnlich, und das sichert dem Kind einen guten und gesunden Start ins Leben.«
»Kommt der Geist einer Person, die wiedergeboren wird, vollkommen rein zurück auf die Erde? Oder hat er gleich von Anfang an noch andere Emotionen neben der Liebe?«
»Alle Kinder beginnen ihr Leben mit einem vollständigen Maß an spiritueller Liebe. Doch die Emotionen aus einem früheren Leben – der emotionale Körper – sind bereit und warten. So-

bald der Geist in die irdische Ebene eindringt, heften sich diese alten Emotionen an den physischen Geist des Kindes.«
Chrissie war fasziniert. Und schon stellte sie die nächste Frage: »Ganz egal was wir auch tun, irgendwann einmal müssen wir also zurückkehren, um uns mit den negativen Emotionen auseinander zu setzen, die wir von vorangegangenen Aufenthalten zurückgelassen haben?«
»Ja, das ist richtig. Das gehört zur Reinkarnation dazu. Wir können dem Schaden, den wir angerichtet haben, nicht entgehen ... dem Schaden, den wir uns selbst, anderen Menschen, der Gesellschaft oder dem Planeten zugefügt haben. Irgendwann einmal müssen wir zurückkehren und die von uns geschaffenen negativen Schwingungen auflösen – alle Schwingungen, die nicht im Einklang mit der Liebe sind. Diesem Aspekt der Reinkarnation können wir nicht entkommen.«
»Das hört sich so endgültig an.«
»Das ist es auch. Wenn wir unter Verletzungen oder Ängsten leiden, die aus früheren Leben zurückgeblieben sind – wie es bei Ihnen der Fall war, Chrissie –, dann haben wir so lange Schwierigkeiten, bis wir die Verletzungen oder Ängste in unser logisches Bewusstsein heben und sie verarbeiten. Ganz besonders gilt dies für die Gefühle, die wir während des Sterbeprozesses hatten, denn sie waren bei uns, als der Tod eintrat. Diese Gefühle können wir nur auflösen, wenn wir wiedergeboren werden.«
»Das genau war mein Problem, nicht wahr?«
»Ja. Jetzt erst verstehen Sie wirklich, wo all Ihre unerklärlichen Ängste ihren Ursprung hatten. Sie befanden sich in Ihrem emotionalen Körper. Vom Augenblick Ihrer Geburt an lagen sie sozusagen auf der Lauer und warteten auf den richtigen Augenblick. Ihre Begegnung mit Byron brachte sie zu Tage, jedoch nicht in Ihr logisches Bewusstsein. Und dann waren plötzlich all Ihre alten Gefühle der Angst und Liebe

wieder da. Jetzt verstehen Sie, warum Sie diese Liebe, diese Ängste und diese physischen Schmerzen erleben mussten. Diesmal konnte Byron mit der Situation besser umgehen als in ihrem vorangegangenen gemeinsamen Leben, und Sie konnten Ihre Ängste aus Ihrem emotionalen Feld entlassen. Jetzt fällt es Ihnen leichter, spirituell in die Sphären des Lichts, in denen Ihre Kreativität ihren Ursprung hat, zu gelangen.«

»Hat jeder, der wiedergeboren wird, irgendwelche Ängste oder negativen Gefühle zu bearbeiten? Damit stehe ich doch bestimmt nicht allein da?«

»Ja es geht fast allen so wie Ihnen. Die Wiedergeburt stellt eine Gelegenheit dar, um Schwächen oder negative Gefühle zu überwinden und die Liebe an ihre Stelle zu rücken. Das kann ein langer, schwieriger Prozess sein, aber indem wir uns unseren Ängsten stellen und Liebe werden, gelangen wir schließlich in die erste Sphäre des Lichts, aus der wir nicht zurückkehren müssen.«

»Wenn wir in die erste Sphäre des Lichts kommen, verwandeln wir uns dann in Engel, Heilige oder etwas Ähnliches?«, fragte Chrissie nur halb ernst.

»Nein. Diese Frage wird mir häufig gestellt. Unsere Persönlichkeit verändert sich nicht, wenn wir sterben, aber die Liebe, die wir sind, wird strahlender, unser Leben zufriedener und glücklicher.«

»Und diejenigen, die es nicht ins Licht schaffen?«

»Menschen, die in die graue Sphäre eintreten, unterscheiden sich dort nur wenig von ihrem irdischen Zustand. Sie sind das, wofür sie sich halten – sie werden zu ihren Gedanken. Wenn sie Gold und Flitter noch immer brauchen, dann werden sie es haben. Ja, sie werden alles haben, was sie nur brauchen. Diese Geister glauben, so sein zu müssen, wie sie es auf Erden waren – das erscheint ihnen natürlich. Gott lässt sie haben, was sie wollen, denn sie sind wie die Kinder mit ihrem Spielzeug.

Er wartet darauf, dass sie aufhören, Dinge haben zu wollen. Letztlich begreifen sie, dass materielle Dinge überflüssig sind und ihnen nur den Weg zu Liebe und Glück verstellen.«

»Es wird Ihnen schwer fallen, den Leuten klar zu machen, dass sie auf Ererbtes verzichten sollen«, meinte Chrissie und schenkte mir ein ermutigendes Lächeln. »Sicherlich werden Sie doch von den Leuten nicht verlangen, dass sie ihren Besitz fortgeben müssen, um zu beweisen, dass sie der Liebe fähig sind?«

»Natürlich nicht. Reichtum zu erben oder im Lauf eines Lebens zu erwerben ist nicht falsch. Es geht darum, was der Einzelne mit seinem Reichtum anfängt. Wenn Reichtum benutzt wird, um anderen zu schaden, dann werden die Reichen das in ihrer Zukunft geraderücken müssen. Gleiches gilt für Menschen, die eine Leidenschaft für Besitz oder für einzelne Personen entwickeln. Wenn wir irgendetwas, was wir nur für uns ganz allein besitzen wollen, höher einschätzen als die Liebe, dann werden wir wiedergeboren, um zu lernen, ohne diese Dinge oder Personen auszukommen. Wird Reichtum jedoch vernünftig eingesetzt, um anderen zu helfen oder Schönheit zu schaffen, dann sind dies Handlungen der Liebe, die auf der Schönheit und Strahlkraft basieren, die uns bei unserer Rückkehr in die Geistwelt erwarten.«

Ich konnte förmlich zusehen, wie sich in Chrissies Kopf neue Fragen bildeten, und mir war klar, dass unser Gespräch über Reinkarnation noch längst nicht vorüber war.

»Dürfen Menschen, die gestohlen haben, um sich zu bereichern, ihren Reichtum behalten? Was ist zum Beispiel mit Leuten, die durch Drogenhandel oder Korruption reich geworden sind?«

»Reichtum, der auf solche Weise erlangt wurde, muss zurückgegeben werden. Und wenn andere im Zuge einer solchen Bereicherung zu Schaden gekommen sind, dann muss der

Aggressor dies im Verlauf dieses oder seines nächsten Lebens wieder gutmachen. Solche Menschen haben oft das Gefühl, das Geld zerrinne ihnen nur so zwischen den Fingern, was sie auch tun, um es festzuhalten. Das trifft natürlich nicht für alle Fälle zu, aber ein solches früheres Leben ist häufig die Ursache dafür, wenn Menschen nicht mit Geld umgehen können. Diese Zusammenhänge lassen sich auf alle übrigen Lebensbereiche übertragen. Man bezeichnet das als ›Karma‹. Wenn die Leute von ihrem Karma sprechen, meinen sie damit die Gründe für ihre Wiedergeburt: die Wiedergutmachung dessen, was ihr Geist in einem vorangegangenen Leben angerichtet hat. Egal ob der Schaden einem Einzelnen, einer Gemeinschaft oder sogar der Natur zugefügt wurde, er muss wieder gutgemacht werden, damit der Geist sich weiterentwickeln kann. Manchmal sind dazu mehrere Leben erforderlich.«

»Die meisten Menschen werden sich nicht an das erinnern, was sie angerichtet haben, wie also können Sie für Abhilfe sorgen, Malcolm? Ohne Ihre Hilfe hätte ich mich doch niemals an diese eine Situation erinnert.«

»Wir werden gezielt in Situationen gebracht, die uns die Gelegenheit zur Korrektur früherer Übeltaten verschaffen, auch wenn wir uns dessen und unserer früheren Fehler nicht bewusst werden. Manchmal machen Leute ein Leben ums andere immer wieder die gleichen Fehler, verletzen immer wieder dieselben Menschen. Deshalb ist es so wichtig, dass wir unser Karma überwinden und Liebe werden.«

»Kann man denn sein Karma überhaupt überwinden? Verschwendet man denn nicht ein Leben ums andere, weil man gar nicht weiß, was man angerichtet hat?«

»Die Leute wissen, was sie getan haben, Chrissie. Sie ziehen es nur vor, die Ermahnungen ihres Gewissens zu überhören. In seinem Herzen weiß es jeder Mensch, wenn er gegen die Liebe handelt. Wir alle wissen, ob wir Kritik oder Liebe sind, verletzen oder helfen, negativ oder positiv. Ausreden für unser Handeln zu finden, bringt uns nicht weiter. Nicht selten wird eine Situation einfach umgedreht und behauptet, dass ein anderer oder die Umstände einen gezwungen haben, so zu handeln. Ich bin noch immer überrascht, wie viele Ausreden den Leuten für ihre fortgesetzten Fehlleistungen einfallen. In ihren Herzen wissen sie genau, was sie anrichten.«

»Ich vermute, das gilt auch für mich. Warum tun wir Menschen das?«

»Das Problem besteht darin, dass es den Menschen heute so leicht fällt, die innere Stimme der Liebe zu ignorieren. Es macht ihnen nichts mehr aus, und sie meinen, Schönheit und Liebe zerstören zu können, ohne dafür Verantwortung übernehmen zu müssen. Doch zum Glück werden mehr und mehr liebende Seelen wiedergeboren. Ihre Aufgabe ist es, Veränderung zu bewirken und unser Leben wieder mit Vernunft zu erfüllen.«

»Alles im Leben lässt sich offenbar auf Liebe zurückführen«, lautete Chrissies Zusammenfassung meiner Gedanken.

Für eine Weile senkte sich Schweigen zwischen uns. Wahrscheinlich dachten wir beide über den Zweck unseres jeweiligen Lebens nach. Schließlich präsentierte mir Chrissie ihre nächste Frage: »Warum müssen kleine Kinder scheinbar ohne jeden Grund manchmal noch vor der Geburt oder so bald danach sterben?«

»Sie kommen ein bisschen vom Thema ab, ist Ihnen das aufgefallen? Nun, es gibt natürlich immer einen Grund. Manchmal können wir ihn eben nicht gleich verstehen.«

»Können Sie mir vielleicht die folgende Situation erklären?«, bat sie und ging davon aus, dass ich es wohl tun würde. »Ich habe eine Freundin, die vor ein paar Wochen eine Fehlgeburt hatte. Die Schwangerschaft war schon recht weit fortgeschritten, und natürlich ist sie todunglücklich. Ich würde ihr gerne einen Grund nennen, wenn es einen gibt.«

»Eigentlich wissen Sie noch nicht genug über das Funktionieren der Geistwelt, um dieses Gesetz verstehen zu können. Ich will trotzdem versuchen, es zu erklären. Wenn der Geist sich bereits auf einer hohen Stufe befindet und sich in wahre Liebe verwandelt hat, zu einem Geist des Lichts geworden ist, dann braucht er eine Gelegenheit, um in einer ganz und gar liebevollen Umgebung, die frei ist von allen Emotionen außer von Liebe, zu wachsen. Eine solche Situation ist in einem rein irdischen Rahmen undenkbar. Darum beginnt der Geist seine letzte Reise in physischer Form, wie jeder Geist sein Leben als Mensch beginnt: in einem menschlichen Schoß. Der Geist kehrt ein letztes Mal zurück, um die in der irdischen Ebene zurückgebliebenen Emotionen zu sich zu nehmen. Ist dies geschehen, verliert der physische Körper der Mutter, dessen sich der Geist bedient, all seine Energie und stößt den Geist von sich, damit er als Kindgeist zurückkehren und sein Wachstum in einer ganz und gar liebevollen und spirituellen Umgebung fortsetzen kann. Selbstverständlich betrauern die Eltern den Verlust des Kindes. Ihnen fehlt die Weisheit oder die spirituelle Einsicht, um zu erkennen, dass ihre Liebe einen vollkommenen Geist beherbergt hat, der sich damit auf seine letzte Reise vor dem Eintritt in das wahrhaft spirituelle Reich des Lichts vorbereitet hat.«

»Das ist unglaublich«, staunte Chrissie, als spräche sie zu sich selbst. Tief in Gedanken sagte sie: »Die Geistwelt benutzt uns, und wir wissen es nicht einmal. Das hört sich nicht sehr nett an und erscheint mir auch nicht besonders spirituell.«

»Was uns in spiritueller Hinsicht zustößt, dazu haben wir meist vor unserer Geburt unsere Zustimmung gegeben. Wir können uns nur nicht mehr daran erinnern, weil wir unsere spirituelle Wahrnehmungsfähigkeit eingebüßt haben.«

Nach einem kurzen, nachdenklichen Schweigen fragte Chrissie: »Wie vereinigt sich denn ein Geist mit einem Körper?«

»In genau der umgekehrten Reihenfolge, in der er ihn verlässt«, antwortete ich. »Erinnern Sie sich – wir verlassen das Leben durch das Zentrum unserer Emotionen.«
»Ja. Sie haben gesagt, dass wir als die Emotion in das Licht eintreten, die zu werden wir zugelassen haben.«
»So ist es.«
»Und wir lassen hinter uns eine Art Nebel aus Emotionen zurück, den wir irgendwann bei unserer Rückkehr auflösen müssen.«
»Ja, Chrissie, Sie haben sich alles gut gemerkt.«
»Heißt das, dass wir, wenn wir reinkarnieren, aus dem Licht heraus- und in den Nebel unserer zurückgelassenen Emotionen eintreten?«
»Ja.«
»Und uns dann mit diesen Gefühlen verbinden?«
»Ja.«
»So ist das also«, sagte Chrissie. »Dann geht es darum, beim Physischen zu bleiben oder eins mit ihm zu werden. Geschieht das unmittelbar, oder braucht das etwas Zeit?«
»Es kann, abhängig vom spirituellen Wesen des Kindes, zwischen mehreren Wochen und sieben Jahren dauern. Manche Kinder sträuben sich recht lange Zeit dagegen, eins mit dem Physischen zu werden, insbesondere dann, wenn sie Geist und wenn ihre Gefühle Liebe sind und sie bereits viele Leben als Mensch hinter sich haben. Solche Kinder leben für einige Zeit zugleich in der Geistwelt und in der physischen.«
»Ich habe eine kleine Cousine, die immer von einer Dame spricht, mit der sie abends in ihrem Schlafzimmer spielt. Ihre Eltern glauben natürlich, dass sie sich das alles nur einbildet, aber ich kann das irgendwie nicht glauben. Für sie ist die Dame real vorhanden. Ist das möglich, Malcolm?«
»Viele Kinder machen ähnliche Erfahrungen, weil sie außerhalb der physischen Wirklichkeit leben. Wenn ihnen mit Liebe

begegnet wird, dann entwickeln sich diese Kinder zu liebevollen und spirituellen Erwachsenen. Unglücklicherweise bekommen sie meist zu hören, dass sie keinen Unsinn reden und aufhören sollen, sich Sachen einzubilden. Auf diese Weise werden solche Kinder dazu angehalten, ganz und gar eins mit der physischen Welt zu werden, und die Gelegenheit, etwas Wesentliches über spirituelle Angelegenheiten zu lernen, ist vertan.«

»Wer sind diese Leute, mit denen Kinder spielen?«

»Das ist eine sehr komplexe Frage.«

»Bekomme ich auch eine komplexe Antwort?«, fragte sie und lächelte mich an.

»Ja«, versprach ich lächelnd. »Zu der eben gestellten Frage gibt es viele Antworten. Die unsichtbare Dame, mit der Ihre kleine Cousine spielt, könnte ein Produkt ihrer kindlichen Fantasie sein. Oder sie könnte eine liebevolle Verwandte sein, die zwar gestorben ist, sich aber immer noch um das Kind kümmert. Oder sie ist die vollständige Persönlichkeit des Kindes aus seinem letzten Leben.«

»Wahnsinn!«, rief Chrissie. »Wollen Sie damit sagen, dass die Gefühle meiner Cousine aus ihrem früheren Leben ihr in ihrer früheren Gestalt erscheinen?«

»So ähnlich. Die meisten Geistführer, so werden sie genannt, sind nichts anderes als die Energie der Persönlichkeit aus einem früheren Leben, die Erfahrungen vermittelt, die der Geist wieder braucht. Also ruft der Geist, Ihre Cousine, die frühere Persönlichkeit zur Unterstützung herbei. Ihre kleine Cousine greift auf ihre Vergangenheit vielleicht um der Freundschaft und Sicherheit willen zurück und weil ihr diese ihrer früheren Persönlichkeiten als die glücklichste erscheint.«

Chrissie schien über meine letzte Bemerkung erstaunt. »Wie kann ihr das gelingen? Sie scheint mir keine besonderen Fähigkeiten zu haben.«

»Dazu braucht Ihre Cousine keine besonderen Fähigkeiten. Sie geht dabei genauso vor wie Sie, wenn Sie sich als kleines Kind sehen, indem Sie nur deutlich genug visualisieren. Sie wissen doch, Chrissie, wie Sie Ihr inneres Kind in den Arm nehmen, so wie Jenny es vergangene Woche getan hat? Der einzige Unterschied besteht darin, dass ein Kind das Bild unter Zuhilfenahme emotionaler Energie in physischer Form erscheinen lassen kann. Wir alle holen die Energie vergangener Leben zu uns zurück, wenn es uns erforderlich erscheint. Jeder, der übersinnliche Fähigkeiten besitzt oder Energie wahrnehmen kann, wird sehen, wie sich die Gedanken eines anderen verbildlichen. Für gewöhnlich glauben übersinnlich begabte Menschen dann, einen Geistführer gesehen zu haben, was jedoch äußerst unwahrscheinlich ist.«

»Viele Übersinnliche sprechen davon, dass sie Geistführer sehen, warum ziehen Sie das in Zweifel, Malcolm? Was sehen sie denn sonst?«

»Wir entfernen uns wieder vom Thema, aber ich will versuchen, es rasch zu erklären. Ein echter Geist der Liebe hat es nicht nötig, als bestimmte Persönlichkeit wie etwa als Chinese oder Indianer in Erscheinung zu treten. Sie sind Wesen aus strahlendem Licht und jenseits jeglicher übersinnlichen Wahrnehmung. Was die Leute sehen, sind meist Persönlichkeiten aus einem vergangenen Leben, die zu der Person gehören, die sie erschafft, es sei denn, es handelt sich um einen Verwandten oder einen geliebten Menschen, dem sich die Gelegenheit geboten hat, einen seinerseits geliebten Menschen zu besuchen.«

»Ist das hilfreich?«, wollte Chrissie wissen. »Warum sollte jemand, vor allem wenn es unwillentlich geschieht, eine frühere Persönlichkeit wiederherstellen?«

»Das kann manchmal nützlich sein. Zum Beispiel wenn man Kraft oder Wissen in einem Maß braucht, das einem in diesem

Leben noch nicht zur Verfügung steht, dann ist es möglich, Zugang zu der Energie oder dem Wissen aus einem früheren Leben zu erlangen. Wenn jemand beispielsweise auf ein in der Wikingerzeit geführtes Leben zurückgreift, dann berichtet ein übersinnlich begabter Mensch, der zufällig zugegen ist, vielleicht von der Gegenwart eines Geistführers aus der Wikingerzeit.«

»Das geht mir einfach zu weit, Malcolm. Wollen Sie damit denn sagen, dass meine kleine fünfjährige Cousine dazu in der Lage ist, die emotionale Energie eines vergangenen Lebens heraufzubeschwören? Und dass sie obendrein noch fähig ist, diese Energie in eine nahezu feste Form zu verwandeln?«

»Gut möglich. Doch ohne weitere Einzelheiten zu kennen, kann ich natürlich nicht sicher sein. Kinder sind außerordentlich spirituell. Im Anfangsstadium ihres Lebens sind sie häufig fähig, sich Energien und Emotionen aus vergangenen Leben zunutze zu machen oder sich in früheren Gestalten zu sehen. Dies ist möglich, weil kleine Kinder noch nicht vollkommen eins sind mit ihrem physischen Körper. Wenn Mädchen sich verändern, um zu Frauen zu werden, befinden sie sich einige Wochen oder Monate in derselben Situation. So erklärt sich das gelegentliche Erscheinen von Poltergeistern.«

»Wie bitte?«

»Genug davon, Chrissie. Wir müssen zum Thema zurückkehren. Ich werde ein andermal auf diese Energien zu sprechen kommen. Wo waren wir gerade?«

»Reinkarnation. Das Problem bei all dem ist, dass Sie nichts davon beweisen können, Malcolm.«

»Ich weiß. Da ich keine Beweismittel habe, werden Sie also gegen Ihr Gewissen handeln? Werden Sie nun so tun, als ob das Leben in dem Augenblick aufhört, wenn ein Mensch das Atmen einstellt?«

»Nein, natürlich nicht. Aber warum soll ich all dieses Zeug

über Reinkarnation ernst nehmen? Es gibt keine Beweise. Niemand weiß wirklich zu sagen, was mit uns geschieht, wenn wir sterben.«

»Bis zu dem Augenblick, da Sie dieses Zeug ernst nehmen und anfangen, nach den spirituellen Gesetzen der Liebe zu leben, müssen Sie sich weiterhin reinkarnieren. Irgendwann einmal wird etwas in Ihnen erwachen, und dann werden Sie Ihre langsame Reise zum Licht beginnen.«

»Um eine Veränderung im Denken der meisten Menschen zu verursachen, müsste etwas wirklich Schwerwiegendes geschehen, Malcolm. Was könnte jemanden, der bisher nicht spirituell war, veranlassen, sich zu ändern und liebevoller zu werden?«

»Normalerweise irgendeine entsetzliche Katastrophe. Trauer ist ein großes spirituelles Gefühl und hilft den Menschen, Egoismus gegen Liebe zu tauschen. Ereignisse wie der Verlust eines geliebten Menschen, insbesondere wenn es sich um ein Kind handelt, oder die Verantwortung für einen Unfall kann Menschen verändern. Die Krankheit Krebs fungiert häufig als eine Art Schocktherapie, die die Menschen aus ihrem spirituellen Schlaf reißt und ihnen die Liebe ins Bewusstsein hebt. Bei Krebspatienten macht die Art und Weise, wie sie mit ihren letzten Monaten umgehen, einen Großteil dessen wett, was sie in ihrem Leben falsch gemacht oder verpasst haben.«

»Offenbar müssen manche erst sterben, damit die Liebe erblühen kann.«

»Häufig werde ich von Eltern gefragt, warum die Guten und Liebevollen jung sterben müssen. Die Antwort ist einfacher, als man annehmen möchte. Der Tod eines geliebten Menschen vermag nicht selten den Geist der Liebe in den Zurückgebliebenen zu wecken und ermöglicht ihnen Wachstum. Leiden jeglicher Art löst für gewöhnlich den Wechsel von egoistischen Gefühlen hin zur Liebe aus.«

»Ich möchte Liebe werden, ohne noch mehr leiden zu müssen«, stellte Chrissie fest.

»Schaden Sie niemals mehr absichtlich einem anderen Menschen, und gestatten Sie es anderen nicht, die Liebe, die Sie sind, zu vertreiben. Der Rest kommt ganz von allein.«

»Vielen Dank. Das ist ein guter Rat fürs Leben.«

Chrissie schien sich einen Augenblick lang zurückzuziehen. Ich wusste, sie war dabei, eine neue Frage zu formulieren, die für sie von äußerster Bedeutung war. Als sie die Frage schließlich aussprach, überraschte sie mich nicht: »Wie ist Ihre Meinung zu Abtreibung?«

»Im Prinzip lehne ich sie ab. Abtreibung kann natürlich den Geist nicht töten. Vorausgesetzt, die Abtreibung findet statt, bevor der Geist sich mit dem Baby und seinen Gefühlen verbunden hat – was für gewöhnlich zwischen dem dritten und vierten Monat geschieht – so besteht der dem kleinen Lebewesen zugefügte Schock im Wesentlichen aus seiner Zurückweisung. Aber diese Rationalisierung rechtfertigt Abtreibung spirituell nicht.«

»Sie wissen doch, dass ich eine Abtreibung hatte?«

»Ja, Sie haben mir davon erzählt.«

»Damals haben Sie mir nicht gesagt, dass Sie diesen Schritt ablehnen.«

»Sie haben mich nicht um meine Meinung gebeten. Außerdem beurteile ich eine bestimmte Situation nicht als richtig oder falsch, bevor ich nicht alle Fakten kenne. Und auch dann würde ich ein Ereignis nicht in Begriffen von gut oder schlecht bewerten. Sie haben es getan; und wenn es falsch war, dann werden Sie die Konsequenzen irgendwann in der Zukunft zu spüren bekommen. Ich akzeptiere jeden Menschen bedingungslos, unabhängig davon, was er getan oder nicht getan hat. Für mich ist das, was jemand jetzt denkt oder tut, wichtiger.«

»Würden Sie jemals jemandem eine Abtreibung als akzeptable Lösung vorschlagen?«

»Nein. Ich würde niemals sagen, dass eine Abtreibung die richtige oder die falsche Lösung ist.«

»Warum nicht?«

»Zum einen, weil ich die richtige Antwort nicht kennen kann. Zwei verschiedene Situationen können den Anschein erwecken, ähnlich zu sein. Doch subtile Unterschiede machen aus einer Abtreibung den richtigen Weg und aus einer anderen den falschen.«

»Aber irgendjemand muss es doch wissen. Sonst kehren wir zu der Vorstellung zurück, dass jegliche Abtreibung falsch ist.«

»Die einzigen Menschen, die je die Antwort auf diese Frage wissen können, sind die Mutter und das ungeborene Kind. Niemand vermag einen Geist zu töten – es ist wichtig, das zu wissen. Eine Abtreibung hindert einen Geist daran, das Leben in physischer Form zu erfahren. Wenn ein Baby abgetrieben wird, egal in welchem Alter, dann kehrt der Geist in die Geistwelt zurück und wartet dort auf eine bessere Gelegenheit, sich zu reinkarnieren.«

»Was sagen Sie Frauen, die mit diesem Problem zu Ihnen kommen?«

»Es haben schon mehrere Frauen in dieser Frage meinen Rat und meine Hilfe gesucht. Einige von ihnen haben Kinder und quälen sich wegen einer Abtreibung, die sie früher einmal haben vornehmen lassen. Diese Mütter haben eine Familie, aber sie können nicht aufhören, sich Gedanken darüber zu machen, was aus dem Kind oder den Kindern wurde, das oder die sie durch die Abtreibung zurückgewiesen haben. Oft können sie die Liebe ihrer lebenden Kinder nicht richtig genießen, weil sie voller Schuldgefühle oder auch Trauer sind.«

»Das kann ich verstehen«, flüsterte Chrissie, in der eigene schmerzhafte Gefühle aufstiegen.

»Den meisten von ihnen ist nicht klar«, versuchte ich Chrissie zu beruhigen, »dass der Geist des durch die Abtreibung zurückgewiesenen Kindes sich inzwischen reinkarniert hat. Sehr wahrscheinlich lebt dieser Geist in einem Kind, das sie später zur Welt gebracht haben.«

»Wirklich?«

»Aber ja. Oftmals wartet ein abgewiesener Geist geduldig, bis der richtige Zeitpunkt gekommen ist und sich wieder die Gelegenheit bietet, als Kind der erwählten Mutter geboren zu werden. Ich weiß von Geistern, die zwei- oder dreimal abgetrieben wurden, bevor sie schließlich wiedergeboren wurden.«

Chrissies Erleichterung war deutlich spürbar. Sie entspannte sich und lehnte sich in ihrem Sessel bequem zurück. »Ich nehme an, solche Kinder sind in ihrem späteren Erwachsenenleben vehemente Abtreibungsgegner«, bemerkte sie lächelnd.

»Aber woher wissen Sie, ob es sich um ein und denselben Geist handelt? Wie können Sie den Geist eines kleinen Kindes als denjenigen erkennen, der zu einem früheren Zeitpunkt zurückgewiesen wurde?«

»Das ist einfach! Ich bringe die Mutter, die sich wegen ihrer Abtreibung Sorgen macht, in das weiße Licht, und dort sieht sie den Geist des Kindes, der ihr alles erklärt.«

»Wollen Sie mir damit sagen, dass sie einfach in das weiße Licht geht und dort ein freundliches Gespräch mit ihrem ungeborenen Kind führt? Also ehrlich, Malcolm, passiert so etwas wirklich? Diese Geschichte klingt mir doch sehr nach einer ausufernden Fantasie.«

Chrissie sah mich auffordernd an.

»Das hat nichts mit einer ausufernden Fantasie zu tun, das versichere ich Ihnen. Jeder, der ein solches Erlebnis hatte, zweifelt nicht daran, dass es echt ist. Diejenigen, die sich im gleichen Raum mit einer Mutter befinden, die in das weiße Licht eingetreten ist, erleben eine Atmosphäre der Ruhe und des Friedens, die mit Worten nicht zu beschreiben ist. Das ist echtes Geistheilen ... jenseits aller intellektuellen Vernunft. Für schwangere Frauen, die sich fragen, ob sie die Schwangerschaft abbrechen sollen, tue ich das Gleiche. Sie treten in das weiße Licht und halten in ihren Armen den Geist des Kindes, das sie erwarten. Nur in seltenen Fällen weisen schwangere Frauen ein Kind zurück, nachdem sie seinen Geist in den Armen gehalten und es lieb gehabt haben.«

»Das klingt wunderschön. Doch warum könnte sich ein Kind gegen seine Geburt entscheiden?«

»Weil der Geist es weiß, wenn die Situation nicht stimmt. Ist dies der Fall, dann wird er zustimmen und manchmal sogar darum bitten, besser noch zu warten. Deshalb ist es falsch, Abtreibungen rundweg abzulehnen.

Ich muss aber noch auf einen anderen Punkt zu sprechen kommen. Die Entscheidung, lieber noch zu warten, ist die Ausnahme von der Regel. Ich versuche Ihnen klar zu machen, dass niemand außer der Mutter und dem ungeborenen Kind wirklich wissen können, was in einer bestimmten Situation richtig ist; und ich möchte noch einmal betonen, dass niemand sonst berechtigt ist, diese Situationen zu beurteilen. Wenn eine Mutter in Liebe und Licht und ohne Angst meditiert oder betet, dann wird sie die richtige Antwort finden.«

»Aber sind denn nicht einige Abtreibungen einfach nur falsch?«

»Wenn Abtreibungen aus egoistischen oder materiellen Gründen vorgenommen werden, ja, dann erscheinen sie einfach nur falsch. Der Geist des ungeborenen Kindes spürt vielleicht den ganzen Schmerz der Zurückweisung; er wird dennoch beharrlich darauf warten, bei der nächsten Schwangerschaft dieser Mutter geboren zu werden. Ich würde natürlich nicht wollen, dass irgendjemand dieses Wissen als Ausrede für eine Abtreibung missbraucht.«

»Wie Sie bereits sagten, lieben die Mütter, die früher im Leben eine Abtreibung hatten, jetzt vermutlich die Kinder, die sie zuvor zurückwiesen. Oder zurückgewiesene Geister warten eben auf zukünftige Schwangerschaften. Wenn Sie Recht haben, Malcolm, dann kann dieses Wissen vielen Frauen ein Trost sein.«

»Ja, das sollte es sein. Ein Geist kann weder durch eine Abtreibung noch irgendwie sonst getötet werden. Die Lebensreise wird lediglich verzögert, und oftmals findet die Reinkarnation mit denselben Eltern oder wenigstens in derselben Familie statt. Sobald das spirituelle Gesetz bestimmt hat, dass ein Geist wiedergeboren werden soll und der Geist den Übergang vom reifen Geist zum Kindgeist bewerkstelligt hat, wird er nicht mehr geleugnet.«

»Sie haben mir viel Material zum Thema Reinkarnation gegeben. Menschen, die Abtreibung ablehnen und wegen ihr aggressiv oder wütend werden, regen sich möglicherweise aus den falschen Gründen auf.«

»Hängt davon ab, welche Gründen sie haben. Wut kann kein Problem lösen, Chrissie. Manche Menschen haben eine tief sitzende Angst vor Abtreibung und setzen ihre Angst als Wut frei. Das ist jedoch nicht die richtige Art, damit umzugehen. Eines Tages werden sie sich ihrer Angst stellen müssen, statt sie in Aggression oder Wut zu verwandeln. Besser wäre es, wenn sie ihre Ansichten durch Liebe zum Ausdruck brächten, denn sie allein bewirkt wirkliche Veränderungen.«

»Eine spirituelle Perspektive scheint zweifellos für alle von Vorteil zu sein.«

»Ob man nun für oder gegen Abtreibung ist, als Erstes muss immer die Verbindung zwischen Mutter und Kind berücksichtigt werden, nicht der eine oder der andere Beteiligte. In ganz seltenen Fällen ist es besser, eine Geburt zu verschieben. Und außerdem, wie sollte wohl eine andere Person, die weder die

Mutter noch das ungeborene Kind ist, wissen, was hier am besten ist?«

»Das überzeugt mich, Malcolm. Ich bin froh darüber, dass wir dieses Gespräch geführt haben.«

»Wer eine Schwangerschaft aus egoistischen Motiven abbricht, wird irgendwann dafür zur Verantwortung gezogen. Gleiches gilt für jene, die wissentlich und aus Profitdenken die Mittel und den Weg für die Zurückweisung eines ungewollten Kindes zur Verfügung gestellt haben.«

»Die Gründe hinter der Tat sind also immer die entscheidenden Kriterien?«

»Wenn die Gründe in der Liebe zu finden sind, dann wird die Entscheidung richtig sein.«

»Und Liebe würde sich niemals als Wut oder Aggression zum Ausdruck bringen, nicht wahr?«

»Nein, Chrissie, niemals.«

»Malcolm«, sagte Chrissie zögernd.
»Ja, Chrissie, was gibt's denn?«
»Ich kenne da jemanden, der gerne einen Termin bei Ihnen hätte, aber er ist sich nicht sicher, ob Sie ihn überhaupt hereinlassen würden.«
»Warum sollte ich ihn nicht hereinlassen?«
»Er ist Rassist, und er weiß nicht, wie Sie zu solchen Dingen stehen.«
»Jeder kennt meine Ansichten, Chrissie. Ich akzeptiere alle Menschen, wie sie sind, unabhängig von ihrer Rasse oder ihren religiösen Vorstellungen. Wenn mich jemand auf Grund meiner Hautfarbe, meiner Religion oder meiner Lebensweise nicht mag, dann ist das dessen Problem und nicht das meine. Ich bin recht zufrieden mit meinem Sosein, und ich habe keine Schwierigkeiten damit, Menschen zu helfen, die mich nur mit Mühe akzeptieren können. Ich werde mich sicherlich nicht über die rassistischen Ansichten Ihres Freundes aufregen. Ich habe noch nie irgendjemanden abgewiesen.«
»Nein, Malcolm«, sagte sie mit einem Lächeln. »Das hat nichts mit Ihnen zu tun. Er hat nur ein großes Problem mit Schwarzen und fragt sich eben, ob Sie ihn wegen seiner extremen Ansichten vielleicht ablehnen könnten.«
»Selbstverständlich kann er kommen, Chrissie. So wie ich die Dinge sehe, hat er ein größeres Problem als die Menschen, gegen die er Vorurteile hat.«
Chrissie lächelte wieder und entspannte sich. »Ich wusste, dass Sie das machen würden«, sagte sie. »Er steht draußen. Kann ich ihn hereinholen?«
»Das ist ein bisschen plötzlich, nicht wahr? Ich dachte, es handelte sich um einen Termin für nächste Woche.«

»Ach, kommen Sie schon, Malcolm, mit mir können Sie sich doch auch noch ein andermal unterhalten, und außerdem wird er nicht wiederkommen, wenn wir ihm die Gelegenheit geben, darüber nachzudenken.«

Ich konnte mir ein Lächeln nicht verkneifen. Ich wusste, wann ich verloren hatte. Es machte mir nichts aus, vor allem weil mir klar war, dass Chrissie die Situation auf ihre übliche charmante Weise manipuliert hatte.

»Na gut, Chrissie. Wie gut kennen Sie den Mann?«

»Ich kenne ihn erst seit ein paar Tagen. Ich habe ihn auf einer Party kennen gelernt. Er zog über einen Schwarzen her, der gleichfalls zu Gast war. Seine Kommentare waren wirklich rassistisch. Zum Glück hatte der Schwarze genug Rückgrat, um die Bemerkungen zu überhören. Dieser Mann hat wirklich ein Problem. Deshalb habe ich ihm vorgeschlagen, mit Ihnen darüber zu reden.«

»Und er hat zugestimmt?«

»Ja«, antwortete sie überrascht. Eine solche Frage hatte sie nicht erwartet.

»Chrissie, Sie sollten irgendetwas verkaufen. Ich glaube, Sie könnten jedermann etwas aufschwatzen. Sie sind unglaublich! Also gut, wie heißt er?«

»Todd Breet.«

Chrissie ging hinaus und kam wenige Minuten später mit Todd zurück. Mein erster Eindruck von Todd war positiv. Er war etwa dreiundzwanzig Jahre alt, erschien mir freundlich, war gut gekleidet und sehr selbstbewusst. Er wartete nicht darauf, dass Chrissie ihn vorstellen würde, sondern ging durch den Raum direkt auf mich zu, schüttelte mir die Hand und stellte sich selbst vor. Chrissie, die ihm nicht in mein Sprechzimmer gefolgt war, zog sich diskret zurück, um mit Debbie zu schwatzen. Todd ließ die Tür hinter sich offen und erwartete offensichtlich, dass ich sie für ihn schließen würde. ›Dieser junge Mann nimmt sich selbst sehr wichtig‹, dachte ich bei mir. Wenn ich hinter meinem Schreibtisch hervorkäme, um die Tür für ihn zu schließen, dann würde er mein Verhalten als Unterordnung interpretieren, und der Wert des nachfolgenden Gesprächs wäre in Zweifel gezogen. Aus Erfahrung weiß ich, dass Menschen mit einer solchen Persönlichkeit unter großen Versagensängsten leiden. Wenn sie am anderen eine vermeintliche Schwäche feststellen, dann machen sie sofort ihren Zug, um die Situation zu dominieren. Wenn sie sich überlegen fühlen, dann lehnen sie alles, was sie zu hören bekommen, ab. Und natürlich hätte er es als Schwäche interpretiert, wenn ich jetzt für ihn die Tür geschlossen hätte.

Also blieb die Tür offen. Todd würde sie offensichtlich nicht schließen. Er wartete auf meine Reaktion. »Vielleicht sollten Sie die Tür schließen. Ansonsten wird unser Gespräch nicht sehr vertraulich sein, nicht wahr?«, schlug ich vor.

Todd, der sich mir gegenüber hingesetzt hatte, zuckte nur mit den Schultern.

»Gut«, sagte ich, »wenn Ihnen das nichts ausmacht, mir ist es recht.«

Todd zögerte einen Moment, aber als im klar wurde, dass für mich das Thema damit erledigt war, stand er auf und schloss sie selbst. Ich war zufrieden. Nun konnten wir ein ernsthaftes Gespräch führen.

Nachdem er die Tür geschlossen hatte, fing Todd an, über sich selbst zu sprechen. Er war in eine äußerst erfolgreiche Familie hineingeboren worden. Sein Vater war ein erfolgreicher Bankier, seine drei Onkel hatten es zu hohen Positionen im Militär gebracht, und ein Vetter war der Aufsichtsratvorsitzende einer großen Handelsgesellschaft. Todd hatte sich für eine Laufbahn im Bankwesen entschieden, und es wurde allgemein davon ausgegangen, dass er ebenso erfolgreich sein würde wie die übrigen männlichen Mitglieder seiner Familie. Trotz

seines demonstrativen Selbstvertrauens nahm ich eine immense Versagensangst in Todd wahr, die er hinter einem Wechselbad aus Arroganz und Charme zu verbergen suchte.
Menschen mit einer solchen Persönlichkeit verhalten sich anderen gegenüber häufig intolerant. Sie interpretieren jede Art von Misserfolg als Schwäche, und weil sie sowohl Misserfolg als auch Schwäche in sich selbst fürchten, fürchten sie dies auch in anderen. Sie verachten jeden, der nach ihrer Meinung versagt hat oder Schwäche zeigt, und haben Angst, mit solchen Personen in Zusammenhang gebracht zu werden.
Bei unserem Gespräch wurde bald deutlich, dass Todd hypochondrisch veranlagt war. Das ist nicht untypisch für machtbewusste Menschen, insbesondere wenn sie unbewusst ihre Versagensangst als ihren Hauptantrieb nutzen. Sie benötigen etwas, was ihnen als Ausrede dienen kann, wenn etwas schief geht – und früher oder später geht immer etwas schief. An einem solchen Punkt haben Menschen mit Todds Persönlichkeit für gewöhnlich die eine oder andere Krankheit parat, die ihnen als Entschuldigung dient.
Das heißt natürlich nicht, dass das alles nur gespielt ist. Sie machen sich wirklich Sorgen um ihr Herz, ihren Magen, den einen oder anderen Körperteil, in dem es gelegentlich zwickt. Probleme, die andere einfach beiseite schieben würden, sind ein echter Grund zur Besorgnis für sie.
Schließlich kamen wir auf Rassenzugehörigkeit zu sprechen, und schon sagte Todd offen, was er von Farbigen, wie er sie nannte, hielt. Seiner Meinung waren Schwarze irgendwie weniger wert, weniger fähig, die Erwartungen der Menschheit zu erfüllen. Ich ließ ihm genug Zeit, seine Ansichten zum Ausdruck zu bringen. Schließlich betonte er, dass es ihm hauptsächlich um vorhandene oder fehlende Ehrenhaftigkeit ginge.
Im Verlauf seiner Darlegungen wurde seine Angst vor unseren schwarzen Mitbürgern immer offensichtlicher. Selbstver-

ständlich hätte er dies niemals zugegeben, selbst wenn er sich dessen bewusst gewesen wäre, dennoch war seine Angst unübersehbar. Außer unter seiner Versagensangst litt Todd noch zusätzlich unter der Angst vor Ablehnung und kompensierte sie, indem er seinerseits gleich eine ganze Rasse ablehnte.

»Woher, glauben Sie, kommt Ihre Einstellung?«, fragte ich ihn.

Todd war aufrichtig genug, um zuzugeben, dass er nie wirklich über die Herkunft dieser Gefühle nachgedacht hatte.

»Sind Sie jemals von einem Menschen mit schwarzer Hautfarbe verletzt worden?«

Nach ein paar Augenblicken des Schweigens gab er zu, dass dies nicht der Fall war. »Sie verursachen mir einfach Beklemmungen«, fügte er hinzu. »Ich weiß auch nicht, was das ist, doch immer wenn ein Schwarzer den Raum betritt, drehe ich einfach durch. Alle nur möglichen Gefühle kommen in mir hoch. Der Anblick von Schwarzen hat immer diese Auswirkungen auf mich. Ich wünschte nur, sie würden einfach verschwinden, egal wohin, sich in Luft auflösen. Ich will, dass sie mir vom Leib bleiben!«

»Also gut, Todd, lassen Sie uns herausfinden, woher diese Angst kommt.«

»Das ist keine Angst!«, schrie er fast. »Ich kann sie einfach nur nicht leiden.«

»Das ist offensichtlich, Todd. Wir wollen herausfinden warum.«

Todd stimmte einer Behandlung zu. Seine tiefe unbewusste Angst verursachte jedoch großen emotionalen Widerstand in ihm, den zu überwinden für mich nicht leicht war. Widerstand lässt sich leicht an einer erhöhten Temperatur zwischen Heiler und Klient erkennen. Der Heiler wird mit zunehmendem Widerstand immer heißer, bis die Emotionen des Klienten schließlich der Energie des Heilers nicht mehr widerstehen können. Dann bricht der Widerstand zusammen und die Energie überträgt sich vom Heiler auf den Klienten.

Nach etwa fünfzehn Minuten wurde Todds Widerstand schwächer, er atmete schneller, und sein Herz fing an zu rasen. Er wies alle Anzeichen extremer Angst auf. »Was geschieht mit Ihnen, Todd?«

»Ich weiß es nicht«, antwortete er im Flüsterton.

»Was sehen Sie?«

»Ich weiß es nicht«, wiederholte er. »Es ist zu dunkel, um irgendetwas zu sehen. Ich fühle mich nicht sicher. Ich weiß nicht, warum ich mich so unsicher fühle.«

»Sitzen oder stehen Sie?«

»Ach, ich sitze, aber ich kann mich nicht bewegen. Zu meinen beiden Seiten stehen Leute. Ich fürchte mich ... als ob ich in der Falle sitze ... und ich kann mich nicht bewegen. Ich bin in einem Keller oder so gefangen.«

»Warum können Sie sich nicht bewegen, Todd?«

Nach ein paar Augenblicken der Stille schrie er auf und rief: »Ich bin angekettet! O mein Gott, ich bin angekettet! Nein, nein«, stöhnte er. »Ich bin völlig unbeweglich ... das ist schrecklich. Ich bin von Leibern umgeben. Ich fühle mich so bedrängt. Ich kann nicht richtig atmen. Die Luft stinkt ... und meine Füße sind im Wasser.«

Todd zitterte nun sichtbar vor Angst. Schweiß lief ihm das Gesicht hinunter, und er saß vollkommen verkrampft in seinem Sessel. »Worauf sitzen Sie?«, fragte ich.

»Auf einem Schemel oder einer Bank. Ich kann mich nicht vor- oder zurücklehnen, ohne jemanden zu berühren.« Er fing an zu weinen. »Wir sind alle angekettet.«

»Woran sind Sie festgekettet, Todd?«

Wieder schwieg er ein paar Augenblicke, dann stieß er einen langen schmerzerfüllten Schrei aus. »Ich befinde mich tief im Inneren eines Schiffes. Ich bin ein Gefangener. Es ist schrecklich! Es sind so viele von uns. Alle sind so still, keiner gibt einen Laut von sich. Ich kann hören, wie die See an den

Schiffskörper schlägt, wie Leute auf Deck umhergehen. Aber hier drinnen ist es so still. O mein Gott! Was geschieht mit mir? Es ist so still ... niemand sagt auch nur ein Wort. Ich fühle mich absolut elend und innerlich leer.«

»Blicken Sie auf Ihre Hände, Todd. Welche Farbe haben sie?«

Schweigen machte sich im Raum breit, als Todds Gesichtsmuskeln sich anspannten und Schweißperlen sich auf seiner Stirn bildeten. »Sie sind schwarz! Ich bin ein Sklave!«

Todd weinte, und die Angst, die er bisher halbwegs unter Kontrolle gehalten hatte, brach nun in einem gequälten Schrei, der gar nicht wieder aufhören wollte, aus ihm heraus. Als er sich ein wenig beruhigt hatte, fing er an, heftig zu zittern.

»Mir ist kalt ... so schrecklich kalt«, seufzte er.

Ich sah, wie die Kälte aus dem früheren Leben Todds Körper schüttelte und seine Zähne aufeinander schlagen ließ. Die ganze Zeit über saß er mit zusammengepressten Beinen aufrecht auf seinem Sessel, und seine Arme hingen an seinen Seiten herunter. Gelegentlich schwankte er vor und zurück. Ich nahm an, dass er so das Wogen des Ozeans und das Schaukeln des Schiffes ausglich.

»Es ist so still ... so still«, sagte er wiederholt. »Niemand gibt einen Ton von sich. Wir sind Menschen, keine Tiere.«

Todd beschrieb die barbarische Behandlung, die er und die anderen erdulden mussten. Er erzählte, wie sie schließlich an Deck geführt wurden und wie die Sonne ihn blendete, nachdem er sich so lange in fast vollständiger Dunkelheit aufgehalten hatte. Er spürte, dass er umhergestoßen, geschlagen und gezogen wurde. Er konnte nicht richtig sehen. Seine Knöchel fühlten sich wund an von den Fußfesseln, doch seine Hände waren frei und halfen ihm, das Gleichgewicht zu halten.

Todd setzte seine Geschichte fort bis zu dem Tag, an dem er in die Sklaverei verkauft wurde. Es war die traurige Geschichte eines einstmals stolzen Mannes, dem alle Würde, alle Selbstachtung und alles Selbstvertrauen genommen worden war. Seine Hautfarbe wurde ihm in diesem vergangenen Leben äußerst schmerzlich bewusst gemacht, und der Verlust seiner Würde war für ihn gleichbedeutend mit seiner Hautfarbe. Todds frühere Hautfarbe erfüllte ihn mit abgrundtiefer Angst. Während des Lebens, das er beschrieb, lernte Todd seine dunkle Hautfarbe zu fürchten. Sie sorgte dafür, dass ihm in einem Land, dessen Kultur er nicht verstand, eine besonders harte Behandlung zuteil wurde. Er begriff, dass er auf Grund seiner Hautfarbe und nicht seiner Geburt oder Kultur Sklave war. Er hatte seine Würde und Stellung im Leben wegen seiner Hautfarbe verloren. In seinem gegenwärtigen Leben litt Todd unter einer Versagensangst, und irgendwie, auf einer tiefen emotionalen Ebene, wusste er, dass eine dunkle Hautfarbe seinen Untergang bedeuten konnte. Aus diesem Grund fühlte er sich in der Gesellschaft von Menschen mit schwarzer Hautfarbe unwohl, denn sie verstärkten seine Ängste.

Gegen Ende der Rückführung erreichte Todd den Tag seines Todes. Er beschrieb sich selbst zwar nicht als alt, aber dennoch als abgearbeitet und erschöpft. Er war verängstigt, weil er zu krank war, um aufstehen und zur Arbeit gehen zu können. Todd starb mit der Angst vor seiner schwarzen Hautfarbe.

Fast eine Stunde lang hatte Todd die Gefühle und Erinnerungen durchlebt, die er von einem früheren Leben als schwarzer Sklave in Amerika in sich trug. Am Ende, als er schließlich die Fassung wiedergefunden hatte, erklärte er: »Ich habe noch niemals zuvor solche Ängste ausgestanden. Es war alles so unmenschlich und erniedrigend. Wenn ich es nicht selbst erlebt hätte, diese Geschichte hätte ich niemandem geglaubt. Anfangs dachte ich noch, dass ich mir das alles bloß einbilde; aber was ich sah und fühlte, war so echt. Eine solche Geschichte kann sich niemand ausdenken, sie musste tief aus meinem Inneren kommen.«

»Wie sehen Sie nun Ihre Abneigung gegen Schwarze in diesem Leben?«
»Wissen Sie, Malcolm«, sagte Todd, nachdem er zuerst eine Weile geschwiegen hatte, »ich glaube, es liegt daran, dass Farbige mich an die Ängste erinnern, die ich in diesem Leben durchstehen musste. Deshalb versuche ich mich von ihnen fern zu halten.« Nach einer neuerlichen Pause fügte er hinzu: »Die Gefühle, die ich in dieser letzten Stunde hatte, ähneln jenen, die ich habe, wenn ich mit Schwarzen in Berührung komme. Ich habe noch viel zu lernen.«
Er erkannte selbst die Gründe für seine Vorurteile und rassistischen Vorstellungen. »Es liegt daran, dass Schwarze mich an ein angsterfülltes Leben erinnern«, sagte er und lächelte. »Meine Güte, meine Herkunft ist zum Teil afrikanisch und zum Teil weiß. Ich kann mich nicht auseinander dividieren, nicht wahr, Malcolm? Das ist vielleicht verwirrend. Was bin ich? Die Schwarzen sind ein Teil von mir; ich bin ein Teil von ihnen. An diesen Gedanken werde ich mich erst noch gewöhnen müssen.«
Todd lächelte mich schief an. »Ich kann es kaum erwarten zu hören, was meine Eltern sagen, wenn ich ihnen erzähle, dass ich teilweise afrikanischer Herkunft bin. Glauben Sie denn, dass die schwarzen Kerle da draußen in einem früheren Leben vielleicht Europäer gewesen sein könnten?«
»Ja, Todd, das glaube ich. Im Lauf ihrer vergangenen Leben haben die meisten Menschen allen Rassen, allen Religionen und allen Kulturen angehört.«
»Machen auch andere Menschen Erfahrungen, wie ich sie hier gemacht habe?«
»Ja, Todd. Doch die meisten Fälle sind nicht so dramatisch wie der Ihre. Unglücklicherweise treten die Gefühle der Menschen nicht immer nur als Abneigung in Erscheinung, bei manchen handelt es sich um reinen Hass. Ihr Unterbewusstsein beschützt sie vor Angst mit Hilfe von Wut. Deshalb ist es in Fäl-

len wie dem Ihren so wichtig, die Dinge auch einmal von der anderen Seite zu betrachten. Jeder Fall ist natürlich anders, und ich will keineswegs behaupten, dass die Abneigungen der Leute immer ihren Ursprung in vorangegangenen Leben haben. Manche Menschen wechseln in diesem Leben die Religion, um dorthin zurückzukehren, wo sie in einem vorherigen Leben bereits waren, und lassen sogar eine Geschlechtsumwandlung vornehmen. Aber die Hautfarbe kann man natürlich nicht so einfach wechseln.«

»Die Angst, die ich empfunden habe, war einfach überwältigend. Das werde ich niemals vergessen. Ich danke Ihnen, Malcolm. Die letzten zwei Stunden haben mein Denken um eine neue Dimension erweitert. Ich bin ein völlig anderer Mensch.«

»Ich bin sicher, dass Sie nun etwas toleranter auf Schwarze und Menschen, die sich von Ihnen unterscheiden, reagieren können. Ich wünschte, ich könnte allen von Vorurteilen beherrschten Menschen klar machen, dass sie vermutlich genau den Menschen schaden, zu denen sie in einem vorhergehenden Leben selbst gehörten.«

»Haben Sie auch anderen Rassen angehört oder anderen Religionen, Malcolm?«

»O ja. Das ist der Grund, warum ich in diesem Leben keiner bestimmten Religion den Vorzug gebe. Ich habe sie alle ausprobiert. Außerdem habe ich sämtliche Hautfarben gehabt und habe in unterschiedlichen Zeitaltern auf allen Kontinenten gelebt. Also fühle ich mich unter Moslems und Hindus ebenso wohl wie unter Christen oder irgendwelchen anderen Menschen. Die Menschen gehören alle einer großen Familie an und spielen mit ihrer Zugehörigkeit zu Religion, Rasse, Geschlecht und einer ganzen Reihe anderer sozialer Unterscheidungsmerkmale nur ›Die Reise nach Jerusalem‹. Wir haben aus unserer eigenen Erfahrung nur dann gelernt, wenn wir alle Menschen als gleich akzeptieren.«

# Ego

»Ich weiß, Malcolm«, begann Chrissie, »dass Sie in Ihrer Heilarbeit vielen Menschen helfen. Aber ist es richtig zu behaupten, dass Sie sie geheilt haben?«

Chrissie und ich gingen durch die abendlichen Straßen einer Kleinstadt in Neuengland. Ich hatte vor den Mitgliedern einer örtlichen Kirchengemeinde einen Vortrag über Heilen, Liebe und Gesundheit gehalten. Mir war aufgefallen, wie ungewöhnlich still sie gewesen war, und ich wusste, es würde nicht lange dauern, bis sich ihre Gedanken in einer Frage äußerten.

»Was versuchen Sie mir mit dieser Bemerkung zu sagen?«, fragte ich.

»Nun ja«, begann sie langsam, »ich habe Ihnen zugehört, wie Sie über Gott gesprochen haben, darüber, dass er Liebe ist und dass die Liebe in jedem von uns von Gott stammt. Aber dann reden Sie so, als seien Sie es, der heilt, und nicht Gott durch Sie.«

»Meinen Sie, dass ich mich irre, wenn ich sage, ich habe diesen oder jenen geheilt?«

»Ja, das glaube ich«, bestätigte sie. »Janet, meine Freundin, die Sie auch kennen, sagt, dass Sie ein Ego-Problem haben und dass nicht Sie, sondern dass Gott heilt.«

Chrissie stieß ihre letzte Bemerkung wie eine Herausforderung aus.

»Ich weiß außerdem, dass sich einige der Heiler in der Kirche heute Abend geärgert haben, als Sie davon sprachen, dass Sie Leute von ihren Schmerzen und Ängsten heilen. Es hört sich selbstherrlich an, Malcolm.«

Chrissie war nun mitten im Angriff, und ich dachte, dass es wohl besser sei, sie erst zum Ende kommen zu lassen, bevor ich etwas erwiderte.

»Sicherlich vollzieht doch Gott, und nicht Sie, die Heilung. Sie sind doch nur das Instrument. Gott bedient sich Ihrer, um seine Arbeit zu tun.«

Chrissie hielt inne, um Luft zu holen, und wartete dann darauf, dass ich mich verteidigen oder zustimmen würde. Ich wollte weder das eine noch das andere tun.

»Nun«, forderte sie nach ein paar Minuten des Schweigens, »wollen Sie dazu gar nichts sagen?«

»Ich dachte gerade an ein kleines Mädchen, das ich kenne.«

»Welches kleine Mädchen? Und was hat dieses kleine Mädchen damit zu tun, wer für die Heilung verantwortlich ist?«

»Haben Sie Lust auf eine späte Tasse Kaffee?«

»Nun hören Sie schon auf, ständig das Thema zu wechseln.«

»Chrissie, wir stehen unmittelbar vor einem Café. Außerdem könnte das ein guter Ort sein, um unser Gespräch fortzusetzen.«

»Ach so.« Sie sah ein, dass ein Café vielleicht ein besserer Ort zum Reden war als die leeren Straßen. Wir gingen hinein und ich bestellte den Kaffee, während Chrissie einen Tisch in einer Ecke des fast leeren Cafés ansteuerte.

»Für hier oder zum Mitnehmen?«, fragte die Frau hinter dem Tresen, ohne aufzublicken.

»Für hier«, antwortete ich.

»Wie groß soll der Kaffee sein?«

»Mittel«, erwiderte ich.

»Welche Geschmacksrichtung?«

Ich lächelte in mich hinein und fragte mich, wer wohl den Kaffee macht, die Frau hinter dem Tresen oder Gott? Und wenn der Kaffee nicht gut schmeckt, ist das dann Gottes Schuld? Nein, dachte ich, wenn es danebengeht, dann ist es ihre Schuld. – Ich bezahlte und ging zu dem Tisch, an dem Chrissie auf mich wartete.

»Warum lächeln Sie so in sich hinein?«, fragte sie, nun ein wenig sanfter gestimmt.
»Ob Ihre Heilerfreunde es wohl richtig fänden, wenn ich die Verantwortung für die Male übernähme, wenn die Heilung nicht funktioniert? Mit anderen Worten: Gott stehen die Erfolge zu, und ich darf mich mit den Misserfolgen begnügen?«
Sie lächelte. »Aber Sie müssen doch zugeben, dass es sich selbstherrlich anhört, wenn Sie sagen: ›Ich habe diesen und jenen von diesem und jenem geheilt.‹«
»Ich muss gar nichts zugeben, Chrissie. Und außerdem, finden Sie es nicht ebenso selbstherrlich, wenn Sie behaupten, dass Sie die wunderschöne Skulptur gemacht haben, die alle bewundern? Der große Komponist und nicht Gott hat die Musik erschaffen, die andere, und nicht Gott, singen und spielen.«
»Diese Argumentation ist nicht fair, Malcolm. Heilen ist etwas Spirituelles, was sonst niemand leisten kann.«
»Nur sehr wenige Menschen komponieren große Musik oder erschaffen echte Kunstwerke, Chrissie. Tatsächlich gibt es sogar weniger großartige Musiker als Heiler.«
»Ich finde trotzdem, dass es selbstherrlich und falsch ist zu behaupten, dass Sie heilen, obwohl es doch Gott durch Sie tut. Der Kaffee ist sehr heiß, und Sie haben deshalb viel Zeit, mir Ihre Meinung dazu zu erklären«, fügte sie hinzu und schenkte mir ihr typisches Lächeln, um mir zu zeigen, dass sie das alles nicht so ernst meinte.
Sie war sich offenbar dessen bewusst, dass ihre Argumentation irgendeinen Fehler hatte. Aber sie wusste nicht, wo der Fehler saß, und wartete darauf, dass ich ihr helfen würde, ihn zu finden.
»Ein Freund von mir hat eine kleine Tochter, ich glaube, sie ist jetzt etwa sieben Jahre alt.«
»Kenne ich sie?«, wollte Chrissie wissen.
»Nein, die Familie lebt in England. Ich war gerade bei ihnen zu

Besuch, als das kleine Mädchen von der Schule nach Hause kam. Sie muss damals sechs Jahre alt gewesen sein. Emily, so hieß das Mädchen, platzte in den Raum und warf eine Plastikdose auf das Sofa.

Sie blickte ihre Mutter an und schrie fast: ›Du hast ihn gemacht, nicht ich!‹, und damit brach sie in Tränen aus.«

Ich hatte Chrissies volle Aufmerksamkeit.

»›Entschuldigt uns bitte einen Moment‹, sagte die Mutter, und zu Emily: ›Komm mit in die Küche und erzähl mir, was passiert ist.‹

John, Emilys Vater, sah mich an und zwinkerte mir zu: ›Unsere Küche ist unser Luftschutzkeller. Nur benutzen wir ihn, um Explosionen dort einzusperren, nicht etwa, um uns dort vor ihnen zu verstecken. In diesem Haus ist es für gewöhnlich meine Frau, die die Bombe entschärft.‹

›Die Bombe?‹, fragte ich.

›Ja, die Bombe, so nennen wir Emily, wenn wir über sie sprechen.‹

›Was befindet sich in der Dose?‹, fragte ich und wies auf den Gegenstand, den Emily auf das Sofa gefeuert hatte.

John öffnete die Plastikdose und sah hinein. ›Die Überreste eines Kuchens, scheint mir.‹

Jean, Emilys Mutter, hatte die Küchentür offen gelassen, so dass wir das Gespräch verfolgen konnten.«

Chrissie hatte den Ellbogen auf den Tisch aufgestützt und das Kinn in ihre Hand gelegt. Die andere Hand spielte mit einem Zuckerpäckchen. Sie hatte die Frage nach dem Verantwortlichen für Heilung vollkommen vergessen und hörte sich interessiert meine Geschichte vom Kummer der kleinen Emily an.

»›Aber ich habe ihn nicht gemacht, sondern du‹, hörten wir Emily schimpfen und dabei mit den Füßen aufstampfen. Es ging offenbar um das, was einmal ein Kuchen gewesen war.

›Wer hat gesagt, dass du ihn nicht gemacht hast?‹, wollte Jean wissen.
›Die Mädchen und die Jungen in der Schule. Als ich ihnen erklärte, ich hätte einen Kuchen gebacken, da wollten sie mir nicht glauben und haben gesagt, dazu sei ich zu klein.‹
›Hast du ihnen denn den Kuchen gezeigt?‹, fragte Emilys Mutter besänftigend.
›Ja, hab ich.‹
›Und was haben sie dann gesagt?‹
›Sie haben mich ausgelacht und gesagt, nicht ich, sondern du hättest ihn gemacht. Nicht ich hätte den Kuchen gebacken, sondern du. Ich sei dafür noch zu klein.‹
An dieser Stelle brach die kleine Emily in Tränen aus und man konnte hören, dass ihre Mutter sie in die Arme nahm.
›Sag mir, Emily‹, wollte Jean wissen, ›wessen Idee war es denn, den Kuchen zu backen?‹
›Meine‹, konnten wir Emily schniefend antworten hören.
›Und wer hat entschieden, dass es ein Obstkuchen sein soll?‹
›Ich.‹
›Hmmm‹, machte Emilys Mutter nachdenklich.
›Und wer ist mit mir ins Geschäft gegangen, um die Zutaten auszuwählen und zu kaufen?‹
›Das war auch ich.‹ Emily klang nun schon wieder ein wenig ruhiger.
›Und wer hat die Päckchen aus den Regalen genommen und in den Einkaufswagen gelegt?‹
›Ich war das.‹ Die Erinnerung an das Abenteuer des gemeinsamen Einkaufens mit der Mutter versetzte Emily noch nachträglich in Aufregung.
›Und wer hat die ganzen Zutaten auf dem Tisch vermischt und dabei auch gleich den Boden und die Kleidung mit bedacht?‹
›Wieder ich‹, kicherte Emily.
›Wer hat den Kuchen in den Ofen geschoben?‹

›Ich.‹

›Und wer hat immer wieder die Ofentür aufgerissen, um nachzusehen, ob der Kuchen endlich fertig ist?‹

›Ich.‹

›Wer also hat den Kuchen gebacken?‹

›Ich hab das gemacht!‹, quietschte Emily vergnügt. Und dann mit nachdenklicher Stimme: ›Aber warum haben mich dann die anderen Mädchen ausgelacht und gesagt, dass du den Kuchen gebacken hast?‹

›Diese Frage lässt sich schwer beantworten, Emily‹, antwortete Jean während die beiden ins Wohnzimmer zurückkamen. ›Vielleicht waren sie neidisch, weil du etwas gemacht hast, was sie nicht können. Oder vielleicht wollten sie auch nur erreichen, dass du dich klein fühlst.‹

›Ach so ist das‹, sagte Emily, nahm die Überreste des Kuchens aus der Plastikdose und bot sie in der Runde freigebig an.«

Chrissie, die in ihren Kaffeebecher starrte, als hoffe sie, dort die Antwort zu finden, schwieg zunächst. Dann sagte sie: »Damit wollen Sie doch sagen, dass es die Krittler sind, die das Ego-Problem haben.«

»So ist es, Chrissie. Sie fühlen sich angegriffen, wenn ich behaupte, dass jedermann heilen kann. Sie haben das Gefühl, dann nichts Besonderes mehr zu sein. Es geht um Überlegenheit. Die Menschen suchen an anderen Fehler, nur um sich besser zu fühlen und um sich ihr Selbstwertgefühl zu bewahren, nicht so sehr, um die anderen fertig zu machen.«

»So habe ich Kritik bisher gar nicht gesehen«, gab Chrissie zu.

»Warum sonst sollten die Leute erreichen wollen, dass sich andere unbedeutend fühlen, wenn nicht, um sich ihre eigene vermeintliche Bedeutung zu erhalten? Überlegenheitsgefühle stehen emotional mit Gier auf einer Stufe, Chrissie.«

»Aber Malcolm, wir sprechen hier doch aber vom Heilen«, wandte sie ein, inzwischen jedoch weniger vehement.

»Ich habe doch nicht behauptet, dass ich der Einzige bin, der heilen kann, oder?«

»Nein, das haben Sie nicht«, musste Chrissie zugeben.

»Jeder kann heilen, Chrissie, sogar Ihr Hund.«

»Ich weiß«, sagte sie, »das sagen Sie mir nicht zum ersten Mal.« Und dann: »Lassen Sie uns jetzt nach Hause gehen. Ich muss morgen früh arbeiten.«

# Und zuletzt …

»Bin ich heute sehr beschäftigt, Debbie?«
»Das könnte schon sein«, antwortete sie und schenkte mir einen wissenden Blick.
»Was soll das denn heißen?«
»Chrissie kommt nach der Mittagspause, und bei ihr bin ich nie ganz sicher, ob es nur Chrissie ist oder Chrissie und eine Freundin.«
»Also gut, Debbie. Was sagt Ihnen Ihr Instinkt für heute?«
»Ich glaube, sie wird eine Freundin mitbringen. Sie hat ebenfalls gefragt, ob Sie sehr beschäftigt seien.«
Debbie hatte Recht. Chrissie brachte eine Freundin mit, die ich noch nicht kannte. Die Freundin war ein wenig älter als Chrissie. »Ein mütterlicher Typ«, dachte ich bei mir. »Vielleicht hat Chrissie endlich jemanden gefunden, der stabilisierend auf ihr Leben Einfluss nimmt.«
»Guten Tag, Malcolm«, legte Chrissie los, »ich möchte Ihnen Fiona vorstellen. Sie will Sie schon seit langem kennen lernen. Erinnern Sie sich, ich habe schon vor ein paar Wochen gefragt, ob ich sie mitbringen darf. Sie leidet unter einer Phobie, stimmt's?«, fragte sie an Fiona gewandt. Diese nickte und versuchte, ihre Verlegenheit zu verbergen. »Fiona hat nichts dagegen, wenn ich dabei bin, während Sie mit ihr sprechen.«
»Guten Tag, Fiona«, sagte ich und wies auf einen Stuhl mit einer geraden Lehne. »Ich hätte gerne, dass Sie hier sitzen. Und Chrissie, Sie können es sich da drüben in dem Sessel bequem machen. Welcher Art ist die Phobie, unter der Sie leiden, Fiona?«
Sie lachte, bevor sie antwortete: »Es ist mir peinlich, überhaupt darüber zu sprechen.«
Ich vermutete, dass Fiona ungefähr vierzig Jahre alt war. Sie

war gekleidet, als käme sie direkt aus dem Garten. Sie hatte sich eine Blume ins Haar gesteckt, einen Schal um den Hals geschlungen und ihre Füße steckten in alten, schweren Arbeitsschuhen. »Diese Frau verbringt mit Sicherheit viel Zeit an der frischen Luft«, dachte ich.

»Ach was, Fiona, dir war noch nie etwas peinlich«, mischte Chrissie sich ein. »Fiona hat Angst vor Mäusen. Ich habe noch nie gesehen, dass irgendjemand vor so kleinen Tieren so viel Angst haben kann. Kürzlich stieß sie in ihrem Schuppen im Garten auf eine Maus. Sie hat derart geschrieen, dass ich sie noch drei Häuser entfernt hören konnte.«

»Wie lange haben Sie schon Angst vor Mäusen, Fiona?«

»Seit ich ein kleines Mädchen war. Ich weiß natürlich, woher diese Angst kommt.«

»Wirklich? Wollen Sie es mir sagen?«

Menschen, die unter Phobien leiden, meinen häufig zu wissen, wo ihr Problem seinen Ursprung hat. Tatsächlich aber wissen sie nur, was die Angst auslöst.

»Ach, ich habe sie wohl von meiner Mutter übernommen, die aus irgendwelchen Gründen ebenfalls Angst vor Mäusen hatte. Ich kann mich daran erinnern, wie sie einmal wegen einer Maus in Panik geriet – ich war noch sehr klein. Sie verlor dabei vollständig die Kontrolle über sich.«

»Nun, wir werden sehen.«

Ich bat Fiona, ihre Augen zu schließen, und stellte mich hinter sie. Innerhalb weniger Augenblicke befand sie sich in einem entspannten, heilenden Zustand. Dann forderte ich sie auf, zum Ursprung ihrer Phobie zurückzukehren. Erst in diesem Moment kann ich feststellen, ob mein Klient in seinem gegenwärtigen Leben bleiben oder zu einem früheren zurückkehren wird. Fiona tat zunächst weder das eine noch das andere.

Ich forderte sie auf, sich an das erste Mal zu erinnern, als sie vor einer Maus Angst bekam. Nach ein paar Augenblicken des

Nachdenkens berichtete mir Fiona von dem bereits erwähnten Vorfall, bei dem ihre Mutter in Panik geraten war, weil sie eine Maus hinter einem Schrank in der Küche hatte sitzen sehen. Zum ersten Mal im Verlauf der Sitzung zeigte Fiona Anzeichen von Nervosität. Ich nahm Angst in ihrer Stimme wahr, als sie die Gefühle und Reaktionen ihrer Mutter beim Anblick der Maus beschrieb.

»Ich glaube, ich war vier oder fünf Jahre alt«, begann sie vorsichtig. »Meine Mutter verlor vollständig die Kontrolle über sich. So hatte ich sie noch nie gesehen. Sie schrie, packte einen Besen und schlug damit wild gegen Schränke und Wände. Sie kam mir wie eine Verrückte vor. Ich war entsetzlich erschrocken.«

»Haben Sie die Maus ebenfalls gesehen?«

»Nein, ich glaube nicht. Ich begriff überhaupt nicht, warum meine Mutter sich so aufführte. Ich erinnere mich, dass ich wirklich Angst hatte ... wie sie da so den Schrank anschrie ... Ich habe erst viel später begriffen, dass es eine Maus war, die diese Panik verursacht hatte.«

»Was haben Sie getan, während Ihre Mutter so schrie?«

»Ich glaube, ich bin einfach nur zu Eis erstarrt ... ich wusste nicht, wie ich mich verhalten sollte. Sie hörte nicht auf, etwas über eine Maus zu schreien. Ich glaube, ich bin gleichfalls in Panik geraten. Ich lief aus der Küche in ein anderes Zimmer und versteckte mich unter den Kissen auf einem der Sessel.«

»Was geschah dann?«

»Mein Vater kam aus der Garage, und meine Mutter beruhigte sich. Ich nehme an, Daddy hat etwas gegen die Maus unternommen. Ich kann mich an die Einzelheiten nicht erinnern, aber ich sehe noch meine Mutter in der Küche stehen und wegen der Maus schreien.«

»Also gut, Fiona. Kehren Sie nun in Ihrer Vorstellung in die

Küche zurück. Ignorieren Sie Ihre Mutter, und suchen Sie nach der Maus hinter dem Schrank. Gelingt Ihnen das?«

»Ja«, sagte Fiona und lächelte ein wenig. »Die Maus hat eine spitze rosa Nase.«

»Fühlen Sie sich durch die Maus beunruhigt oder in Angst versetzt?«

»Überhaupt nicht.«

»Also gut, ignorieren Sie weiterhin Ihre Mutter. Strecken Sie nun Ihre Hand aus, und lassen Sie die Maus in Ihre Hand laufen.«

Fiona streckte die Hand aus. Noch immer entspannt und lächelnd hielt sie nun die vorgestellte Maus in ihrer Hand.

»Nehmen Sie jetzt die Maus, und setzen Sie das arme Ding im Garten frei. Wenn Sie das erledigt haben, dann öffnen Sie Ihre Augen.«

»Das hätte ich nie für möglich gehalten«, sagte sie ein paar Augenblicke später. »Ich hätte nicht gedacht, dass ich eine Maus anfassen kann.«

»Die Ursache Ihrer Angst liegt bei Ihrer Mutter, nicht bei der Maus. Was Sie wirklich schockiert hat, war der Kontrollverlust Ihrer Mutter. Einem kleinen Kind muss eine solche Situation schreckliche Angst einjagen. Eltern sollten doch mit jeder Situation fertig werden, und wenn sie vor einem Kind Angst zeigen, dann greift das Kind dies auf und macht den Verursacher dieser Angst – in diesem Fall eine Maus – für sie verantwortlich. Mäuse erinnern Sie an den Vorfall, bei dem Ihre Mutter die Kontrolle verloren hat. Das ist alles. Sie haben vor Mäusen keine Angst, Sie hatten nie Angst vor Mäusen. Sie erinnern Sie einfach an das Verhalten Ihrer Mutter, und vor dem hatten Sie Angst. Nun, da Sie die Zusammenhänge kennen, werden Sie nie wieder Angst vor Mäusen haben.«

»Aber wie kommt es, dass ich sogar weglaufe und mich verstecke?«

»Weil Sie so auch bei Ihrer ersten Begegnung mit der Panik Ihrer Mutter reagiert haben. Ihr Unterbewusstsein reagiert einfach auf das, was passiert ist, als Sie zum ersten Mal gesehen haben, wie Ihre Mutter die Kontrolle verliert. Bisher haben Mäuse diese Reaktion des Unterbewusstseins ausgelöst. Da Sie den Ablauf nun durchschauen, wird das nicht mehr passieren.«

»Ich weiß, dass Sie Recht haben, Malcolm. Ich kann meine nächste Begegnung mit einer Maus kaum erwarten, nur um mir zu beweisen, dass Sie Recht haben.«

»Es kommt häufig vor, dass Kinder Phobien und Allergien vor Dingen entwickeln, die ihre Eltern ängstigen. Meistens ist ihnen jedoch nicht klar, dass es die Angst der Eltern ist, die solche Phobien verursacht.«

»War es das schon?«, wollte Chrissie mitfühlend wissen und erinnerte uns damit an ihre Anwesenheit.

»Was wollen Sie denn noch?«

»Aber das hat ja nur eine Viertelstunde gedauert. Ich dachte, es würde ewig dauern, eine so starke Angst zu besiegen.«

»Nein, Chrissie. Probleme wie die von Fiona lassen sich in kürzerer Zeit beheben. Was haben Sie noch auf dem Herzen?«

»Ich habe eine Frage zur Trauer.«

»Dann mal los.«

»Also gut. Angenommen, jemand ist gestorben. Würde ich den Gestorbenen daran hindern, ins Licht zu gehen, wenn ich mich ständig nach ihm sehnen und beten würde, dass er doch zurückkommen soll? Jemand hat mir gesagt, dass es so ist, und ich habe darüber außerdem in einem Buch gelesen.«

»Was meinen denn Sie dazu, Chrissie?«

»Ich denke dabei an eine Freundin, die sich deshalb mit schrecklichen Schuldgefühlen quält. Sie hat vor ein paar Jahren ihren Mann verloren, und hat noch immer große Sehnsucht nach ihm. Er fehlt ihr so schrecklich, selbst nach all diesen Jahren. Aber irgendjemand hat ihr weisgemacht, dass sie mit ihrer Sehnsucht nach ihm sein spirituelles Vorankommen behindert.«

»Und?«

»Na ja, sie sagt, dass sie manchmal seine Gegenwart spüren kann; und manchmal beantwortet er ihre Gedanken. Fügt sie ihm Schaden zu, indem sie ihn mit ihrer Liebe festhält?«

»Nein, natürlich nicht. Denken Sie doch darüber nach. Sie und Byron stehen einander immer noch recht nahe, nicht wahr?«

»Ja.«

»Und manchmal wissen Sie schon vorher, dass er anrufen wird, und tatsächlich, er ruft an.«

»O ich weiß, was Sie meinen«, schaltete Fiona sich ein. »Meine Mutter und ich stehen einander gleichfalls sehr nahe, und ich weiß immer, wenn es ihr nicht gut geht. Ich kann es fühlen. Und wenn ich sie dann anrufe, stellt sich heraus, dass ich Recht habe. Ich rufe sie außerdem an, wenn ich meine, dass sie an mich denkt. Und wenn es mir nicht gut geht, dann weiß meine Mutter das ebenfalls und ruft mich an. Eine solche Beziehung verbindet mich mit mehreren Menschen in meinem Freundeskreis.«

»Chrissie, glauben Sie denn, dass jemand in der Geistwelt weniger fähig ist, Ihre Gedanken zu empfangen?«

»Nein, das wohl nicht«, antwortete Chrissie.

»Natürlich nicht«, bestätigte ich. »Die Kommunikation in der Geistwelt funktioniert vor allem über Gedankenübertragung. Vor allem dann, wenn Sie das Bild eines Geistes so genau vor Augen haben. Wenn Sie einen Verstorbenen lieben, dann wird er Ihre Gedanken empfangen und Sie manchmal auch die seinen. Da die Gefühle, die sich an Ihren Erinnerungen festmachen, im Lauf der Monate oder Jahre schwächer werden, gelingt es Ihnen allerdings mit der Zeit weniger, die Liebesenergie von Verstorbenen zu empfangen.«

Chrissie war noch nicht restlos überzeugt. »Und wie kann es sein, dass man ihre Gegenwart spürt?«, bohrte sie.
»Ja, ein geliebter Mensch wird als Geist noch eine Weile in der Nähe bleiben. Doch dann will er irgendwann zurück ins Licht. Doch kann er immer wieder zurückkehren, sobald er sich in seiner neuen Welt zurechtfindet.«
»Die Menschen hier auf der Erde, die einen geliebten Menschen verloren haben und ihn noch immer lieben und sich nach ihm sehnen, fügen ihm also keinen Schaden zu?«
»Nein, Chrissie. Glauben Sie denn, dass in der Geistwelt der freie Wille weniger Bedeutung hat als hier? Die Gestorbenen können selbst entscheiden, ob sie sofort oder erst ein wenig später gehen wollen. Die meisten wechseln sofort in die Geistwelt, und bis sie sich in ihrer neuen Welt zurechtfinden, haben die Zurückgebliebenen ihre Empfänglichkeit verloren, um spirituelle Energie wahrzunehmen.«
»Ach so ist das«, sagte Chrissie.
»Malcolm, glauben Sie nicht, dass die Leute mit all diesem sinnlosen Sehnen ihre Energie verschwenden?«, fragte Fiona nachdenklich.
»Ja, das tun sie. Wenn wir uns mit Andenken an den Verstorbenen umgeben, damit wir ihn nicht vergessen, dann umhüllen wir uns mit einem dicken emotionalen Nebel. Damit erreichen wir bei den Verstorbenen nichts. Sie sind sich dessen, was wir da um ihretwillen tun, wahrscheinlich nicht einmal bewusst, weil sie mit ihrer eigenen spirituellen Entwicklung beschäftigt sind. Wer den Verlust von geliebten Menschen exzessiv beklagt, der schafft sich nur Probleme für sein nächstes Leben, sowohl in der spirituellen Welt als auch hier.«
»Das kann man leicht sagen«, meinte Chrissie und wandte sich an Fiona. »Aber als du in Trauer warst, hättest du auch nicht gerne gehört, dass deine Trauer Zeitverschwendung ist. In dem Augenblick ist es eben nicht so einfach loszulassen.«

»Da hast du wohl Recht«, stimmte Fiona zu. »Ich wünschte jedoch, ich hätte damals schon gewusst, dass mein Mann nach seinem physischen Tod als Geist weiterexistiert und mich sah und wusste, wenn ich weinte. Dann wäre es mir vielleicht leichter gefallen zu akzeptieren, dass er von mir gegangen war. Wenn ich gewusst hätte, dass sein Geist noch lebt, dann hätte ich nicht immer gesagt ›Er war ein guter Mann‹ und ›Wir haben einander geliebt‹. Jetzt weiß ich, dass er ein guter Mann *ist* und dass wir einander immer noch lieben. Wenn die Leute, die jemanden verloren haben, über diesen Menschen so sprechen würden, als sei er noch da, dann würde ihre Trauer viel schneller vorübergehen.«

»Malcolm«, sagte Chrissie und stand abrupt auf, »ich möchte noch viel mehr darüber erfahren, was in der nächsten Welt abläuft. Können wir darüber nicht beim nächsten Mal sprechen?«

»Und darf ich mitkommen?«, wollte Fiona wissen.

»Gute Idee«, sagte Chrissie ein wenig selbstgefällig an Fiona gerichtet. »Ich glaube, bei den nächsten Fragen kann ich ein wenig Unterstützung gebrauchen.«

»Einverstanden. Wenn ich von meinem Urlaub zurückkomme, können wir uns damit beschäftigen, was geschieht, wenn wir in die spirituelle Welt gelangen und wie unsere Welt von der anderen Seite betrachtet aussieht.«

»Großartig!«, rief Chrissie. »Wir wünschen Ihnen einen schönen Urlaub. Wir warten hier auf Ihre Rückkehr.«

Ich sah zu, wie Chrissie und Fiona meine Praxis verließen. Sie schwatzten und kicherten wie zwei junge Mädchen. Ich zweifelte nicht einen Augenblick daran, dass sie meine Rückkehr kaum würden erwarten können.